for a better life

—

interior

INTERIOR ONE BOOK

학구파 블로거
칼슘두유
윤소연 지음

design **house**

Contents

| Introduction | 이 책이 우리에게 필요한 이유 | 010 |

| Prologue | 주거 불안 청춘의 로망, 내 집 꾸미기 |

열 번의 이사, 알록달록 페인트와 이케아로 꾸민 집 014
칼슘 history 하숙집부터 아파트까지 집 꾸미기의 흑역사 015
자취 합산 25년 차 PD 부부에게 결혼이란? 016
하우스 푸어의 길, 아파트 사고 아홉 평 오피스텔에 신혼집 꾸린 사연 018
국민 견적 평당 100만 원, 고작 하이글로시에 강화마루라니! 019
예기치 않은 북유럽 여행, 인생을 바꾸다 022

| PART 1 | 덴마크 코펜하겐에서 찾은 아파트 인테리어의 해답 |

내가 원하는 집을 깨닫게 한 특별한 북유럽 여행 027
칼슘 tip 북유럽 여행, 이건 알고 가자 029
포울 헤닝센 조명이 걸린 공항, 디자인 왕국의 위엄 030
크리스티안의 너무 멋진 아파트 034
하얀 벽, 나무 바닥, 검은색 식탁으로 주민 다이닝 룸 036
일상의 물건으로 채운 책장이 있는 거실 038
적재적소에 가미한 색감으로 공간에 생기를 040
머리맡에 아름다운 도심 풍경이 펼쳐지는 침실 042
스트뢰에 거리에서 만난 진짜 북유럽 브랜드 046
북유럽의 다이소라 불리는 타이거 047
매일 아침 출근한 일룸스 볼리거스 048
북유럽 브랜드의 젊은 피, 네오 스칸딕 브랜드 헤이 052
칼슘 list 일룸스 볼리거스에서 '알현'할 수 있는 투유럽 디자인의 할배들! 056
칼슘 list 북유럽에 부는 세대교체의 바람, 뉴 노르딕 스타일 대표 브랜드 057
진짜 북유럽 사람처럼 살아보기 058

PART 2   한국 아파트에 북유럽 디자인을 옮겨 오는 다섯 가지 비법

숨은그림찾기 끝에 도출한 한국 아파트 분석   066
셀프 리모델링을 위한 베이스캠프 구축하기   074
칼슘 list 셀프 리모델링을 위한 필수 코스! 인테리어 기술 중개소 3   075
셀프 리모델링을 위한 기술자 중개소   076
칼슘 tip 셀프 리모델링에 꼭 필요한 업무와 작업 범위   081
칼슘 tip 직거래 방식 리모델링 예상 견적서 작성하기   083

PART 3   14일간의 셀프 리모델링 개척기

바쁜 현대인에게 최적화된 셀프 리모델링   087
2주 완성 셀프 리모델링을 위한 준비와 계획   089
칼슘 tip 인테리어 VS 스타일링 VS 리모델링 어떻게 다를까?   090
공기 단축하고 예산 절약하는 셀프 리모델링 스케줄   091
칼슘 tip 한눈에 보는 셀프 리모델링 스케줄표 작성하기   094

DAY 1 철거

셀프 리모델링의 첫걸음, 주민 동의서 받기   097
철거는 남길 것과 버릴 것을 선별하는 과정   098
칼슘 tip 칼슘두유가 결정한 철거 범위   099
철거에도 ABC가 있다   100
벽면 아트 월과 천장도 뜯어낼 수 있을까?   102
칼슘 tip 철거 반장님에게 조공을 하라!   104
칼슘 tip 모든 공사 비용은 현금 결제가 원칙!   105

DAY 2~5 목공사

헐벗은 우리 집에 든든한 보정 속옷을 입혀주자   109
33평 아파트 목공사 비용만 800만 원이라고?   110
칼슘 tip 목공사 견적 내는 법   111
"네 가능합니다. 원하는 건 다 가능합니다."   112
목공사의 목적과 작업 범위를 파악하자   114
칼슘 tip 목공사의 작업 범위와 내용 알아보기   115
간접조명을 위한 천장 구조물 뼈대 구축하기   116
시시시 작업에도 정확한 목적이 필요하다   118
칼슘 tip 갤러리처럼 은은한 조명을 위한 시시시의 종류   119

술맛 나는 베란다 다이닝 룸이 필요해!	120
온전히 독립적인 침실이 필요해!	122
붙박이 가구 제작하기	123
내 마음대로 디자인 한 아일랜드 식탁	124
칼슘 tip 목공사에서 해결하는 합리적인 빌트인 가구	127
엄마는 작업 반장님!	128
칼슘 tip 목공 과정에서 해결하면 비용을 절약할 수 있는 작업	130
4년 같던 4일, 슈퍼맨 목수 팀장님과 다쉬운 작별의 시간	131
칼슘 interview 이안 인테리어 황봉연 목수 팀장님	132

DAY 6 인테리어 필름 시공

적은 비용으로 드라마틱한 효과를 내는 인테리어 필름	135
천편일률적인 무늬목 대신 그레이 컬러 필름지	138
인테리어 필름만큼은 전문 시공자가 필요하다	140

DAY 7~10 페인트 시공

12년간 찾아 헤맨 심플한 무지 벽지는 대체 어디에?	145
제 색을 내는 페인트 시공법 찾기	146
화이트라고 다 같은 화이트가 아니다	148
칼슘 interview 벤자민무어 블로그지기	151
페인트 미인으로 거듭나기 위한 3단계 다듬	152
'노출'과 '안 노출'의 중간 질감으로 마감한 천장	153
전체 페인팅과 감동의 뿜칠 시공	154
칼슘 interview 루엔 도장 최용식 사장님	159

DAY 11~13 타일 공사

타일이냐 헤링본 마루냐, 그것이 문제로다	161
삼고초려가 아닌 사고초려 끝에 고른 타일	162
시공비 포함 평당 15만 원 선에서 타일 고르기	163
칼슘 tip 대한민국 대표 타일가게 3	166
타일을 시공할 때 무엇이 필요할까?	167
칼슘 tip 타일 공사의 기본 '헤베'	168
레미탈, 평탄 작업, 줄눈 등 타일 시공에 관한 모든 것	170
칼슘 interview 오리온타일 고대건 사장님	172
칼슘 tip 헤링본 바닥을 깔아보고 싶다면?	173

DAY 13 폴딩 도어 설치

거실을 확장할 때 생각해볼 몇 가지 … 175
커피스미스의 스르르 접히는 문, 우리 집에 설치하기 … 176
이영돈PD로 빙의해 착한 폴딩 도어 감별하기 … 178
최소 세 번의 과정이 필요한 폴딩 도어 설치 … 179
칼슘 tip 폴딩 도어 설치 과정 알아보기 … 181

DAY 14 조명 공사

카페처럼 은은한 조도를 연출하기 위한 조명 계획 … 183
LED보다 T5, 불빛에도 취향과 무드가 있다 … 185
시사시에 삽입한 우리 집 조명 계획 … 186
동선을 고려해 설계도 그리듯 차근차근 조명 시공하기 … 188
칼슘 tip 조명 공사를 위해 기억해야 할 몇 가지 … 189
칼슘 tip 형광등의 대안! 카페처럼 아늑한 조명 연출법 … 191

DAY 15~16 입주

끝날 때까지 끝난 게 아니다 … 193
집 안 분위기 살려줄 일등 공신 펜던트 조명 고르기 … 194
30만 원이면 충분하다, 북유럽 디자인 조명 직구하기 … 195
칼슘 list 내 마음속의 위시 리스트, 북유럽 디자인 조명 … 197
한눈에 반한 톰 딕슨의 'BEAT the light' … 198
총 100만 원으로 조명 설치 완료! … 200
을지로 조명 거리에서 발견한 보석 같은 조명등 … 202
칼슘 tip 을지로 조명 거리 조명 가게 BEST 3 … 203
감각은 입구부터 드러난다, 현관 중문 설치하기 … 204
잊지 말자, 투 도어에 망입 유리! … 205
셀프 리모델링의 화룡점정, 현관 중문 … 206
칼슘 tip 작은 디테일이 집의 완성도를 결정한다 … 208
14일간의 셀프 리모델링을 마치며 … 210
칼슘 tip 셀프 리모델링 견적 비교 … 212
칼슘 review 청개구리 인테리어에 대한 솔직한 평가 … 216

PART 4 셀프 홈 스타일링 개척기

성공적인 셀프 홈 스타일링을 위한 준비

일관된 톤&매너를 유지해주는 '그레이' — 223
실패는 성공의 어머니, 모방은 창조의 어머니 — 226
칼슘 list 북유럽 현지에서 활동하는 대표 인테리어 블로그 TOP 5 — 228
CAD, 3D MAX 대신 오직 '그림판'을 활용하자 — 230

가구 고르기

집 안의 주연배우인 가구, 어떤 것으로 고를까? — 233
북유럽 오리지널 브랜드에서 찾은 패트릭 소파 — 234
주연배우 역할을 톡톡히 해내는 내사랑 '거스 소파' — 236
칼슘 list 오리지널 브랜드의 그레이 소파 추천 리스트 — 238
베란다 다이닝 룸을 완성해 준 시크한 5인용 식탁 — 242
칼슘 list 네오 노르딕 스타일의 블랙 식탁 리스트 — 244
명품 백보다 아름답다, 족보 있는 북유럽 의자 컬렉션 — 246
칼슘 list 샤넬 백보다 갖고 싶은 네오 노르딕 브랜드의 의자 리스트 — 250
잘만 고르면 수입 가구 못지 않은 국산 가구 브랜드 제품 — 253
헤드보드 없는 침대 찾아 삼 만 리 — 254
기품 넘치는 1960~1970년대 빈티지 데니시 AV장 — 256
까사미아에서 찾은 가성비 최고의 AV장 — 258
100만 원으로 북유럽풍 서재 만들기 — 260
적재적소에서 제 역할을 다하는 맞춤 제작 가구 — 264
칼슘 list 북유럽 오리지널 가구 숍 BEST 3 — 270
칼슘 list 을지로 가구 거리의 리프로덕트 가구 숍 BEST 3 — 271

패브릭 고르기

동대문 원단 시장에서 구입한 심플 커튼 — 276
칼슘 tip 취향 따라 고르는 커튼 연출법 — 281
영국 존 루이스 백화점에서 득템한 호텔식 침구 — 282
칼슘 tip 커버렛 교체만으로 새로운 침실 데커레이션 — 284
칼슘 tip 모노톤 침실에 생기를 더하는 커버렛 리스트 — 285
오리지널 브랜드 꼭 하나만 고른다면? 단연 쿠션 — 286
사계절 내내 쓰는 북유럽 스타일 돗자리 러그 — 290
칼슘 list 북유럽산 '돗자리 러그'의 대표 3인방 — 291
칼슘 list 패브릭과 소품을 구입하기 좋은 유럽 직구 사이트 BEST 3 — 292

수납 가구과 소품 고르기

적재적소에 놓인 소가구로 스타일링 유지하기 … 296
칼슘 list 전천후 쓰임새를 자랑하는 감각파 소가구 리스트 … 300
패션 액세서리처럼 감각을 높이는 스탠드 조명등 … 302
칼슘 list 존재 자체로 빛나는 대표 수납 가구 브랜드 … 304
예술적 감수성을 더하는 아트 프린팅 액자 … 308
칼슘 list 어떤 프레임도 제작 가능한 표구사 은화방 … 312
칼슘 list 최저가 아트 프린팅 직구 사이트 아트닷컴 … 313
칼슘 list 인스타그램에서 지금 가장 핫한 북유럽 브랜드 … 314
꽃과 화분이 있어야 리얼 북유럽 스타일 … 318
칼슘 list 지금 가장 사랑받는 모던한 화분 BEST 5 … 319
화훼 시장계의 셀렉트 숍, 고속버스터미널 꽃 시장 탐방 … 322
칼슘 list 북유럽 사람들이 사랑하는 꽃병 리스트 … 325
위트와 재미를 더하는 소소한 소품 … 326
칼슘 list 간편하게 온라인 주문할 수 있는 감각파 소품 숍 BEST 5 … 327
이왕이면 디홍치마! 가전제품도 분위기에 맞춰보자! … 328
칼슘 list 마트에서 고른 가격 대비 최고의 인테리어 소품 리스트 … 330

PART 5 인생에 풍요를 가져다준 북유럽 집, 그 6개월간의 기록

매일 저녁 북유럽으로 여행을 떠나다 … 336
북유럽 사람들처럼 느리고 낭만적이게 … 338
우리만의 스토리로 하나하나 채워나가는 집 … 342
소연 씨, 2박3일 숙박권은 판매하지 않나요? … 348
집이 변화하면서 바뀐 우리의 삶, 그리고 친구들의 삶 … 350
칼슘 interview 원부술집 대표 원부연 … 354
모두의 사랑으로 거듭난 상암 살롱 … 356
칼슘 interview '바쁜 남편'의 대명사 칼슘두유의 남편 손창우 … 360

Epilogue 칼슘두유가 독자에게 들려주고 싶은 이야기

Introduction

 이 책이
우리에게

필요한
이유

셀프 인테리어 시대다. 그에 발 맞춰 세계 유수의 디자인 가구 구매 대행 사이트가 넘쳐나고 가구 업계의 뜨거운 감자인 이케아를 비롯해 H&M 홈, 자라 홈 등 합리적인 가격으로 무장한 글로벌 리빙 브랜드가 성공적으로 국내에 데뷔했다. 기존과는 완전히 다른 세분화된 카테고리의 가구나 소품을 각자 취향에 맞게 조합하는것만으로도 셀프 인테리어가 가능한 최적의 환경을 갖춘 셈이다. 어디 이뿐인가? 인테리어 감각이 있는 사람들은 블로그와 SNS를 통해 성공적인 구매 대행 방법이나 인테리어 정보를 기꺼이 공유한다. 그야말로 인테리어 정보의 홍수다.
　　　　　　하지만 재료가 풍부하고 고급 정보가 있다고 해도 늘 마음뿐이다. 10여 년 이상 예쁜 집을 찾아다니며 기사를 쓰는 에디터로 활동하며 집 고치기에 대한 책도 냈지만 직접 집을 고쳐볼 생각은 하지 못했다. 첫 번째 이유는 잡지나 단행본에서 다루는 집들은 현실적이지 않기 때문이다. 취재를 다녔던 감각 좋은 집들은 실상 유명 디자이너나 예술인 등 일반인이 범접할 수 없는 직업군의 솜씨였다. 그 공간을 채운 가구나 조명 몇 개의 가격만 더해도 몇 천만 원을 호가했다. 그렇다고 쉽고 참신한 DIY 아이디어로 현실적인 셀프 인테리어를 제안해주는 인테리어 블로거를 따라 하고 싶진 않았다. 그러한 집은 별로 매력적으로 느껴지지 않았고, DIY에 할애할 시간적 여유도 없었다.

그러던 어느 날 칼슘두유의 블로그를 만났다. 북유럽 아파트를 내 집에 그대로 적용하는 과정을 낱낱이 기록한 칼슘두유의 네이버 블로그는 순식간에 1만여 명의 팬을 확보했고, 온라인 집들이 댓글 수는 2000개를 기록했다. 그녀의 전투적인 정보 습득 능력과 추진력은 가히 놀랍다. 잡지나 인테리어 서적이 아닌, 지금 당장 우리가 얻을 수 있는 일상의 정보와 세계를 떠도는 SNS 정보를 총망라해 철저히 보통 사람의 시각으로 시장조사를 해나갔다. 궁금한 점을 정확하고 쉽게 해소해주는 그녀의 블로그를 통째로 묶어 소장하고 싶다는 생각이 들 정도였다.

'칼슘두유의 셀프 리모델링 개척기'는 대한민국에서 누구보다 바쁜 직장인으로 일하면서 이뤄낸 것이기에 더 의미가 있다. 준비 기간은 100일, 실제 공사 기간은 단 2주다. 게다가 예산은 3000만 원. 리모델링 비용부터 가구와 소품 구입까지 모두 합한 금액이다.

'격자 원목 마루냐 타일이냐', '페인트냐 벽지냐'. 그녀가 경험한 모든 고민은 우리가 셀프 인테리어를 진행할 때 선택해야 할 수많은 경우의 수를 한눈에 보여준다. 마치 공식을 도출하듯 논리적으로 전개되는 셀프 리모델링 개척기는 인테리어 분야에서 잔뼈가 굵은 현직 기자가 보기에도 놀랍다. 우선 한국 아파트가 유럽 아파트를 흉내 낼 수 없는 이유를 분석하고, 비용과 시간을 아낄 수 있는 효율적인 리모델링 방법을 찾아나간다. 저렴하지만 고급스러워 보이는 마감재 고르기, 아파트 뼈대를 바꿔주는 목공사의 비밀, 북유럽 침구 최저가로 직구하는 법, 오리지널 디자인 못지않게 감각적인 국내 브랜드 탐방 등 셀프 리모델링에 필요한 알짜배기 정보가 낱낱이 기록되어 있다.

이 책은 셀프 리모델링이 지금 당장 우리가 실현 가능한 일이라 설득한다. 지극히 현실적인 대안에서 시작한 그녀의 솔직 담백한 첨삭 지도를 받는다면 태생적인 미적 감각이 없어도 어렵지 않을 것이다. 셀프 인테리어에 도전할 수 있는 최적의 시기에, 당신이 선택할 수 있는 가장 현실적인 책이 되리라 기대해본다.

인테리어 & 리빙 에디터
성정아

Prologue

주거 불안
청춘의
로망,

내 집
꾸미기

2002년 3월, 대학입학과 함께 나는 독립된 공간을 처음 소유하게 되었다. 신촌 기차역 근처의 작은 여학생 전용 하숙집 복도는 마주 오는 사람과 만나면 벽에 등을 바짝 대고 지나가야 할 만큼 좁았고, 단 하나 있는 욕실은 여덟 명이 함께 사용해야 했다. 다닥다닥 붙어 있는 여덟 개의 방 중 하나, 작고 옹색했지만 처음으로 경험하는 혼자만의 공간이라는 사실에 가슴이 뛰었다. 당시에도 매우 명랑, 쾌활, 긍정적인 여학생이었던 나는 외로움을 접어두고 방 꾸미기에 열정을 불태웠다.

꿈에 그리던 개인 화장실을 갖게 되었을 때는 거울을 예쁜 스티커로 장식하기도 하고, 큰맘 먹고 과외비를 털어 침대 커버를 바꾸고 하루 종일 부푼 마음으로 침대에 누워 있기도 했다. 매년 이사를 다니면서도 마치 영역을 표시하듯 내 공간에 집착했던 그 시절, 이상하게도 나는 늘 무언가에 쫓기는 사람처럼 불안했다. 집 꾸미기는 유목민처럼 거처를 옮겨야 했던 나에게 유일한 위안거리였다.

서울에 정착한 지 5년째, 그러니까 스물네 살이 되던 해에 당시로서는 부잣집 따님들만 살 수 있던 '오피스텔'에 입성했다. 언론사 입사를 준비하면서 만난 친구와 함께 창업한 쇼핑몰이 소위 '대박'이 난 것이다. 그 당시 실평수 여섯 평의 오피스텔은 호텔 스위트룸에 비할 바가 아니었다. 개인 화장실은 물론, 작지만 거실 공간과 분리된 침실이 생겼고, 처음으로 내 취향에 맞는 '가구'를 살 수 있었다. '집다운 집'에서 생활하는 행복감을 처음으로 경험한 순간이었다. 그렇게 언젠가는 떠나야 할 집에서 온갖 인테리어를 실험하며, 이삿짐을 싸고 푸는 과정을 열 번이나 반복했다. 나와 내 친구들의 20대는 무척 불안했다. 그 불안감의 근원은 젊은 시절의 방황도, 취업에 대한 중압감도 아니었다. 언제 또 떠나야 할지 모른 채 이삿짐을 싸야 하는, 정착에 대한 끝없는 갈망 때문이었으리라.

열 번의 이사,
알록달록 페인트와 디케아로 꾸민 집

처음 큰 돈을 벌게 되었을 때는 해외 구매 사이트를 뒤져가며 이케아 소파와 식탁을 사들였다. 인테리어에 좀 관심 있다고 하는 사람들은 너도 나도 값싸고 컬러감이 좋은 '이케아'를 사는 것이 트렌드였다. 'DIY 인테리어'도 선풍적인 인기를 끌었는데, 나 역시 벽 한 면에 화려한 원색 페인트를 칠해보기도 하고, 몰딩이나 창문 프레임의 색상을 바꿔보기도 했다. 나중에는 스케일이 점점 더 커져 바닥재를 교체하는 것도 서슴지 않았다. 그런데 데코 타일은 쩍쩍 갈라지기 일쑤였고, 페인트 벽 역시 시간이 조금만 지나면 벗겨지고 흠집이 생겨 지저분해졌다. 늘 의욕은 앞섰지만 손재주가 없어서인지 꾸미면 꾸밀수록 왠지 망치고 있는 듯한 느낌이 들었다.

카페 인테리어가 유행하던 당시 입주한 공덕동 오피스텔에서는 홍대 카페를 재현한답시고 을지로 가구 거리에서 구입한 대형 식탁을 집 가운데에 떡 하니 배치했고, 마시지도 않는 와인 박스와 병을 쌓아 장식했다. 동대문 원단 시장에서 천을 사서 커다란 쿠션을 만들기도 했다. 하지만 참으로 이상한 일이었다. 돈과 정성을 모두 쏟아부어도 잡지 속 그 집과는 거리가 멀었다. 마치 콩쥐가 밑 빠진 독에 물을 붓는 격이었다.

 칼슘 history

하숙집부터 아파트까지
집 꾸미기의 흑역사

2002년
신촌 여학생 전용 '이연하숙'
하숙집이라기보다는 고시원에
가까운 곳. 작은 싱글 침대 하나와
마트에서 산 화장대를 놓으니
방이 꽉 찼다.

2003년
친구와 함께 쓴 연희동 하숙집
넓은 방을 쓰기 위해 정외과 친구
원부연과 동거를 하기로 했다.
여전히 방은 좁았고 욕실은 공용이었다.
6개월 만에 이사를 결심.

2003년
개인 욕실이 달린 하숙집
방 안에 욕실이 있다는 이유로
원부연과 함께 선택한 하숙집.
기존 하숙집보다는 넓었으나
으슥한 골목길에 신변의 위협을
느끼고 다른 집을 찾기 시작.

2004년
연대 서문 원룸형 하숙집
취업을 준비해야 되는 시기에
원부연과 결별을 선언하고 구한
원룸형 하숙집. 개인 욕실과 독립된
생활 공간에 만족하고 일 년을
꽉 채워 살았다.

2005년
대방동 이모 집
6개월간의 밴쿠버 어학연수를
전후한 휴학 기간 동안 이모 집에 의탁.
아침도 차려주고, 빨래와 청소까지
도맡아준 이모 덕에 몸과 마음이
편했던 시기.

2006년
신촌 기차역 앞 오피스텔
쇼핑몰로 번 돈으로 드디어
오피스텔 입성!

2007년
이대 앞 럭키아파트
입사한 후, 역시 광고 회사에 취직한
원부연과 사람답게 살아보자는
생각으로 다시 뭉쳐 구한 월세 아파트.
2년간 거주했다.

2009년
공덕동 오피스텔
입사 3년 차, 반전세로 오피스텔 입성.
19층인 데다 통유리로 둘러싸여
전망이 무척 좋은 곳이었다.

2010년
가양동 아파트
원부연과는 거리가 너무 먼 탓에
등촌동에 살고 있던 과 선배인
이지용과 동거 시작.

2011년
일산 오피스텔
근무지가 여의도에서 일산으로
변경되면서 일산으로 이사.
서울에 비해 주거 비용이 크게 줄어
훨씬 쾌적해졌다.
이곳에서 남편을 만남.

자취 합산 25년 차 PD 부부에게 결혼이란?

방송사에 입사한 후 타지에서 느끼는 외로움과 불안감을 완벽하게 이해하는 부산 남자를 만나 결혼하게 되었다. 자취 생활 10년 차와 15년 차인 두 사람에게 결혼은 조금 다른 의미였다. 웨딩드레스를 입는다는 기쁨보다 드디어 정착할 수 있는 집이 생긴다는 사실이 우리를 설레게 했다. 남편과 나에게 결혼의 의미는 '주거 안정'이었다.

하지만 신혼집을 구하는 일은 녹록지 않았다. 결혼을 앞둔 아주 평범한 예비 부부가 '인 서울'에 집을 구하기란 그야말로 하늘의 별 따기였다. 마음에 드는 집은 둘째 치고, 집다운 집을 구하기조차 힘들었다. 결혼을 코앞에 두고 강남, 강북 할 것 없이 백방으로 전셋집을 알아보러 다녔다. 하늘 높은 줄 모르고 치솟은 전셋값과 집주인들의 뻣뻣한 자세에 좌절하던 어느 날, 서러움에 북받친 우리는 술을 벌컥벌컥 들이켜며 중대한 결정을 내리기에 이르렀다.

"집 사자!"
"그래, 콜!"

하우스 푸어의 길,
아파트 사고 아홉 평 오피스텔에 신혼집 꾸린 사연

전국 아파트 값이 일제히 하락한 2012년, 전세 끼고 집을 사기로 했다. 우리의 결정을 전해 들은 지인들은 하나같이 결사반대했다. 부동산 가격이 하락하는 시기에 집을 사는 것도 바보 같은 짓인데, 지금 당장 들어가 살 수도 없는 집을 산다니 기가 막힌다는 반응이었다. 하지만 어떤 의견도 설움으로 응어리진 '서울 하늘 아래 내 집'에 대한 우리의 열정을 꺾을 수는 없었다.

우리는 결혼 준비보다 부동산 공부에 더 열을 올렸다. 회사에서 가까울 것, 주변에 공원이 있을 것, 30평대일 것 등 우리만의 기준을 세우고, 정말 많은 집을 보러 다녔다. 그 덕분에 결국 마음에 딱 드는 아파트를 찾아 계약하게 되었다.

'내 집'이라고 부르지만 사실은 '은행과 세입자의 지분이 더 많은 집'을 샀다. 세입자에게 집을 내주고 실평수 아홉 평의 오피스텔에서 신혼 생활을 시작했다. 예비 신부의 혼수나 인테리어 정보의 천국이라는 네이버 카페 '레몬테라스'를 들락거리며 가구나 소품을 사들였고, 북유럽 분위기가 나는 커튼이며 쿠션을 구입하기도 했다. 물론 마음에 차지는 않았다. 취향을 만족시키기엔 집이 너무 좁았다. 결국 신혼집은 옷이나 빨래 더미 속에서 접이식 밥상을 펴 겨우 끼니를 해결하고 회사를 드나드는 수준의 공간으로 전락했다. 그럴수록 알뜰살뜰 돈을 모았고, 우리 아파트가 위치한 상암동 주변으로 산책을 다니며 전의를 불태웠다.

국민 견적 평당 100만 원,
고작 하이글로시에 강화 마루라니!

그 당시 나는 드림 하우스 사진을 모으는 일에 열중했다. 하나하나 모으다 보니 인테리어 관련 폴더만 서른 개였다. 고단한 현실에 부딪칠 때마다 몇 번이고 사진을 보며 희망을 키워나갔고 어느새 돈도, 기대도 차곡차곡 쌓여갔다. 상암동 33평 아파트에 입성할 날이 6개월 앞으로 다가온 어느날, 우리의 드림 하우스를 실현해줄 인테리어 업체를 선정하기 위해 문의 전화를 했다. 인테리어 비용의 마지노선은 '국민 견적'이라는 평당 100만 원이었다. '국민'이라는 단어가 무색할 정도로 큰 금액이었다. 게다가 남편이 10년간 애용해온 폐차 직전의 승용차도 바꿔야 하나 고민하던 차였다. 차를 바꾸느냐 인테리어를 하느냐의 갈림길에 선 만큼 신중하게 지출해야 했다. 몇 차례 가족 회의를 하며 남편을 설득했다. 내가 평생 꿈꿔온 멋진 집에서 살아야겠다고 바득바득 우겨 리모델링을 하기로 결정했지만 단 세 통의 전화로 꿈은 산산조각이 났다.

우리에겐 '피 같은' 3000만 원은 턱없이 부족한 예산이었다. 세련된 감각으로 입소문이 난 유명 업체의 견적은 평당 200만 원 수준. 가장 마음에 든 업체에서 받은 견적은 무려 1억 원. 맙소사. 1억이라니. 그것도 가구를 제외한 견적이다. 잡지 속 예쁜 집은 '프레타 포르테' 의상만큼이나 비현실적인 것이었다.

하지만 희망을 버리지 못하고 숨은 고수를 찾기 위해 동네 인테리어 업체들에 전화를 돌렸다. 우선 평당 100만 원으로 인테리어를 해줄 수 있는 곳을 찾았다. 담당자의 설명을 들어보니 강화 마루에 하이글로시 마감이었다. '그냥 깔끔한' 정도의 집 단장 비용에 불과했다. 혹은 옛날 우리 어머니들이 좋아했을 법한 꽃무늬 벽지 일색의 구식 스타일에 만족해야 할 수준이었다. 동네 인테리어 업체에서조차 3300만 원은 최하위 수준의 견적으로 취급당한 것이다.

이럴 수가.

에베레스트 정복을 도앞에 둔 순간, 깃발을 챙겨 오지 않았음을 깨달은 것 같은 허망한 심정이었다. 아홉 평 오피스텔에서 2년간 열심히 돈을 모으며 잡지에 나오는 멋진 집을 꿈꿔왔는데, 12년간 실현되기를 손꼽아 기다리고 또 기다린 드림 하우스를 손에 쥐기 직전에 놓쳐버린 심정은 말로 표현할 수 없을 정도로 참담했다. 몸과 마음이 지쳤고, 삶의 의욕마저 사라질 지경이라 휴가를 내 여행이나 다녀오자고 마음먹었다. 폐허 같은 마음에 작은 의안이라도 얻을 수 있을까 싶어 바쁜 남편의 스케줄 따위는 묻지도 않고 아이슬란드의 오로라를 보러 가겠다며 홀로 비행기 티켓을 끊었다. 경유지는 북유럽이었다.

예기치 않은 북유럽 여행, 인생을 바꾸다

누구에게나 오랜 시간 꿈꾸고 기대하던 일이 물거품이 되는 순간이 있다. 반면 아무런 기대도 하지 않던 일에서 큰 의미를 발견하는 순간도 있다. 북유럽 여행은 나에게 그런 경험이 되어주었다. 갈망, 집착, 좌절의 연속으로 실현하지 못한 집에 대한 로망을 다른 식으로 분출한 계기가 된 것이다.

막연하게 '보기 좋은 집'을 추구했던 나는 북유럽에서 '아름다운 집'을 만나면서 집이 인간에게 어떤 의미인지 생각하게 되었다. 머무는 사람을 고려한 설계로 가족에게 새로운 라이프스타일을 만들어주고, 소품 하나에도 사는 이의 철학과 취향이 담겨 있는 집. 그런 집이 정말로 아름다운 집이라는 사실을 비로소 깨닫게 되었다. 덴마크 코펜하겐에 머문 단 3박 4일 동안 집과 인테리어에 대한 영감을 원 없이 얻을 수 있었다.

지성이면 감천이라고 했고, 뜻이 있으면 길이 열린다고 했던가. 북유럽 여행에서 가슴속에 담아온 '집에 대한 철학'을 실현해보기로 마음먹었다. 이 여행이 아니었다면 나 역시 천편일률적인 네모반듯한 보통 아파트에 살았을지도 모른다. 그렇게 나의 좌충우돌 셀프 리모델링 개척기는 우연히 당도한 북유럽의 도시 코펜하겐에서 시작된다.

PART 1

덴마크
코펜하겐에서
찾은

아파트
인테리어의
해답

내가 원하는 집을 깨닫게 한
특별한 북유럽 여행

시작은 오로라를 보러 떠난 아이슬란드 여행이었다. 코펜하겐은 아이슬란드행 저가 항공을 타기 위한 중간 기착지여서 3박 4일간 머물기로 결정했을 뿐이었다.

가벼운 마음으로 선택한 경유지라는 것을 감안하면 코펜하겐의 숙소는 너무 비쌌다. 숙박비가 1박에 30만 원을 넘나드니 '살인적인 물가'라는 말이 실감 났다. 그때 '에어비앤비'가 떠올랐다.

'이왕 이렇게 된 거 북유럽 가정집에서 한번 머물러볼까?'

컴퓨터를 가득 채우고 있는 북유럽의 집들이 정말 현실 속 공간인지 확인해보고 싶은 도전 의식이 꿈틀거렸다. 에어비앤비 사이트를 통해 'Copenhagen'을 검색해 집을 둘러본 순간, 내 눈을 의심하지 않을 수 없었다. 검색한 모든 집이 하나같이 잡지에서 보던, 늘 꿈꿔오던 바로 그 집이었다. 게다가 숙박비는 1박에 15만~20만 원 선. 방이 아니라 집을 통째로 빌리는 가격이었다. 그런 가격에 잡지에서나 볼 법한 집에서 살아볼 수 있다니!

행복한 고민이 시작되었다. 이 예쁜 집들 중에서 도대체 나는 어떤 집을 선택해야 한단 말인가.

두 눈을 번뜩이며 찾은 숙소는 왠지 이름도 고급스럽게 느껴지는 프레데릭스베르에 위치한 앤의 아파트였다. 앤과 그녀의 남자 친구 크리스티안은 자신들의 집을 에어비앤비로 운영하는데, 앤의 집을 여행객에게 빌려줄 때는 앤이 크리스티안의 집에 가서 지내고, 그 반대 경우에는 크리스티안이 앤의 집에서 지낸다고 했다. 이 둘은 작곡가와 작사가로 각각 일한다는 친절한 설명까지 덧붙어 있었다. 리뷰를 훑어보니 별점이 최고였고, 무엇보다 숙박비가 마음에 들었다.

몇 번 메일을 교환한 끝에 앤의 긍정적인 답변을 받았다. 앤의 집을 예약한 이후에도 에어비앤비 사이트를 들락거리며 몇 번이나 앤과 크리스티안의 집을 샅샅이 살펴보았다. 들여다보면 볼수록 그들의 집은 '비현실적'으로 멋졌다. 부드러운 파스텔 색감으로 꾸몄지만 시크한 느낌을 잃지 않은 고수의 감각이 눈부셨다. 그 집에 시선을 빼앗겨 어느 순간부터 내 머릿속 '오로라'라는 단어는 슬그머니 자취를 감추고 있었다.

 칼슘 tip

북유럽 여행,
이건 알고 가자

진짜 북유럽 아파트를 경험할 수 있는
에어비앤비
세계 각국의 여행용 숙박 정보를 제공하는 에어비앤비(www.airbnb.co.kr)에서는 190개국 3만 4000개 도시의 개성 있는 숙소를 둘러보고 예약할 수 있다. 소비자 간의 공동 시장이니 가격 또한 경제적이다. 가장 큰 장점은 현지인처럼 살아볼 수 있다는 것. 원래 그 동네에 살던 사람처럼 근처 슈퍼마켓에서 장을 보고, 버스 정류장에서 주민들의 옷차림도 살펴보고, 느긋하게 벤치에 앉아 있노라면 여행 가이드북에서 볼 수 있는 것과는 또 다른 세상을 접하게 된다. 하지만 단점도 있다. 문제가 생겼을 때 피해를 보상받을 길이 없다는 것이다. 갑자기 판매자가 예약을 취소한다든가, 숙박 중에 집주인에게 사정이 생겨 방을 빼야 하는 식의 황당한 일도 생긴다. 에어비앤비를 가장 현명하게 이용하는 방법은 해당 숙박지를 경험해본 이들의 리뷰를 꼼꼼히 살펴보는 것이다. 또 주인과 이 메일을 자주 교환하고 많은 대화를 나눠 신뢰할 만한지 판단해 리스크를 줄여야 한다.

칼슘두유가 알려주는
최저가 북유럽 여행 깨알 정보
소위 '땡 처리' 항공권이 자주 나오는 동남아에 비해, 북유럽 항공권은 할인 프로모션이 거의 없다. 차라리 '루프트한자'나 '핀에어'의 얼리버드 프로모션을 활용해 사전에 예약하는 편이 저렴하다. 행선지가 정해졌다면 '스카이스캐너'나 '카약' 같은 항공권 검색 어플을 다운받아 수시로 검색하는 습관을 들이자. 어느 날 초특가 숙박권이 선물처럼 찾아올지도 모른다. 숙박은 트립어드바이져(www.tripadvisor.com)에서 매긴 나라별 숙박 업체 랭킹을 기준으로 숙소 정보를 살펴보고 선택한다. 호텔닷컴, 부킹닷컴, 호텔트래블닷컴, 아시아룸스닷컴과 같은 전 세계 호텔 예약 사이트를 한눈에 비교할 수 있는 '호텔스컴바인'으로 검색을 한다. 주로 '호텔스닷컴'에 최저가 정보가 나온다. '호텔스닷컴 쿠폰'을 검색하면 10% 추가 할인도 가능하니 참고하자. 내가 자주 활용하는 트래블주(www.travelzoo.com)는 매주 수요일 여행 특가 상품이 업데이트된다. 영문으로만 되어 있지만 최고 80% 할인되는 호텔 딜을 발견하면 구글 번역기를 돌려서라도 꼭 예약할 수밖에 없는 마성의 사이트다.

포울 헤닝센 조명이 걸린 공항,
디자인 왕국의 위엄

20시간의 비행 끝에 기지의 땅 덴마크에 도착한 순간을 잊을 수 없다. 동화의 나라로만 알던 그곳은 말 그대로 '디자인 왕국'이었다. 숱하게 다녔던 공항 중 가장 기품이 넘쳤다. 면세점 계산대에 무심히 달린 천장 조명은 청담동 조명 가게에서 몇백만 원에 판매하는 포울 헤닝센의 '스노 볼'이 아니던가. 명품 화장품 브랜드로 꽉꽉 채워진 국내 면세점과는 사뭇 다른 광경은 나에게 문화적 충격으로 다가왔다. '나 디자인 좀 알지?'라고 뽐내는 이탈리아나 '나 완전 특이하지?'라며 으쓱거리는 영국과는 또 다른 느낌이었다. 정갈하면서 세련되지만 어딘가 모르게 친근함이 느껴지는 디자인의 힘. 이게 바로 잡지에서 그렇게 외쳐대던 '실용즈의에 기반을 둔 북유럽 디자인'이라는 것이구나! 디자인 강국의 힘을 피부로 느끼며 시내로 이어지는 모노레일에 몸을 실었다.

두 번째로 내 눈을 사로잡은 건 모노레일에 앉아 있는 북유럽 사람들의 표정이었다. 먼 곳을 응시하며 고요하게 명상을 하는 듯 평화로운 얼굴을 보고 있으니 내 마음까지 차분해지는것 같았다. 사람들의 온화하고 편안한 표정은 바글바글한 지하철에 무표정한 얼굴로 휴대폰만 뚫어져라 쳐다보고 있는 우리, 특히 내 모습과 여실히 비교되었다. 도착한 지 한 시간 만에 마음속 깊은 곳까지 힐링되는 이 기분. 그래, 시작이 참 좋다.

'힐링 모노레일'을 타고 20분여를 달려 도착한 숙소는 '포룸(Forum)' 역에 있었다. 도시는 매우 깔끔했고 코펜하겐은 한적하고 아담한 느낌이 들었다. 캐리어를 끌고 역 출구로 나가자 세 번째 놀라운 광경이 펼쳐졌다. 수많은 자전거, 그리고 자전거를 탄 사람들로 가득한 비현실적인 장면. 난생 처음 접하는 광경은 자전거의 나라 북유럽을 실감케 했다. 게다가 전 국민이 슈퍼 모델감이었다. 우월한 유전자를 소유한 건장하고 잘생긴 오빠와 늘씬하고 시크한 언니들 사이에서 서울 구경 온 시골 아낙처럼 벌어진 입을 다물지 못하며 숙소에 이르렀다. 집주인 앤에게 메시지를 보내고 10여 분을 기다리니, 예쁘고 늘씬한 슈퍼 모델 분위기의 바이킹 미녀가 뚜벅뚜벅 걸어왔다.

"네가 소연이니? 덴마크에 온 걸 환영해!"

짧게 인사를 하더니, 내가 낑낑거리며 끌고 온 엄청난 크기의 캐리어를 한 손으로 가뿐히 들고는 5층까지 이어진 계단을 성큼성큼 올라갔다. 쭉 뻗은 늘씬한 다리에 위축된 나에게 열쇠를 건네며 유유히 걸어가는 그녀. 고맙다는 인사를 하고 고개를 돌린 나는 그 자리에 꼿꼿이 얼어붙고 말았다.

크리스티안의
너무 멋진 아파트

잡지 속에서만 보던 북유럽의 가정집이 눈앞에 있었다. 혹시 사진만 멋진 것 아닐까, 하는 의심은 그야말로 기우였다. 비현실이 현실이 되는 순간이었다. 벅찬 마음으로 집 구석구석을 돌아보며 나도 모르게 "꺄악!" 하고 비명을 질렀다. 집 안은 사진에서는 느낄 수 없었던 오묘한 분위기가 감돌았다. 친근하고 편안하지만 절묘한 균형감을 유지하는 가구와 소품에서 고수의 감각이 느껴졌다. 조화로운 색감과 적절히 서로를 보완해주는 믹스 매치 스타일링까지, 하나하나 눈과 마음에 담아 가고 싶었다.

구조도 독특했다. 현관에 들어서면 작은 복도가 있고, 그 공간을 중심으로 오른쪽에는 부엌과 화장실이, 왼쪽에는 다이닝 룸과 거실이, 복도 끝에는 드레스 룸 겸 침실이 있었다. 이러한 동선은 모든 공간이 외부 창과 맞닿아 시원한 개방감이 느껴졌다. 방마다 나 있는 창문을 이용해 독특한 분위기를 연출할 수 있으니 그야말로 일석이조의 인테리어 구조다. 공간의 특성 자체가 주는 재미에 저마다의 개성을 뽐내는 조화롭고 아늑한 집. 자, 이제부터 앤과 크리스티안의 아름다운 아파트 구석구석을 살펴보자.

Me
BOSCH
FIVE GUYS

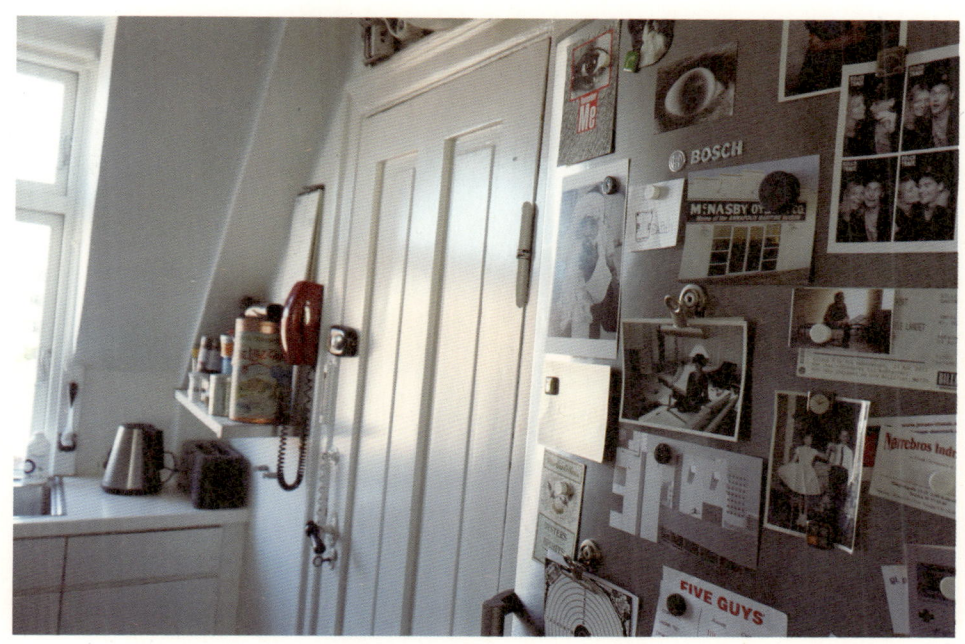

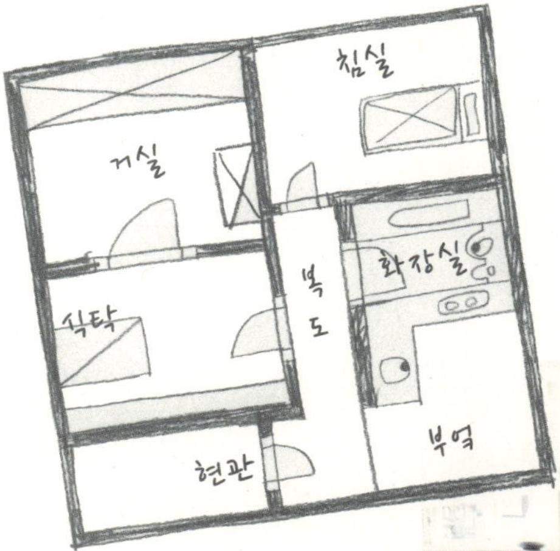
침실
거실
화장실
복도
식탁
부엌
현관

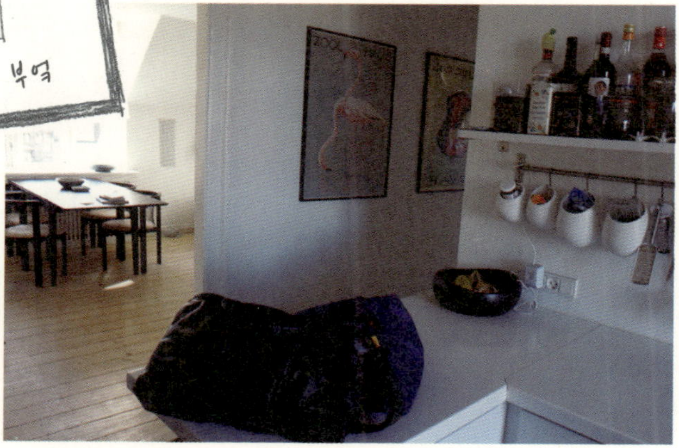

하얀 벽, 나무 바닥,
검은색 식탁으로 꾸민 다이닝 룸

복도를 지나 가장 먼저 마주하는 다이닝 룸은 원목 마감의 매력이 고스란히 드러나는 공간이다. 나무 본연의 질감이 그대로 살아 있는 바닥은 삐걱거리는 소리마저 정겨워 마치 초등학교 시절의 추억을 떠올리게 했다. 그러고 보니 코펜하겐 어디를 가나 원목 마루는 흔했다. 한국에서 집 전체에 원목 마루를 까는 데 소요되는 비용을 계산해보니 울창한 삼림의 나라에 사는 늘씬한 북유럽 언니들이 무척 부러워졌다. 크리스티안의 아파트는 가벼운 톤의 화이트 원목을 사용했는데, 무색무취의 화이트 벽과 함께 전체적으로 깨끗하면서도 단정한 느낌을 풍겼다.

이 단정한 공간에 시크함을 더하는 검은색 식탁은 신의 한 수라고 여겨졌다. 엄마 세대가 사용하던 고루한 대리석 식탁의 대안으로 인기를 끈 원목 식탁은 신혼부부 사이에 필수 혼수 목록이 되었다. 최근에는 카페 스타일의 유행과 더불어 너도나도 천편일률적으로 원목 식탁을 들이지 않았나. 나 역시 마땅한 대안을 찾지 못해 애시목 식탁을 선택했다. 하지만 한 번도 생각해보지 못한 검은색 식탁의 위엄은 기대 이상이었다. 별다른 장치 없이도 시선을 끄는 블랙의 시크한 매력은 북유럽 스타일은 곧 원목 소재라고 여긴 나의 고정관념을 완전히 무너뜨렸다.

일상의 물건으로 채운
책장이 있는 거실

다이닝 룸에 시크한 검은색 식탁이 있다면, 거실을 압도하는 건 전면에 자리한 책장이었다. 잡지를 통해 거실을 서재처럼 쓰는 인테리어를 자주 접했지만, 거실을 복잡하게 꾸미는 것을 싫어하는 나에게는 그다지 매력적이지 않았다. 하지만 이 집은 달랐다. 처음 설계할 때부터 원래 벽에 내장한 듯한 책장은 전혀 답답하거나 복잡해 보이지 않았다. 벽면 형태에 꼭 갖춰 제작한 책장은 자유분방한 수납 구성이 인상적이었다. 한쪽 공간에는 책을, 또 다른 공간에는 소품을 배치한 모양이 디스플레이를 위한 커다란 액자처럼 느껴졌다.

프레임은 역시 검은색. 칸칸마다 타이포그래피 액자, 기모노 입은 작은 인형, DVD가 가득했다. 그저 장식을 위한 장식품이 아닌, 집주인의 생활과 취향이 묻어 있는 물건 하나하나를 구경하는 것만으로도 시간 가는 줄 모를 만큼 즐거웠다. 흔히 사용하는 일상의 물건이 하나둘 모여 추억과 이야깃거리가 있는 공간을 완성했다. 그저 장식하는 데 급급했던 지난 10년간의 인테리어 흑역사가 떠올라 부끄러워졌다.

적재적소에 가미한 색감으로
공간에 생기를

　　　　　　식탁과 책장 등 검은색 가구로 꾸민 공간이 어둡고 단조로워 보이지 않는 이유가 궁금해 온 집 안을 스캔하듯 꼼꼼히 살펴보았다. 다소 무겁고 칙칙하지 않을까 하는 우려를 비웃기라도 하듯 경쾌하고 가벼운 유리 조명, 상큼한 민트색 그릇과 향초가 공간에 생기를 부여하고 있었다. 차분함과 동시에 생동감이 느껴지는 크리스티안의 아파트 스타일링 비법은 바로 적절한 색상을 곳곳에 사용했다는 점. 책장의 소품이나 식탁 등 곳곳에서 툭툭 튀어나오는 레드, 코발트 블루, 오렌지 등의 색감은 공간에 활기를 불어넣었다.
　　　　　　그중에서도 공간마다 적절히 배치한 아트 포스터나 그림의 색감이 무척 잘 어우러진다고 느꼈다. 포스터 옆에는 그림에 사용한 레드 컬러와 색감이 같은 레터링 소품을 놓아 자연스럽게 조화를 이루고 있었다. 사실 컬러 포인트를 이용한 인테리어는 나도 시도해보았다. 하지만 느낌이 전혀 달랐다. 이유가 뭘까 생각하다가 원색이 과하다거나 촌스럽게 느껴지지 않는 것은 바로 모노톤으로 통일감을 준 마감 때문이라는 사실을 알아차렸다. 집 안의 틀이 되는, 즉 바탕색이 되는 벽이나 바닥 문, 빌트인 가구 등은 모두 블랙과 화이트로 통일해 포인트 컬러가 본연의 역할을 할 수 있게 도와주었던 것이다.

머리맡에 아름다운
도심 풍경이 펼쳐지는 침실

　　　　　복도 끝에 위치한 침실 문을 열고 들어서니 헤드보드가 없는 심플한 침대가 정확히 가운데 명당자리를 차지하고 있었다. 공간을 활용하기 위해 침대 한 면을 벽에 붙여두어야 한다는 고정관념이 깨지는 순간이었다. 창문 너머로 펼쳐진 풍경이 헤드보드 역할을 하는 셈. 아름다운 코펜하겐의 밤하늘을 머리맡에 둔 채 잠들 수 있다니, 이보다 더 좋을 수는 없다는 생각이 들었다.
　　　　　침대를 중심으로 양옆 공간에는 라디오와 낮은 조명, 아기자기한 생활 소품이 놓여 있었다. 취침에 필요한 최소한의 물건만으로 심플하게 연출한 공간이 오직 편안한 수면을 위한 장소라는 사실을 알려주는 듯했다. 2인용 침대에 싱글 사이즈 침구 두 세트를 깔아둔 것도 특이했는데, 각자의 수면 공간을 배려하면서도 함께하는 공간으로 꾸민 집주인의 센스가 느껴졌다. 이불 위에 담요를 덮어 컬러를 맞추는 세심함도 엿볼 수 있었다.
　　　　　모노톤의 침구와 액자· 소품 사이에서 매력적으로 빛나는 민트색 서랍장은 훔쳐 오고 싶은 충동이 느껴질 정도로 탐났다. 한국에서도 민트색 소품을 구입한 적이 있지만 북유럽 태양 아래에서 만난 민트색의 느낌은 매우 달랐다. 심플한 액자와 종이 소재 전등갓으로 정갈하게 꾸민 침실에서 설레는 첫날밤을 보냈다.

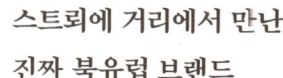

**스트뢰에 거리에서 만난
진짜 북유럽 브랜드**

인구 500만의 작은 도시인 코펜하겐에는 세계에서 가장 오래된 보행자 전용 도로인 스트뢰에 거리가 있다. '스트뢰에'는 덴마크 어로 '산책'을 뜻하는데, 우리나라로 치면 명동 한복판의 금싸라기 땅쯤 된다. 토요일 오후인데도 한산한 거리에서 여유로움이 느껴졌다. 쇼핑 거리가 주말에 이렇게 고요하다니. 초입에 자리한 맥스버거에서 무려 1만 7000원짜리 버거 세트를 우걱거리며 주위를 둘러보니 동양인이나 관광객은 보이지 않았다. 그 때문인지 다양한 인종을 만날 수 있는 뉴욕이나 파리보다 더 낯설게 느껴졌다. 시간 토끼를 쫓다 길을 잃은, 이상한 나라에 혼자 남겨진 앨리스가 된 기분이랄까? 그렇지만 지나치게 생경해서 위축된다거나 불안감이 들 정도는 아니고, 적당히 기분 좋은 긴장감이었다. 낯선 나라에서 느끼는 흥분과 설렘을 가슴 깊이 들이마시며 산책하듯 거리를 걸었다.

북유럽의 다이소라 불리는
타이거

거리를 가득 메운 수많은 리빙 숍 중 가장 먼저 발길이 닿은 곳은 북유럽의 다이소라고 불리는 '타이거(TIGER)'. 1995년 코펜하겐에 문을 연 작은 잡화점이 현재 21개국 300여 개 점포를 운영하는 브랜드로 성장했다고 한다. 타이거는 기존 북유럽 전통 브랜드와 비교한다면 경쾌하고 재미있는 디자인이 특징이다. '북유럽의 다이소'인 만큼 합리적인 가격이 특징인데, 외관이 무척 고급스러워 쭈뼛거리며 입구로 들어섰다.

쓰레기통, 찻잔, 슬리퍼, 숟가락, 꽃병, 행주 등 디자인이 아주 예쁜 생활용품이 놀랄 만한 가격표를 달고 있는 것이 아닌가! 에스프레소 잔 4개 세트 1만 원, 마늘 가는 도구 4000원, 테이블 스탠드 1만 2000원. 살인적인 북유럽의 물가를 감안하면 도무지 믿기지 않아 몇 번이고 다시 가격을 환산해보았다. 백화점에 있어도 손색이 없을 고급스러운 디자인과 컬러 조합. 일상적인 소모품이라고 생각했던 물건 하나하나가 이토록 감각적이라니. 둘러볼 시간이 충분하지 않아 눈물을 머금고 다음 장소로 서둘러 발길을 옮기며 다짐했다. 여행 일정을 제대로 잡고 꼭 이곳에 다시 오겠노라고.

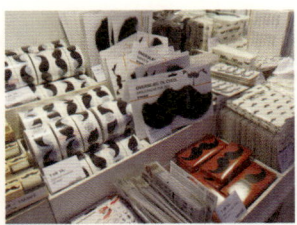

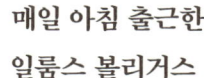

매일 아침 출근한
일룸스 볼리거스

        북유럽 여행 관련 책에서 하나같이 추천한 '일룸스 볼리거스'. 외관이 그리 요란스럽지도 화려하지도 않은, 5층짜리 목조건물이었다. 그런데 입구에 들어선 순간, 눈이 휘둥그레졌다. 그곳에는 북유럽 명품 가구와 조명이 말 그대로 차고 넘치도록 가득했다. '섹스앤더시티'에서 캐리가 〈보그〉 사무실을 한가득 채우고 있는 마놀로 블라닉 구두를 발견하고 비명을 질렀을 때 이런 기분이 들었을까. 마음속에 그려보기만 했던 가구와 소품이 마치 포도송이처럼 주렁주렁 열려 있는 것을 보니 심장이 터질 지경이었다.

        1층에는 그릇과 생활용품이, 2층에는 홈 웨어가, 3층에는 가구가 전시되어 있었다. 북유럽 디자인 거장인 핀 율이나 프리츠 한센, 아르네 야콥센의 의자가 줄을 맞춰 가격표를 달고 있었다. 2012년 국내에서 열린 핀 율 전시에서 멀찍이 '감상'하기만 했던 그 작품이었다. '작품'이라 생각했던 수많은 가구가 눈앞에 있으니 실감이 나지 않았다. 한국의 명품 가구 숍처럼 촬영을 막는 점원도 없다. 조심스럽게 사진기를 꺼내 사진을 촬영하니 잘생긴 점원이 아무 문제 없다는 표정으로 쳐다보았다. 이내 이 귀한 장면을 담기 위해 서둘러 셔터를 눌러댔다.

050

그때 'international shipping available'이라 쓰인 팻말이 눈에 띄었다. 한국까지 직배송하는 것을 고려해 머릿속으로 계산기를 두드려보니 관세나 부가세를 합산하면 큰 차이가 없었다. 마음을 비우고 열심히 가구들을 눈에 담아 가기로 결심했다.

그렇게 매일, 눈을 뜨면 일룸스 볼리거스로 향했다. 나에게 티파니는 바로 그곳이었다. 나는 그곳의 첫 손님으로 매일 아침 한 시간은 잘생긴 가구들과 단둘이, 완벽한 데이트를 즐길 수 있었다.

북유럽 브랜드의 젊은 피,
네오 스칸딕 브랜드 헤이

　　　　　　두 시간 정도 가구를 둘러본 후 커피를 마시러 가던 길에 헤이를 처음 만났다. 일룸스 볼리거스를 바로 마주 코고 있는 그곳에는 큰 감동을 준 앤과 크리스티안의 아파트를 채운 바로 그 가구들이 있었다. 헤이(HAY)는 네오 스칸딕이라 불리는 덴마크의 젊은 디자인 브랜드의 대표 주자로 지금까지 봐온 북유럽 가구가 고급스럽고 중후한 느낌이었다면, 헤이의 제품은 솜사탕처럼 몰캉몰캉한 느낌이랄까? 부드럽고 사랑스러운 색감이 특히 시선을 사로잡았다.

　　　　　　　　일본 브랜드 '무지(MUJI)' 제품에 고급스러운 파스텔컬러를 입혀놓은 느낌이었다. 특히 핑크와 민트 컬러가 조화를 이루는 가구들은 사랑스러우면서도 세련된 것은 물론 여성스러운 느낌까지 자아냈다. 톤 다운된 회색 톤이 제품 전반에 어우러져 파스텔컬러와의 조합을 아주 세련되게 풀어낸 점이 눈길을 끌었다.

쇼룸 벽면에는 헤이의 대표 의자들이 줄지어 고운 자태를 뽐내고 있다. 임스 체어나 라운지 소파의 형태를 닮은 것 같으면서도 완벽하게 새로운 시그너처로 태어난 가구들에 마음을 홀딱 빼앗겨버렸다. 게다가 핑크 컬러의 패브릭 소파라니. 배가 고픈 것도 잊고 한참을 구경하다 나오는 길에 헤이의 가구만큼이나 귀여운 풍경을 마주했다.

상기된 얼굴로 물건들을 구경하는 아내와 지친 표정이 역력한 남편. 가죽 소파 한가운데 거의 쓰러질 듯한 자세로 앉아 있는 남자 옆에서 여자는 한껏 상기된 표정으로 쿠션을 쓸어 담고 있었다. 그 모습을 보니 남편 얼굴이 떠올라 잠시 킥킥댔다. 디자인 강국 북유럽에서도 쇼핑하는 여자 따라다니는 남자들의 심정은 똑같나 보다.

 칼슘 list

일룸스 볼리거스에서 '알현'할 수 있는 북유럽 디자인의 할배들!

아르네 야콥센 by 프리츠 한센

프리츠 한센은 1872년 덴마크 코펜하겐에서 설립되어 무려 142년의 역사를 이어온 회사로, 한국에도 쇼룸이 있다. 북유럽 사람들에게 프리츠 한센은 우리나라의 '한샘'이나 '까사미아' 같은 국민 가구 브랜드다. 스트뢰에 거리에 위치한 백화점 푸드코트에도 프리츠 한센의 앤트 체어가 있다. 아르네 야콥센이 디자인한 에그 체어도 프리츠 한센에서 만든다. 북유럽 디자인 거장 아르네 야콥센을 비롯해 다양한 디자이너들과 협업해 가구를 만든다. 전통 디자인을 계승하면서도 끊임없이 새로운 현대의 디자인 제품을 생산해내는 것이 특징. 일룸스 볼리거스 디스플레이 쇼룸에는 프리츠 한센의 신상품 의자가 전시되어 있었는데 이름은 'RO 체어'. 스페인 출신 산업 디자이너 하이메 아욘과 협업해 2013년에 새로 출시한 라운지 체어다. 스완 체어를 연상시키는 부드러운 곡선에 젊고 경쾌한 느낌을 풍기는 매우 인상적인 작품이다.

핀 율

2012년 대림미술관에서 열린 <핀 율 展>을 통해 알게 된 디자이너. 북유럽 모던 디자인의 창시자라 불리는 핀 율은 원래 건축학도였다. 그는 자신이 건축한 집에 놓을 가구를 직접 제작했는데, 현대에 와서는 가구 디자이너로 더 이름을 떨쳤다. 핀 율의 가구는 매우 건축적이다. 조형적인 비례미, 현대미술 작품을 보는 듯한 아름다운 색감. 정교하고 아름다운 기품. 핀 율의 멋진 가구는 그만의 디자인 감각과 철학을 전 세계인들에게 전하며 뜨거운 사랑을 받고 있다. 대표작인 'No45', '치프테인 체어', 'Poet Sofa' 등은 우리에게도 친숙한 디자인인데, 핀 율이 사망한 후 리프로덕트 제품으로 생산되고 있다. 요즘 잘나간다는 카페에서, 스위 카피 제품을 생산하는 을지로 가구 거리에서도 핀 율 디자인을 어렵지 않게 구입할 수 있다.

한스 베그너

핀 율이 건축학을 베이스로 했다면, 한스 베그너는 자연이나 동물에서 모티브를 얻어 가구를 디자인한다. 나의 위시리스트 1번을 차지하는 '파파 베어 체어' 역시 곰이 웅크리고 있는 모습에서 아이디어를 얻은 것이라고 한다. 을지로에서 중국산 파파 베어 체어를 접한 적이 있지만 일룸스 볼리거스에서 처음 마주한 오리지널 파파 베어 체어는 기대 이상이었다. 그 든든한 자태가 정말 '아빠 곰'을 그대로 닮았다.

 칼슘 list

북유럽에 부는 세대교체의 바람,
뉴 노르딕 스타일 대표 브랜드

헤이

2002년 덴마크 코펜하겐에서 설립된 리빙 브랜드로 2003년 독일가구 박람회에서 처음 가구 컬렉션을 선보인 바 있다. 설립자인 롤프 헤이는 1950~1960년대 북유럽 가구를 현대 감각에 맞게 재해석하는 가구를 제작하는 것이 목표라며 자신의 브랜드를 언급했다. 건축에서 모티브를 얻은 구조적인 형태, 실생활에서 지속적으로 사용 가능한 실용주의 디자인을 추구한다. 품질과 가격을 동시에 만족시키며 젊은 층을 중심으로 인기를 끌고 있다. 심플하면서도 위트 있는 디자인을 바탕으로 솜사탕을 떠올리게 하는 크리미한 색감이 매력적이다.

무토

사랑스러운 파스텔 톤의 믹스 매치가 일품인 카탈로그를 구경하는 것만으로도 기분 좋아지는 브랜드. 무토는 핀란드 어로 '새로운 관점'을 뜻한다. 덴마크 태생의 페테르 보넨(Peter Bonnen)과 크리스티안 뷔르그(Kristian Byrge)가 설립한 브랜드로 이름은 '각각의 눈으로 바라보는 사물에 대한 관점을 존중한다'는 기업 철학을 지니고 있다. 북유럽을 중심으로 다양한 디자이너를 영입해 각자가 가지고 있는 새로운 발상, 개성을 드러내는 생활 소품과 가구를 만든다. 국내로 치면 상상마당, 텐바이텐, 29CM 같은 온라인 디자인 숍을 떠올릴 수 있겠다. 매년 디자인 학교 재학생을 바탕으로 탤런트 어워드를 개최하는 등, 뻔하지 않는 새로운 관점의 디자인 제품 생산에 기여하고 있다.

구비

무토와 헤이의 특징이 위트 있고 젊은 디자인이라면 구비는 뉴 노르딕과 북유럽 전통 디자인의 중간쯤 위치한다고 볼 수 있다. 무토나 헤이가 재미난 아이디어를 기반으로 한 소품이나 소가구 중심이라면 구비는 가구와 조명에 더 집중한다. 덴마크에서 시작된 브랜드로 창립자는 구비 올슨과 그의 부인이다. 1967년에 설립되었으니 세 브랜드 중에서는 역사가 가장 길다. 내구성과 기능성을 동시에 만족시키는 제품을 생산하는 것을 목표로 하며 모던 디자인과 북유럽 전통 디자인이 조화를 이루는 클래식한 디자인이 매력이다. 개인적으로 가장 마음에 드는 브랜드다.

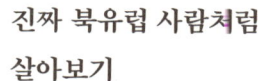

진짜 북유럽 사람처럼
살아보기

　　　　　북유럽 인테리어 탐방으로 1박 2일을 보낸 후 스스로 부여한 미션은 '진짜 북유럽 사람처럼 살아보기'. 여행지에서 현지인이 될 수 있는 순간은 '꽃을 사는 것'과 '밥을 해 먹는 것'이는 생각하는 나는 이 미션을 수행하기 위해 거리로 나섰다. 구글맵을 켜고 검색할 수도 있었으나 왠지 그냥 걷는 것이 더 낭만적인 듯해 시내를 정처 없이 걸어보기로 결정했다. 산책 10분 만에 꽃을 든 덴마크 미녀를 발견했고, 그 주변 골목에서 데니시 플라워 숍을 찾아냈다. 야호!

　　　　　핑크색 라눙쿨루스가 열 송이에 450DKK. 우리 돈으로 9000원 정도에 해당하는데 한국보다 저렴했다. 누런 종이에 대충 둘둘 말아 무심하게 건네는 꽃다발을 받은 나는 시크한 표정을 장착하고 다시 스트뢰에 거리를 누볐다. 느긋하게 헤이 매장을 방문하고 나오는 길, 가이드북에 적힌 말이 사실이라면 운 좋은 날에만 만날 수 있다는 덴마크 군악대가 음악을 연주하며 지나갔다. 집에 돌아와서는 왠지 으쓱해져 꽃병에 라눙쿨루스를 한가득 꽂아보았다. 헤이 매장에서 본 담요를 덮고 기분 좋은 낮잠도 청해보았다.

한나절을 보내고 나니 슬슬 배가 고파졌다. 이제 두 번째 미션을 실행할 차례. 집 앞 마트로 향했다. 한국에서도 하지 않는 요리를 여기에 와서 하다니. 그런 작은 허세를 거치고 나면, 수행 학습에서 '참 잘했어요' 도장을 받는 것처럼 '현지인이 되었어요!'라는 도장을 완성할 수 있을 것 같았다. 코펜하겐의 보통 가정이 이용하는 동네 마트 'REMA1000'에 위풍당당하게 들어섰다. 가장 간편하면서도 어느 정도의 맛을 보장하는 파스타로 메뉴를 정하고 재료를 담기 시작했다. 웅? 우리나라 대형 마트보다 더 싸다. 가격표를 몇 번이나 살펴보고 휴대폰 계산기를 두들겨보기를 여러 번. 이 가격이 맞다. 파스타면 7.95DKK(약 1600원), 베이컨 7.25DKK(약 1600원), 파스타소스 9.50DKK(약 1800원), 100% 과일 주스 5.00DKK(약 1000원), 그리고 피망 1.50DKK(약 300원). 6개들이 칼스버그 캔 맥주를 포함해 파스타와 샐러드 재료를 장바구니 한가득 샀는데, 총 153.50DKK. 3만 원도 되지 않는다. 덴마크의 소득수준이 우리나라보다 세 배 높다는데, 진짜 한국 물가가 살인적이라는 생각이 들어 마음이 울컥해지기도 했다. 어쨌거나 이렇게 싸고 싱싱한 재료를 사 가지고 '코펜하겐의 우리 집'으로 향했다. 6층 현관을 여는데 같은 건물 1층 내부가 큰 창 너머로 슬쩍 보였다. 그곳에는 식사를 막 끝낸 듯한 커다란 식탁에 다섯 살쯤 되어 보이는 여자아이와 아빠가 앉아 있었다. 아빠는 그림책을 가지고 아이에게 무언가를 설명하는 듯 보였다.

어스름한 오후, 어두운 거실에 켜진 따스한 스탠드 조명 불빛 사이로 머리를 맞대고 있는 부녀의 모습이 눈물 날 정도로 행복해 보였다. 나 역시 그들처럼 스탠드와 양초를 켜고, 비루한 요리 실력이지만 정성스레 파스타를 한 그릇 만들어보았다. 식탁에 라눙쿨루스 꽃병을 놓고, 칼스버그 한 캔을 따 천천히 파스타를 먹으니, 신기하게도 오래전부터 이곳에 살았던 듯한 기분이 들었다.

천천히 식사를 끝내고 설거지를 하고 거실 소파에 앉아 알아들을 수는 없지만 TV 채널을 이리저리 돌려보았다. 이 나라 사람들의 언어와 어투를 느껴보며, 코펜하겐에서 보낸 3일을 마무리하는 여행기를 써 내려갔다. 노트는 행복하다, 부럽다라는 말로 가득했다.

예술의 도시 파리, 다이내믹한 뉴욕, 혹은 평화로운 하와이에서도 그곳에 사는 사람들의 삶이 이토록 진심으로 부럽다고 느끼지는 않았다. 잘 사는 나라 중 하나인 덴마크에서 만난 사람들은 평화로웠고 여유가 넘쳤다. 행복을 찾기 위해 애쓴다기보다는 그저 순간순간을 유유히 즐기는 것처럼 보였다. 무엇보다 그들이 사는 집은 정말 아름다웠다. 이런 곳에서 매일 커피를 마시고 밥을 먹고 잠들 수 있다면, 나도 정말 행복해질 수 있을 것 같았다.

코펜하겐에서 보낸 3박 4일은 빠르게 지나갔고, 원래 목적지였던 아이슬란드로 떠났다. 하지만 내 인생을 좀 더 드라마틱하게 바꿔줄 것이라 기대했던 오로라는 모습을 드러내지 않았다. 하지만 괜찮았다. 어쩌면 아이슬란드에 오기 전부터 오로라를 볼 수 없어도 괜찮다고 생각했을지도 모른다. 짧지만 긴 여운을 준 코펜하겐의 기억이 내 삶을 변화시킬 것이라는 강한 인상을 받았으니까. 코펜하겐에서 만난 크리스티안의 아파트는 내 서른두 살의 오로라였던 것이다.

PART 2

한국 아파트에
북유럽 디자인을
옮겨 오는

다섯 가지
비법

오로라 대신 코펜하겐의 아파트를 마음에 품고 돌아온 후 앞으로 우리 부부의 라이프스타일을 바꿔줄 근사한 공간을 만들겠다고 결심했다. 하지만 안타깝게도 상암동 아파트는 머릿속에 그려온 집과는 달라도 너무 달랐다. 내 눈이 너무 높아져버린 탓일까. 아니면 2년이라는 시간 동안 내 기억 속에 각인된 집이 지나치게 미화되어 있었던 걸까. 이사를 앞둔 집은 어딜 가나 볼 수 있는 한국의 전형적인 아파트였다.

33평 공간에 비해 거실과 방이 매우 좁았고 천장이 낮아 더 답답해 보였다. 세입자에게 양해를 구한 뒤 집 안 곳곳을 촬영했다. 그리고 지금까지 모아놓은 북유럽 인테리어 사진과 구글링으로 찾아낸 수천 장의 인테리어 사진을 로딩한 뒤 함께 펼쳐놓았다. 그런 다음 마치 셜록으로 빙의한 듯 사진을 샅샅이 뜯어보았다. 그러고는 내가 묵었던 코펜하겐의 아파트와 곧 입주할 상암동 아파트의 차이를 연구했다. 왕년에 오락실에서 '숨은그림찾기' 게임으로 동네를 평정했던 그 실력으로 말이다.

숨은그림찾기 끝에 도출한
한국 아파트 분석

어떤 멋진 가구나 소품을 가져다 놓아도, 값비싼 수입 페인트를 발라도 결국 달라질 수 없는 것이 있다. 집의 밑바탕이 바뀌지 않는다면 그냥 '한국의 보통 아파트'가 된다는 사실이다. 한지에 유화물감을 바르면 서양화도 동양화도 아닌 정체 모를 그 무엇이 되어버리는 것처럼 말이다. 하지만 태어날 때부터 한국 아파트에 살아온 우리가 무엇을, 어떻게 바꿔야 할지 직관적으로 찾아내기란 쉬운 일은 아니다. 하지만 수천, 아니 수만 장의 샘플 사진을 분석하고 파헤쳐본 끝에 전형적인 한국 아파트의 다섯 가지 못난이를 발견했다

강화 마루, 형광등, 섀시, 벽지, 몰딩+걸레받이+문턱

우리나라 아파트에서 이 다섯 가지는 필수적으로 존재하는 것 같다. 건설 업체가 만든 표준인지 정확한 이유는 모르겠다. 하지만 이러한 요소를 없애면 우리가 꿈꾸는 유럽의 멋진 아파트에 조금 더 가까이 다가갈 수 있다. 강화 마루나 형광등을 대체할 만한 다양한 시공법이 분명히 존재한다. 나는 이 프로젝트를 '한국 아파트를 북유럽 아파트로 바꾸는 다섯 가지 비법'이라고 명명했다. 리얼 북유럽 인테리어를 구현하기 위해 한국 아파트의 전형적인 요소를 완벽히 없앨 수 있는 방법을 알아보자.

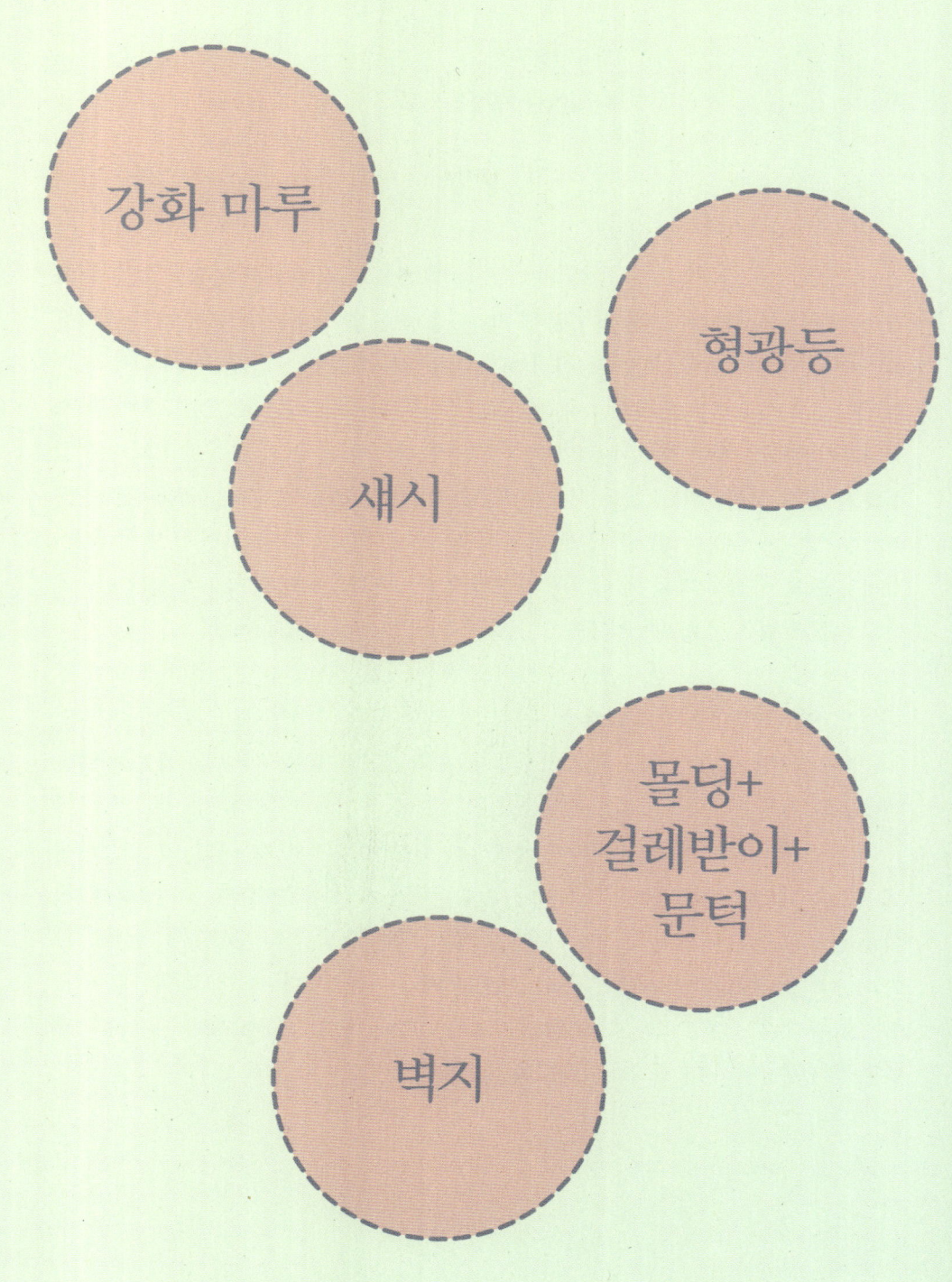

**강화 마루를
타일이나 헤링본으로**

　　　　　강화 마루는 말 그대로 원목 마루의 단점을 보강해 더 강하게 만든 바닥재다. 잘게 썬 나무에 첨가물을 넣어 압축하고, 그 위에 나무 무늬를 입힌 압축 마루라고 할 수 있다. 산림 자원이 풍부하지 않은 우리나라에서 원목 마루의 대안으로 사용하는 합리적인 가격의 마감재다. 원목 마루에 비해 열전도율이 좋고, 관리하기 쉽다는 것이 장점. 이건마루, 구정마루, 한솔참마루 등 잡지 광고로도 흔히 접할 수 있는 브랜드 역시 강화 마루다. 평당 시공비는 10만 원 전후다. '헤링본 마루'는 시공 방식에 특징이 있는데 '갈매기 시공'이라고 불린다. 그러고 보니 온갖 인테리어 잡지나 화보 사진에 바로 이 헤링본 마루가 있다. 하지만 헤링본 마루의 가장 큰, 아니 유일한 단점은 바로 비용이다.

　　　　　원목을 재료로 쓰는 것도 부담스럽지만 로스가 많이 발생하는 시공 방법이라 재료도 많이 든다. 또 하루에 한 사람이 깔 수 있는 작업량이 4~5평에 그쳐 인건비만 해도 일반 시공의 두 배다. 열전도율이 강화 마루에 비해 낮은 데다 관리 역시 힘들다는 단점도 있다.

　　　　　바닥재 선택지 중 다른 하나는 바로 타일이다. 한국에서도 많은 인테리어 시공 업체가 거실이나 방에 타일을 시공하고 있었다. 그중에서도 시선을 사로잡은 건 광택이 없고 빈티지한 느낌을 내는 '포슬린 타일'이었다. 업체를 찾아내 견적을 내보니 15만~30만 원 선. 헤링본 바닥 시공비보다 저렴하고 집이 넓어 보이는 효과까지 낸다고 하니 더 고민할 필요가 없었다. 타일 시공에 대한 내용은 리모델링 공사 부분에서 더 자세히 다루도록 하겠다.

before

after

**형광등을
노출 천장과 간접조명으로**

같은 평수임에도 더 시원하게 느껴지는 데는 층고가 한 몫을 한다. 하지만 한국 아파트는 대부분 층고가 낮고 눈부신 형광등 조명이 거실 중앙을 차지해 뻔한 느낌에서 벗어나기 어렵다. 천장을 드러내는 공사를 하는 것은 현실적으로 어렵다면 그 대안을 찾아볼 수 있다. 우선 형광등을 떼내는 것으로 시작한다. 형광등을 펜던트 조명이나 할로겐 조명으로 바꿔주는 것만으로도 전혀 다른 거실 분위기를 연출할 수 있다.

before

after

섀시

**뻔한 베란다 섀시를
폴딩 도어로**

대부분의 국내 아파트에 존재하는 베란다 섀시. 특히 우드 필름지로 프레임을 입힌 섀시는 누가 봐도 뻔한 아파트 인테리어의 주범이다. 다른 방법은 없을까, 검색과 검색을 거듭하던 차에 폴딩 도어를 찾아냈다. 아파트 때깔을 바꾸는 폴딩 도어 시공에 대한 자세한 사항은 리모델링 시공 부분에서 확인할 수 있다.

before

after

벽지

**촌스러운 포인트 벽지를
페인트 도장으로**

포인트 벽지가 유행할 때 나 역시 커다란 꽃무늬 벽지를 붙였던 것을 고백한다. 우리는 그동안 벽면에 벽지를 시공하는 것을 당연하게 여겨왔다. 하지만 호텔이나 리조트를 연상시키는, 우리가 '로망하는' 외국 집 사례 중 벽지를 시공한 곳은 거의 없다는 사실을 알아두어야 한다. 도배가 아니라 페인팅을 기본으로 삼아야 우리가 꿈꾸는 집에 가까이 다가갈 수 있다.

before

after

몰딩+
걸레받이+
문턱

**못난이 삼 형제
(몰딩+걸레받이+문턱) 없애기**

이상하게도 우리나라 아파트는 유난히 몰딩 장식이 큰 비중을 차지한다. 지금도 모델하우스에 가보면, 체리색이나 오크색의 두꺼운 나무 몰딩이 장식되어 있다. 사실 몰딩은 벽지 시공에서 마감 과정의 일부다. 벽지 면과 면이 맞닿는 곳을 자연스럽게 처리하기 위해 몰딩이나 걸레받이가 필요하다고 한다. 클래식한 분위기를 연출하기 위한 정확한 의도가 있는 것이 아니라면 몰딩과 걸레받이는 모두 없애자.

before

after

셀프 리모델링을 위한
베이스캠프 구축하기

분석이 끝나고 손봐야 할 범위를 정했으니 이제 본격적으로 리모델링 실행 단계에 들어설 차례다. 그런데 모든 요구 사항을 정확히 실현해줄 인테리어 업체가 있을까? 다시 한 번 찾아보았지만 고작 몇 달 사이에 그런 업체가 혜성처럼 나타날 리는 없었다. 한껏 높아진 눈높이에 맞는 인테리어 업체를 찾아보았지만 견적이 최소 7000만~1억 원이란다. 맙소사.

무슨 방법이 없을까? 그러던 차 몇 해 전 부모님께서 조금 다른 방법으로 집을 수리했던 기억이 떠올랐다. 그 당시 화장실이 매우 낡아 수리를 해야 했는데, 500만 원이 넘는 동네 인테리어 업체의 견적에 망설이다 인테리어 전문 인력과 소비자를 직접 이어주는 카페를 발견했다. 말하자면 농산물 직거래 장터처럼 말이다. 이곳에서 화장실만 전문으로 리모델링하는 업체를 알아보았고, 반값으로 시공 할 수 있었다. 게다가 결과가 매우 만족스러웠다. 기억을 더듬어 잊고 있던 그 카페를 다시 찾았다. 카페 이름은 인테리어 & 기술자의 통합 모임이라는 뜻의 '인기통'. 3년 전보다 시스템이 더 정돈되고, 거래도 활성화된 느낌이었다.

칼슘 list

셀프 리모델링을 위한 필수 코스!
인테리어 기술 중개소 3

인기통
http://cafe.naver.com/0404ab

인테리어 직거래 개념을 도입한 최초의 카페라고 볼 수 있다. 큰 규모만큼 많은 기술자를 찾을 수 있으나, 좋은 기술자를 선별하기 쉽지 않다는 단점이 있다. '셀프 리모델링 기술자 공동 구매'라는 코너를 운영하는데 견적은 조금 더 비싸지만 인기통 자체에서 기술자를 보증해주기도 한다.

소공인
http://cafe.naver.com/jsy7979

인기통과 유사한 카페로 후발 주자이나 규모가 작아 오히려 더 친절하다는 장점이 있다. 답답한 점이 있을 때 카페 매니저와 상시 연락이 가능하다. 이번 셀프 리모델링에서 가장 도움을 많이 받은 카페다. 철거 사장님, 목수 반장님과 인테리어 필름 사장님도 이 카페를 통해 구할 수 있었다.

박목수의 열린견적서
http://cafe.naver.com/pcarpenter

직거래가 메인인 '인기통'과 '소공인'과는 달리, '박목수의 열린견적서'는 토털 리모델링이 주력 상품이다. 턴키 방식을 기본으로 하지만 차이점이 있다면 견적서를 모든 카페 회원들과 공유한다는 것이다. 직거래 방식보다는 비싸지만 동네 인테리어 업체보다는 20% 정도 저렴하다. 합리적인 가격으로 토털 리모델링을 진행하고 싶은 사람들에게 추천한다.

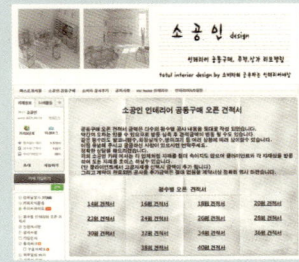
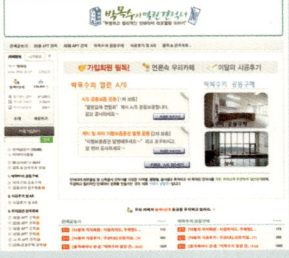

셀프 리모델링을 위한
기술자 중개소

'인기통'에는 인테리어 공사에 투입되는 모든 형태의 인력이 폴더별로 분류되어 있다. 작게는 전기 수리에서부터 크게는 확장 공사까지 소비자가 필요한 공사를 검색해 기술자에게 직접 연락하면 된다. 보통 우리가 인테리어를 시공하는 방식은 소비자가 인테리어 업체에 공사 총비용을 지불하면 인테리어 업체의 디자이너가 기술자들을 모으고, 관리 감독하며 최종적으로 A/S 등까지 담당하는 '턴키 방식'을 말한다. 이러한 방식은 비용은 올라가지만 공사에서 발생하는 모든 책임을 인테리어 업체에서 지기 때문에 위험 부담이 적다.

하지만 원하는 인테리어와 방식이 아주 분명하다면 '인기통'과 같은 직거래 사이트를 이용해보는것도 좋은 방법이다. 집주인이 인테리어 디자이너 역할을 하는 것이다. 콘셉트를 정하고, 적재적소에 필요한 기술자들을 찾아 팀을 꾸리고 공사 스케줄을 짜는 것까지 모든 일을 직접 하는 것이다. 결과물에 대한 모든 책임과 부실 시공에 대한 위험 부담까지도 집주인이 떠안아야 된다. 하지만 거부할 수 없는 큰 메리트가 있다. 그것은 바로 어마어마한 비용 절감.

업체를 통해 받은 인테리어 공사 견적의 거의 절반 가격이다. 최소 1000만 원은 절약할 수 있다. 북유럽을 여행한 후 인테리어 콘셉트를 확실하게 정한 나에게는 직거래 방식이 알맞다고 생각했다. 여러 인테리어 업체에서 그런 시공은 불가능하다는 말을 수백 번 들었으니 말이다.

소박한 예산에 주눅 들 필요 없이, 내가 필요한 공정만 쏙쏙 뽑아 구미에 맞게 실현해볼 수 있는 방식. 가구나 벽지 색깔만 선택할 수 있는 것이 아니라 '전문 기술'의 힘을 빌려 집 안 전체의 틀을 바꿀 수 있다고 생각하니 희망이 생겼다. 지금부터 3W에 맞춰 셀프 리모델링을 위한 베이스캠프를 구축해보자.

**손볼 범위를 정확히 하고
예산을 분배한다**

셀프 리모델링을 감행하는 사람들 중 대부분은 '취향은 있지만', '돈은 부족한' 상태다. 당연히 한정된 예산으로 최고의 효과를 낼 수 있는 리모델링 범위를 선정하는 일이 가장 시급하다.

아파트 리모델링을 위해 책정한 예산은 총 3000만 원. 강화 마루에 도배, 그리고 하이글로시로 마감한 전형적인 아파트 리모델링이 평당 100만 원이라는 점을 감안해 책정했다. 30평대 아파트의 국민 견적 3000만 원으로 스타 인테리어 디자이너가 연출하는 남다른 인테리어를 구현해볼 생각이었다.

게다가 이 견적은 가구와 가전 구입비를 포함한 금액. 실제 리모델링에 할당된 예산은 2000만 원에 불과했다. 업체에 맡겼다면 거실 확장과 바닥재를 시공하는 정도로 끝났을 견적이다. 선택과 집중이 필요했다.

주거 점유율이 가장 높은 **거실과 베란다, 침실**을 집중적으로 고치고, **서재 → 부엌 → 화장실 → 드레스 룸** 순으로 예산을 배치하기로 했다. 후순위 공간은 예산이 부족하다면 더 이상 손대지 않기로 했다.

**공사 범위와 예산에 따라
전문가를 찾는다**

공사 범위와 예산을 확정 지으면 원하는 스타일을 구현해줄 시공법, 시공자를 찾아서 매칭한다. 도배는 도배 업체에, 강화 마루는 마루 가게에 맡긴다면 고민할 필요 없겠지만 직접 하자니 해당 공정에 대한 정보를 찾기가 힘들었다. 가령 노출 천장+간접조명의 경우 충분한 자료를 확보했지만 이것을 누구에게 맡겨야 할지 막막했다. 일단 조명 업체에 전화를 했다.

"천장을 노출로 하고, 간접조명으로 시공하고 싶은데 가능할까요?"
"네? 노출 천장을 저희보고 하라고요?"
"아, 그럼 누구에게 말해야 하나요(점점 더 작아지는 목소리)?"
"일단 천장 뜯는 분에게 전화해보세요."

이런 식의 시행착오를 여러 번 거쳤다. 어떤 책에서도 정보를 얻을 수 없었다. 노출 천장과 간접조명 시공 방법을 간단하게 정리하자면 다음과 같다.

1. 철거 팀이 천장을 뜯는다.
2. 목공 팀이 천장 전체에 구조물을 만든다.
3. 페인트공이 면을 다듬어 도장을 한다.
4. 조명 기사가 조명을 설치한다.

무려 4단계에 걸친 공정이 필요하다.

셀프 리모델링을 위해서는 기술자 네 명에게 직접 전화를 걸어 스케줄을 조정하고, 각자에게 작업 과정을 네 번이나 이해시켜야 한다. 타일 바닥 시공도 마찬가지다.

1. 철거 팀이 기존 강화 마루를 철거한다.
2. 타일 가게에서 타일을 구입한다.
3. 타일공을 불러 시공한다.

이 세 단계가 필요하다.   초보에게는 이 각각의 과정에 적합한 사람을 구하는 것조차 힘들다. 발품 팔아 타일 가게를 찾아야 하고, 재고를 확인해야 한다. 필요한 타일의 수량도 결정해야 한다. 모든 것이 결정할 것투성이다.

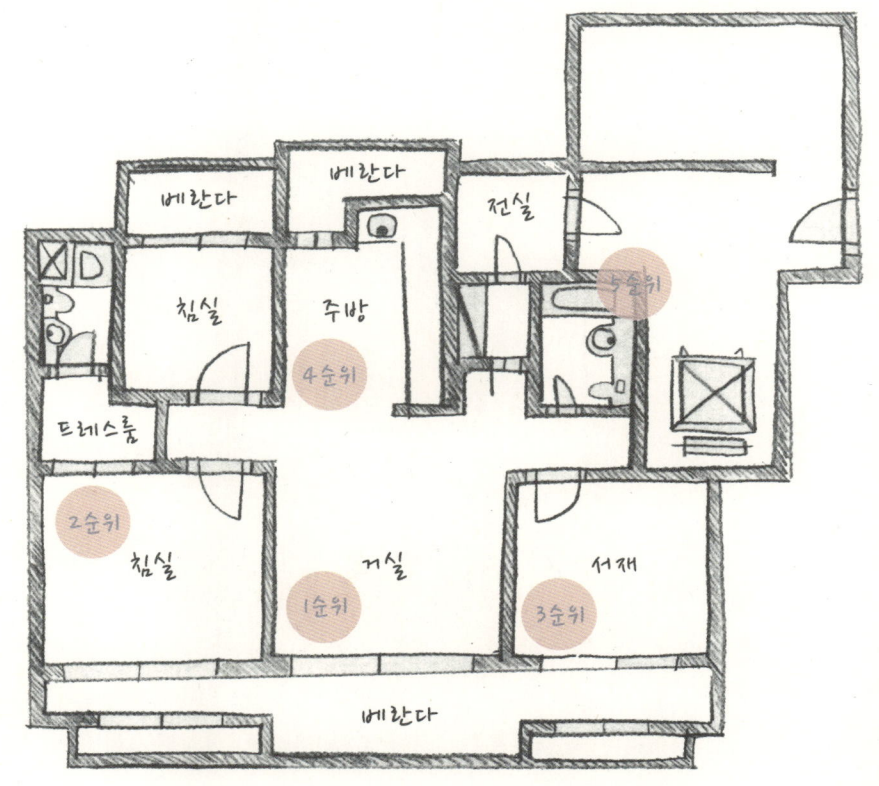

 칼슘 tip

셀프 리모델링에 꼭 필요한
업무와 작업 범위

철거 팀
집 안에서 교체하고 싶은 모든 것을 다 들어내는 작업. 천장, 아트 월, 싱크대, 붙박이장, 섀시, 욕조 등도 철거할 수 있다. 대부분 'OO 환경'이라는 상호가 붙은 업체가 많으며 폐자재 수거까지 병행한다.

목수
나무로 만드는 모든 것을 담당하고 철거된 공간에 구조물을 새롭게 세우는 일을 한다. 우물 천장이나 간접조명을 설치하기 위한 구조를 세우는 일부터 몰딩, 걸레받이, 칸막이나 문을 비롯해 붙박이 가구까지 제작한다.

도배사/도장공
집 안 전체에 벽지를 시공하는 기술자다. 벽지 대신 페인트로 마감한다면 도장공이 필요하며 벽지 대신 페인트 작업을 한다. 문과 문틀, 현관문 안쪽, 창과 창틀, 베란다 벽, 몰딩 등에 페인트칠을 할 수 있다. 페인트칠하기 어려운 곳은 래커로 칠한다. 이 또한 도장공의 손을 거쳐야 한다.

마루공
마루를 시공하는 사람. 대부분 바닥재를 구입한 업체에서 인건비를 포함한 견적을 내주므로 따로 사람을 구할 필요는 없다.

타일공
타일은 주로 욕실과 부엌에 시공하지만 거실이나 안방에도 작업 가능하다. 마루와 달리 타일은 토털 시공 업체가 없다. 타일 재료는 타일 업체에서 구입하고 타일공은 따로 섭외해야 하니 알아두자.

인테리어 필름공
인테리어 필름만 전문으로 시공하는 기술자를 뜻한다. 도장하기 힘든 곳은 인테리어 필름으로 마감하는데, 쉽게 할 수 있을 것 같지만 이 역시 고도의 기술이 필요한 일이다.

배선/설비
오래된 아파트나 빌라는 배선이나 설비도 손봐야 할 가능성이 높다. 단열이나 수도 등 노후되어 보강해야 할 부분을 체크해둔다.

섀시/창호
베란다 내·외부 섀시와 창호를 설치하는 업무는 관련 업체에서 총괄해 견적을 내준다. 폴딩 도어를 설치하고 싶다면 폴딩 도어 제작과 설치를 전문으로 하는 업체를 찾는다.

전기공
집 안 전체의 전선을 정리하고 조명을 설치해주는 기술자. 전기 콘센트나 전등 스위치 위치 변경도 가능하다.

중문/미닫이문
문은 목수에게 부탁해도 되지만 현관 중문을 설치하려면 전문 시공 업체를 따로 찾아야 한다. 미닫이문을 제작하기도 한다.

욕실 설비
리모델링 과정 중 철거나 타일 공사 과정이 있다면 비용을 절감할 수 있다. 이 과정에서 욕실 설비를 해결하면 욕조, 변기, 세면대 구입 비용은 생각보다 높지 않다. 을지로나 지하철 7호선 학동역 근처 욕실 전문 업체에서 가격을 비교해보자.

싱크대/붙박이장
싱크대 업체에서 대개 붙박이장도 함께 제작한다. 목공사 중 붙박이장을 제작할 수도 있지만, 한샘이나 리바트 같은 특정 브랜드 붙박이장을 원한다면 그 업체의 싱크대를 선택해 함께 문의한다.

**스케줄만 잘 관리하면
예산을 절약할 수 있다**

마지막 관문은 스케줄을 짜는 것. 인테리어는 '공기와 벌이는 싸움'이라는 말을 한다. 여기서 공기란 '공사 기간'을 의미한다. 인테리어 비용은 인건비와 직결된다. 공기가 길어지면 인건비가 늘어나고, 전체 공사 비용 역시 높아진다. 공기를 단축할 수 있는 효율적인 스케줄 관리가 필요하다.

아파트 공사의 경우 보통 철거 → 배선/설비 → 확장 공사/목공 → 도장/도배 → 몰딩/걸레받이 → 바닥재 시공 → 욕실/부엌 시공 → 마감재 시공 → 현관 중문의 순서로 공사가 진행된다.

집 상태에 따라 작업 방식이 추가되거나 생략된다. 기본적인 순서대로 담당자와 스케줄을 정하되 함께 진행할 수 있는 공정이 있는지, 앞 공정이 반드시 끝나야 진행할 수 있는 부분은 어떤 것인지 각각의 전문가와 상의한 후 스케줄을 적절하게 짠다.

 칼슘 tip

직거래 방식 리모델링 예상 견적서 작성하기

셀프 리모델링 드림 팀을 꾸리는 데 큰 도움을 받은 '소공인' 카페에서 작성한 견적표를 참고해 예산에 맞는 공사 범위를 설정해보자.

공사 범위	기준 예산(시공비 포함)	공사 기간
철거	33평을 기준으로 부엌/화장실/천장/붙박이장/베란다 타일/거실 강화 마루 전체 철거할 경우 110만~150만 원 선	1일
바닥	데코 타일 : 평당 3만 5000~7만 원 합판 마루 : 평당 10만~15만 원 강화 마루 : 평당 6만 5000~12만 원 원목 마루 : 평당 20만~30만 원	공사 기간은 1~2일 정도 소요
타일	국산 타일 : 평당 8만~15만 원 수입 타일 : 평당 15만~50만 원 *화장실/부엌 타일은 헤베(제곱미터, 1X1m)당 5만 원 선	바닥 공사는 3~4일, 화장실/부엌은 1일
페인트	실내 래커 : 평형당 2만~2만 5000원 베란다 탄성 코트 : 평형당 1만~1만 5000원	전체 도장 공사는 4~5일 (계절에 따라 다름)
몰딩+ 걸레받이 공사	평당 1만~2만 2000원 *몰딩은 거실, 주방, 방에 시공 걸레받이는 거실, 주방에 시공	1~2일
조명 공사	조명 전체 비용 : 50만~100만 원 선 (국민등으로 전체를 시공할 경우) 스위치, 콘센트, 유선 단자, TV 단자 포함	1일
거실 등 박스 공사	등 박스 가격대 30만~80만 원(우물 천장) 재질이 무늬목 원목일 경우는 30% 추가	1일
현관 중문	60만~100만 원, 재질이 원목일 경우 30% 정도 추가	1일
확장 공사	거실은 150만 원부터, 방은 100만 원부터. 섀시의 규격과 창호의 종류에 따라 가격 차가 큰 편이며 확장 후 단열을 위해 시스템 창호 설치를 권유	2~3일
화장실 공사	철거비 포함 150만 원부터 어떤 제품으로 시공하느냐에 따라 천차만별	2일
부엌 공사	철거비 포함 100만 원에서 시작, 33평형에 설치하는 3.0M를 기준으로 표준형이 200만 원 선, 고급형이 400만 원 선	1일

PART 3

14일간의

셀프
리모델링
개척기

바쁜 현대인에게 최적화된
셀프 리모델링

'굴욕기' 혹은 '삽질기'에 가까운 고군분투 과정을 온몸으로 겪고서야 비로소 완성할 수 있었던 셀프 리모델링 개척기를 '제2의 윤소연'을 위해 아낌없이 공유하려 한다.

셀프 리모델링에 도전하려 한다면 이 챕터를 특히 꼼꼼히 읽길 바란다. 서점과 인터넷을 찾아 헤매도 결국 찾지 못했던, 셀프 리모델링에 대한 현실적인 이야기와 개인적인 경험을 통해 얻은 깨알 같은 정보를 모두 모아 빠짐없이 담았다. 셀프 리모델링을 시작하기 전에 알아두어야 할 상식이나 주의 사항도 함께 정리했다.

'하늘은 스스로 돕는 자를 돕는다'고 했다. 진부한 이야기로 들릴지도 모른다. 하지만 셀프 리모델링 과정을 한 단계씩 밟아가다 보면 이 말을 체감할 수 있을 것이다. 내 손으로 집을 고치는 긴 여정을 시작하는 당신에게 가장 먼저 해주고 싶은 말은 "안 되는 것은 없으니 인내를 가지고 도전하라!"는 것이다. 당신이 셀프 리모델링을 하기로 마음먹은 후 가장 많이 듣게 될 말은 아마도 "안 된다"는 말일 것이다. 하지만 실망하지 말자. 이 말의 의미는 '과정이 복잡하고 어렵다', '해본 적이 없다', '일반적이지 않다' 정도로 해석해도 무방하다. 할 수 없다는 사람을 설득하느라 힘 빼지 말고 당신의 의지를 실현해줄 좋은 파트너를 찾는 데 집중하자.

그리고 당신이 찾아낸 파트너를 믿고 의지해야 한다. 그들의 역할을 집주인이 시키는 일을 실행하는 사람 정도로 축소해버리는 순간, 당신의 집은 그저 그런 집이 되어버릴 것이다. 모든 것을 스스로 결정해야 하는 셀프 리모델링 과정에서 그들은 당신이 가야 할 방향을 제시해주고 조언해줄 수 있는 유일한 동료며 친구다. 목수 팀장님, 페인트 반장님, 타일 업체 사장님이 귀찮아할 정도로 묻고, 의논하고, 공유해야 한다. 한 치 앞이 보이지 않는 이 대단한 과정을 함께 밟아나가려면 그들과의 팀워크는 무척 중요하다. 그들과 완벽한 동료, 친구가 되었을 때 비로소 내 꿈에 한 발짝 더 다가갈 수 있다는 것을 명심해야 한다.

상암동 아파트 공사를 끝냈을 때 나는 서른두 해 동안 경험한 모든 일을 통틀어 최고의 성취감을 맛볼 수 있었다. '잘못되면, 이상하면 어쩌지?'라는 고민은 잠시 접어두어도 좋다. 좀 이상하면 어떤가? 내 취향과 이야기를 온전히 담아 만든 못생긴 수제 케이크가 더 큰 감동을 주는 것처럼, 내가 직접 매만지고 완성한 공간은 분명히 당신에게 아주 특별한 무엇이 되어줄 것이다. 나도 '맨땅에 헤딩!' 하며 시작했으니 용기를 얻기를 바란다. '14일간의 셀프 리모델링 개척기'를 지금부터 시작한다.

**2주 완성 셀프 리모델링을 위한
준비와 계획**

먼저 리모델링의 개념부터 알아보자. 리모델링은 낡은 집을 개·보수해 부동산의 가치를 높이기 위해, 혹은 월세나 전세를 내줄 목적으로 동네 인테리어 업자들이 공사를 진행하는 것이 통상적이다. 비용을 아끼기 위해 집주인이 직접 공사를 진행하기도 하는데, 우리는 이것을 직영 공사라고 말한다. 인테리어 분야 베스트셀러로 자주 접하는 셀프 인테리어 책 내용은 직영 공사라기보다는 DIY에 더 가깝다.

하지만 나는 직접 만들고 꾸미는 일은 일찌감치 포기했다. 워낙 손재주도 없는 데다 입주일을 계산해보니 집을 고치는 데 주어진 시간은 단 2주였다. 직접 타일을 붙이고 페인트를 칠하는 방식이 아닌, 일정을 짜고 공정별 전문가를 섭외해 재료비와 인건비를 지불하는 형식으로 리모델링 공사를 진행하기로 했다.

33평을 기준으로 공사 기간은 통상적으로 3주~1개월이 소요된다. 업체에서 진행할 경우 디자인을 잡는 데 걸리는 시간이 포함되고, 공휴일에는 공사를 하지 않기 때문에 기간이 더 늘어난다.

2주 완성 셀프 리모델링 스케줄을 짰다. 이는 '**효율적인 시간 분배**'와 '**비용 절감**'이라는 두 가지 큰 목표 아래 진행되었다. 공사 기간이 늘어나면 모든 것이 인건비로 환산되고 예산에 직접적인 영향을 미친다. 한정된 예산으로 효율적인 리모델링을 하기 위해서는 꼼꼼한 스케줄링과 예산 분배가 반드시 선행되어야 한다.

우선 소음이 발생하지 않는 공사는 주말에 진행하기로 했다. 또 철거, 목공사, 페인팅 등 메인이 되는 공정에 서브 공사를 겹쳐 넣어 동시에 진행할 수 있도록 스케줄을 짰다. 바닥재를 타일로 선택한 것은 오히려 공사 일정을 단축하는 데 일조했는데, 거실·부엌·베란다 타일 공사를 한꺼번에 해결했다.

 칼슘 tip

인테리어 vs
스타일링 vs
리모델링

어떻게 다를까?

'인테리어(interior)'는 사전적으로 실내장식을 뜻하지만 통상적으로 실내 공간의 종합적인 설계를 이르는 말이다. 한편 커튼을 바꾸거나 가구, 소품으로 포인트를 만들어 분위기를 바꾸는 일에는 '스타일링(styling)'이라는 용어를 쓴다. 그래서 인테리어 디자이너와 스타일리스트는 영역이 조금 다르다. 여기서 인테리어와 리모델링을 다시 비교해보자. 집을 새로 설계할 때는 인테리어라는 용어를 쓰지만, 오래된 빌라나 아파트의 구조를 변경하고 마감재를 바꾸는 정도의 공사는 리모델링이라고 부른다. 리모델링은 보통 오래된 집의 일부를 보수하기 위해 이루어진다. 따라서 내가 도전한 셀프 리모델링을 설명하자면 인테리어 디자이너의 전문 설계 과정 없는 최소한의 공사, 가구와 조명에 힘을 준 스타일링이 합쳐진 과정이라 할 수 있다.

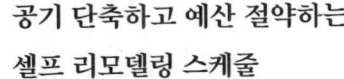

공기 단축하고 예산 절약하는
셀프 리모델링 스케줄

스케줄을 짤 때는 공사 기간을 먼저 정하고, 날짜별로 메인 공사 스케줄을 정한다. 그리고 같은 공정에서 해결할 수 있는 서브 공사를 추가 기입한다. 각각 시공자들에게 일정과 공사 가능 여부를 확인해야 한다. 예를 들어 폴딩 도어의 경우, 프레임과 도어 설치에 각각 하루가 소요된다. 하지만 프레임을 설치하는 공정은 목공사와 동시에 진행할 수 있고 바닥재 시공만 끝나면 도어를 설치하는 것은 언제든 가능하다. 따라서 목공사와 타일 공사 중에 폴딩 도어를 설치 과정을 블록을 맞추듯 끼워 맞출 수 있었다. 결과적으로 이틀의 공정이 절약되었다. 이렇게 융통성을 발휘해 스케줄을 짜면 공사 기간을 단축할 수 있다. 현관 중문 제작이나 펜던트 조명 설치처럼 이사 후에 해도 큰 문제가 없는 '독립적인 공정'은 좀 더 여유를 가지고 진행해도 된다.

다음은 예산이다. 정확하지 않더라도 스케줄표에 예산을 꼭 기재한다. 미리 수집한 정보와 공사일을 바탕으로 예산을 책정하지만 이 예산은 실측한 후 달라질 수 있다. 현장 실측을 마친 후라 하더라도 실제 공사가 시작되면 욕심이 생겨 예상치 못한 지출이 생길 수 있다. 또 폐자재물 수거비나 콘센트 교체비와 같은 소소한 비용도 합하면 꽤 큰 비용이 된다. 기타 잡다한 비용으로 최소 50만 원을 책정한다.

예산에 대해 조금 너그럽게 생각하자. 몇천만 원의 큰 비용을 지출하고도 마지막에는 1, 2만 원으로 업자들과 부딪쳐 마음 상하는 일이 종종 발생한다. 소탐대실라는 말이 있다. 적은 돈을 아끼기 위해 자신에게 큰 스트레스를 주지는 말자. 셀프 리모델링을 한다는 것 자체로 이미 몇천만 원을 절약한 셈이다.

self
remodeling step

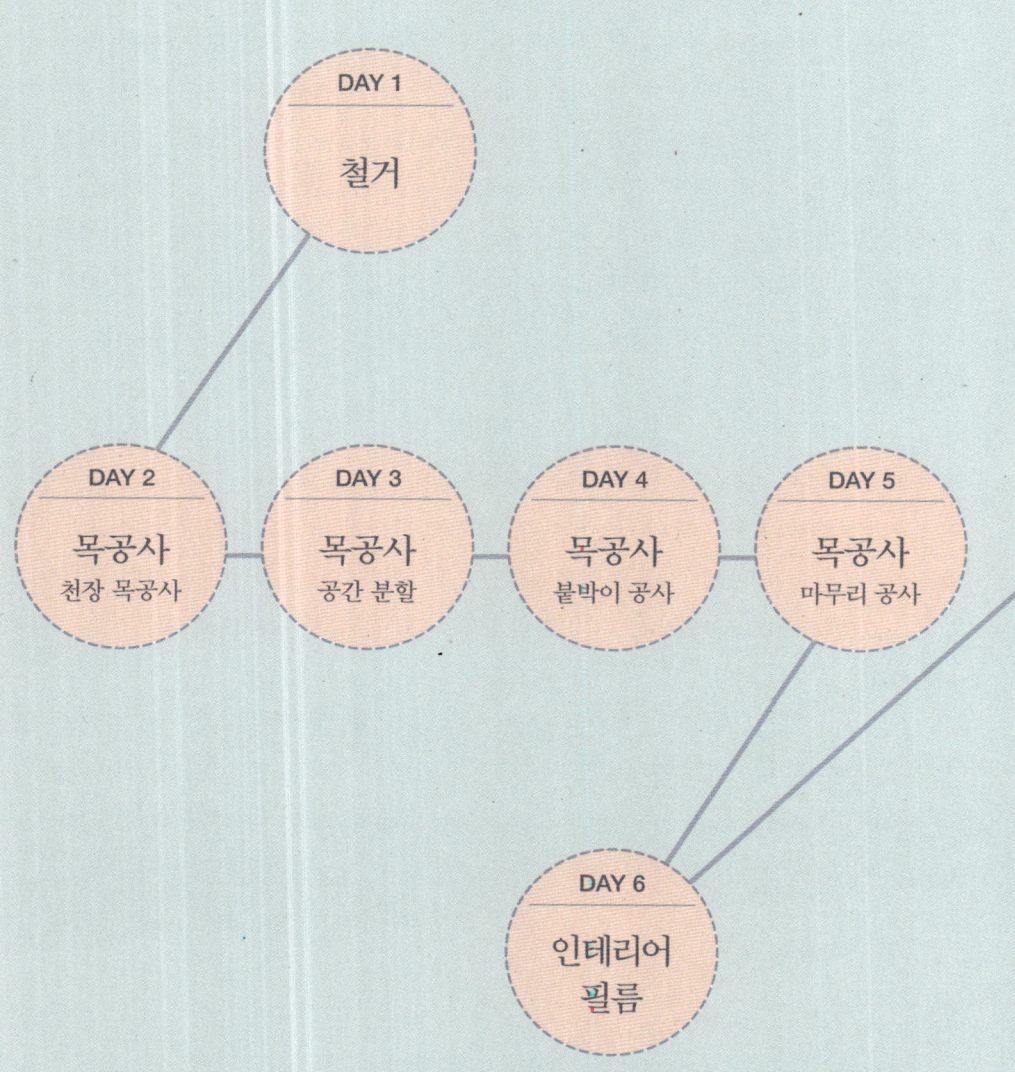

DAY 1
철거

DAY 2
목공사
천장 목공사

DAY 3
목공사
공간 분할

DAY 4
목공사
붙박이 공사

DAY 5
목공사
마무리 공사

DAY 6
인테리어
필름

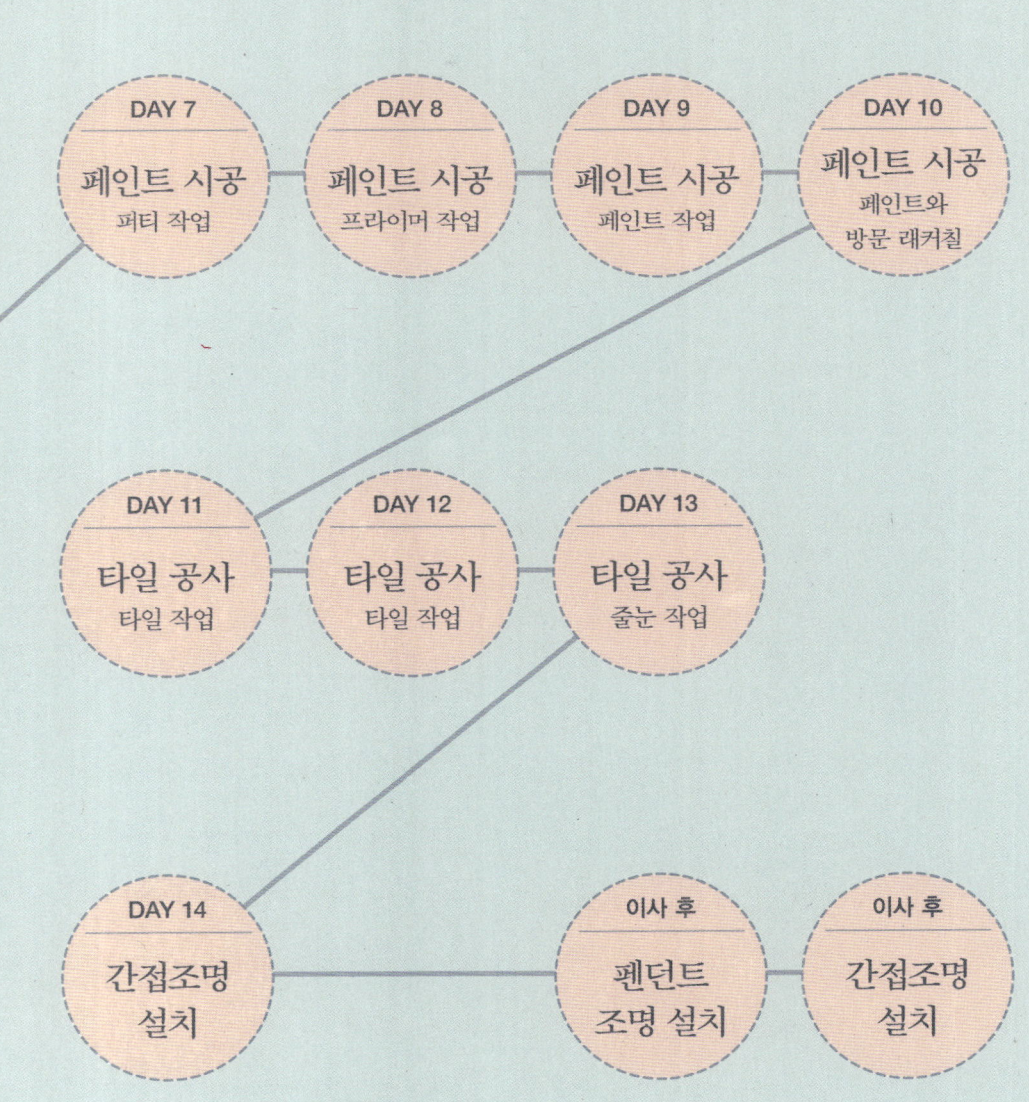

 칼슘 tip

한눈에 보는
셀프 리모델링 스케줄표
작성하기

DATE	메인 공사				서브 공사	
	내용		예산	작업 범위와 비교	내용	작업 범위와 비교
DAY 1	철거		강화 마루를 기계로 제거 시 추가 비용 발생 총 : 90만 원	강화 마루, 장판과 천장 철거. 싱크대, 붙박이장 한 개 철거. 몰딩, 걸레받이, 섀시, 거실 타일 바닥 철거. *화장실을 철거하면 10만 원 추가.	페인트 폴딩 도어 인테리어 필름 싱크대 현관 중문 등 각종 실측	정확한 견적 산출과 완벽한 공사 준비를 위해 꼭 필요한 실측은 살림살이를 뺀 후에 하는 것이 가장 정확하다. 첫째 날 철거 작업과 병행해도 된다.
DAY 2	목공사	천장 목공사	인건비+재료비로 산출 *인건비= 일당X작업 일수 (목수 팀장님 30만 원+ 목수 반장님 17만 원)X4일 =168만 원 *재료비= 목재/부자재 가격 목수 팀장님 방문가 견적은 200만 원 선으로 책정됨. 총 : 368만 원	1) 인건비는 작업 전에 미리 확정된 금액으로 진행. 2) 재료비는 현장 상황에 따라 필요한 재료의 양과 재질이 달라질 수밖에 없기 때문에, 진행 상황을 봐서 목수 팀장님이 매일 소량씩 주문하기로 함. 3) 목공사 마감 후 폐자재는 집주인이 처리해야 함. 폐자재 수거 업체에 부탁하면 한 번에 15만 원 선. 철거 업체 사장님과 미리 협의해 폐타일 수거까지 포함해 총 15만 원에 정리.	전기 배선 공사	전기 배선은 목공사 초반에 정리해놓아야 한다. 기초적인 것은 목수 팀장님이 잡아주기도 하는데, 콘센트 위치 변경 등 까다로운 작업은 전기 기사를 불러야 한다.
DAY 3		공간 분할			벽지 제거 작업	페인트칠을 깔끔하게 하기 위해 벽지를 미리 제거해야 한다. 지인들을 불러 소일거리로 제거해도 좋지만 생각보다 쉬운 일은 아니다. 인력소에 '잡부(일당 10만 원 전후)'를 부르는 것을 추천.
DAY 4		붙박이 가구			폴딩 도어 프레임	폴딩 도어는 프레임 설치 공정에 목공사를 요한다. 목수 팀장님이 현장에 있는 기간에 폴딩 도어 프레임을 설치해야 완성도를 높일 수 있다. *폴딩 도어 매장은 셀프 리모델링 시작 전에 방문할 것.
DAY 5		마무리 공사				
DAY 6	인테리어 필름		메일로 이미지를 주고받으며 견적 100만 원을 받음. 현장에서 20만 원 전후로 추가 비용 예상. 총 : 100만 원 (+20만 원)	1) 거실 베란다 외부 섀시와 안방/서재/부엌 내부 섀시 작업. 2) 방문 세 개와 화장실 문 한 개. 3) 거실 붙박이장 두 개. *드레스 룸 내부 섀시와 안방 화장실 방문은 예산 부족으로 제외. *현관장 필름 작업 시 15만 원 추가.	페인트/타일 재료 구입을 위한 매장 방문	최소한 시공일 3일 전에는 페인트와 타일을 구입해야 한다. 현장까지 운반해놓는 것도 셀프 리모델링에서는 집주인의 몫. 1)페인트(벤자민무어): 메인 컬러는 컬러 칩만 지정하면 페인트 업체 사장님이 업체가로 구입하기로 함. 포인트 컬러만 매장에서 직접 구입해 자동차로 운반. 2)타일(윤현상재): 거실 T-일(헤베당 2만 5000원)과 부엌 T-일(헤베당 3만 원). 시공자가 미리 알려준 부자재 구입. 타일이 매우 두껍기에 집 앞까지 올려주는 배송비까지 부담해야 함(약 10만 원). =약 300만 원

DATE	메인 공사				서브 공사	
		내용	예산	작업 범위와 비교	내용	작업 범위와 비교
DAY 7	페인트 시공	퍼티 작업	최초 견적은 400만 원 이었으나 현장 미팅 후 노출 천장과 방문 페인팅 등이 추가됨. 총 : 510만 원	1) 비용을 절감하기 위해 국산 페인트로 초벌 페인팅하고 마감 페인팅만 벤자민무어로 칠하기로 함. 2) 페인트 가격까지 포함한 가격임. 단, 서재 포인트 컬러는 집주인이 매장에서 직접 구입. 3) 가정용 노출 천장은 작업이 까다로운 관계로 일반 페인팅에 비해 견적이 높은 편임. 4) 가격 조정이 어려운 대신, 작업에 포함되지 않았던 베란다 방수 페인팅을 서비스 작업해주기로 함.	인테리어 필름 보충 공사	인테리어 필름 공사는 A/S까지 1.5일 정도 소요됨. 둘째 날은 페인트 팀과 같이 작업을 진행함.
DAY 8		프라이머 작업				
DAY 9		페인트 작업			조명 재료 구입을 위한 매장 방문	DAY 14—간접조명 설치 시 필요한 조명을 미리 구입해놓아야 함. 을지로 조명 거리에서 간접조명용 T5 조명과 펜던트 조명 등을 구입함. —거실/서재/큰방 T5 조명—50만 원 —식탁/현관 펜던트 조명—20만 원 —부엌/서재 LED 조명—15만 원
DAY 10		페인트와 방문 래커칠				
DAY 11	타일 공사	타일 작업	인건비+재료비로 산출 *인건비= 헤베당 3만 원 92헤베X 3만 원= 276만 원 선 *재료비= 윤현상재에서 직접 타일 구매	1) 거실과 방 세 개, 부엌 타일 공사까지 타일 작업이 필요한 면적을 산출하니 총 92헤베. 2) 헤베당 인건비는 2만~3만 원 선이며, 숙련된 타일공수록 인건비가 높아짐. 3) 재료비는 타일 값+줄눈 등 각종 부자재 값까지 포함해야 함. 4) 목공사 후 폐자재와 마찬가지로 폐타일도 주인이 처리해야 함.	폴딩 도어 설치	DAY 1—실측, DAY 5—프레임 설치를 거쳐 DAY 13에 도어를 설치하면 폴딩 도어의 모든 공정이 끝난다. 타일 공사 줄눈 작업과 함께 진행할 수 있다. 견적은 4m 기준으로 시공비를 포함해 300만 원 선.
DAY 12						
DAY 13		줄눈 작업				
DAY 14		간접 조명 설치	인건비+재료비로 산출 *인건비= 전기 기사 인건비 15만~20만 원 선 *재료비= 을지로 조명 거리에서 구입	펜던트 조명은 직접 설치해도 무방하나, 간접조명을 설치하려면 숙련된 기술이 필요하다. 미리 구입해놓은 간접조명을 전기 기사님이 설치해준다. 33평 기준 하루면 충분히 시공 가능.	싱크대 설치	싱크대는 모든 공정이 마감되고 설치하는 것이 좋다. DAY1—실측을 통해 제작한 싱크대는 리모델링 마지막 날 설치하기로 했다. 3m 기준으로 시공비 포함 180만 원. 홈쇼핑에서 한샘 제품으로 주문.
이사 후		펜던트 조명 설치	인건비+재료비로 산출 *인건비= 전기 기사 인건비 15만~20만 원 선 *재료비= 을지로 조명 거리와 직구를 통해 조명 구입	입주 전까지 마음에 드는 펜던트 조명을 고르지 못해 추가로 공사를 진행함. 펜던트 조명을 미리 구입해놨다면, 간접조명 설치와 함께 하루 만에 진행 가능한 작업임.	기타 1) 문고리와 손잡이, 경첩 교체 2) 콘센트 교체 3) 실리콘 쏘기	등은 셀프로도 시공 가능한 공정. 재료는 '문고리닷컴'이나 대형 마트에서 손쉽게 구할 수 있으니, 이사 후 하나씩 바꿔보자.
		현관 중문 설치	총 : 95만 원	독립적으로 진행 가능한 공정. 셀프 리모델링 기간이 촉박하다면 이사한 후에 진행해도 무방하다.		

DAY
1

철거

셀프 리모델링의 첫걸음,
주민 동의서 받기

우리 집이지만 우리 집이 아닌 상암동 아파트 키를 처음 전해 받았을 때의 기쁨을 어찌 다 말로 표현할 수 있으리. 아침 8시, 설렘과 두려움을 동시에 안고 작업 현장에 도착했다.

작업 첫날 우리가 해내야 하는 공정은 바로 철거. 하지만 철거를 시작하기에 앞서 해야 하는 일이 있으니, 바로 주민 동의서를 받는 일이다. 보통 공사 시작 2~3주 전에 아파트 관리 사무소에서 관련 양식을 받아 이웃 주민에게 공사에 동의한다는 허락을 미리 받는다. 좋은 게 좋은 거지, 하는 안이한 생각을 가졌다가는 큰코다칠지도 모른다. 이는 법적으로 공지되어 있는 일이며 주민 동의서에 제대로 사인을 받지 못하면 공사를 아예 시작조차 하지 못할 수 있다. 보통 인테리어 업체에서 대행하지만 셀프 리모델링을 하려면 집주인이 반드시 챙겨야 할 일이다.

규정은 아파트마다 조금씩 다른데, 우리 아파트의 경우 한 동, 즉 2세대씩 15층, 그러니까 30세대에 동의를 받아야 한다는 관리 사무소의 설명을 들을 수 있었다. 평일 낮에는 시간을 낼 수 없는 나 대신 친정엄마와 남편이 2인 1조를 이뤄 공사 2주 전부터 이웃들을 찾아다녔다. 잘 부탁드린다며 연신 생글생글대는 남편의 넉살에 공사 잘 끝내길 바란다는 덕담까지 들을 만큼 일은 비교적 술술 풀렸다. 난관이라면 동의가 꼭 필요한 윗집 주인을 만날 수 없었다는 것. 그렇지만 수소문 끝에 가게에 직접 찾아가 사인을 받아준 친정엄마 덕에 주민 동의서 받는 일이 수월하게 끝났다. 아파트 관리소에서는 공사를 해도 된다는 허가를 내주면 엘리베이터와 동 입구에 공사를 시작한다는 게시물을 붙여야 한다. 공사 시작 날짜와 기간, 집주인 이름과 연락처 또는 공사 진행자의 연락처를 명기해야 한다.
'새로 이사 온 새댁입니다. 잘 부탁드립니다'라는 애교 문구까지 덧붙이면 끝!

철거는 남길 것과 버릴 것을
선별하는 과정

철거 공사 전, 집 안에 들어선 나는 안도했다. 세입자가 거주할 때 방문했을 당시에 비해 집이 제법 넓어 보였기 때문이다. 마음 놓고 집 구석구석을 찬찬히 들여다본 것은 그날이 처음이었던 것 같다. 무슨 일을 하든 기본은 현황 파악이라고 생각한다. 프로그램을 개편할 때도 철저한 통계 자료와 시청자 분석을 통해 살릴 프로그램과 버릴 프로그램을 선별한다. 철거 과정은 그런 의미에서 매우 중요하다. 철거는 현장에서 집의 정확한 상태를 진단할 수 있는 유일한 기회가 된다. 말하자면 현장 상황을 파악해 남길 부분과 없앨 부분을 선별해 집의 바탕을 만들어가는 과정인 것이다.

이때 집주인은 자신이 원하는 집에 대한 정확한 그림을 그려야 한다. 그래야 어느 부분을 털어내고, 어떤 부분을 살려야 할지 결정할 수 있기 때문이다. 가령 바닥재를 교체할 예정이라면 장판이나 타일을 제거해야 하고 문틀이나 걸레받이도 함께 바꿀 예정이라면 모두 함께 뜯어내야 한다. 머뭇거리다 다음 공정으로 넘어가버리면 인건비는 물론 폐자재 처리비까지 중복 발생한다.

무작정 뜯어내는 것에도 주의를 기울여야 한다. 가령 현관의 붙박이장이 마음에 들지 않아 일단 뜯었는데, 다시 제작하는 데 50만~100만 원이 든다는 사실을 알고 후회한다 해도 때는 늦는다. 특별히 선호하는 장식장 디자인이 있는 것이 아니라면 페인트를 칠하거나 손잡이를 바꾸는 것만으로도 충분히 변화를 줄 수 있다.

나 역시 처음 셀프 리모델링을 했을 때는 막막하기만 했다. 철거 당일까지도 현장 상황을 정확히 파악하지 못했고, 어떤 부분을 얼마만큼 뜯어내야 할지도 확정 짓지 못했다. 당일 철거 반장님이 도착하기 전 철거 범위를 명확하게 정리하겠다는 미션을 스스로에게 부여했다. 그리고 노트와 볼펜을 꺼내 빠르게 정리하기 시작했다.

내가 철거하기로 결정한 범위를 살펴보겠다. 먼저 거실과 방 세 개의 강화 마루와 장판은 모두 제거하기로 했다. 두 번째는 걸레받이, 문틀, 몰딩. 내가 줄곧 못난이 삼 형제라고 부르던 이것들을 모두 다 뜯어내고 목공사 과정에서 어떤 방법으로 다시 만들 것인지 생각하기로 했다. 세 번째는 폴딩 도어를 설치할 예정인 거실과 베란다 사이의 섀시는 철거하고, 외부 섀시는 살리기로 결론을 내렸다. 그 외에 낡은 부엌 싱크대, 복도 끝 붙박이장 한 개, 현관과 거실에 인접한 베란다 타일을 모두 철거하기로 했다. 화장실은 예산이 부족해 처음부터 리모델링 계획에서 제외했다. 마지막까지 결정을 내리지 못한 부분은 예스러운 우드 몰딩으로 장식된 거실 전면의 아트 월과 천장이었다.

 칼슘 tip

칼슘두유가 결정한 철거 범위

버릴 것
강화 마루, 장판, 문, 걸레받이, 문틀, 몰딩, 싱크대, 복도의 붙박이장 한 개, 현관 타일, 베란다 타일

남길 것
베란다 섀시, 붙박이장 일부, 부엌 베란다 섀시, 침실과 서재 방 섀시, 화장실

결정하지 못한 것
거실 전면 아트 월, 천장

철거에도
ABC가 있다

철거에도 순서와 방법이 있다. 철거 중 가장 첫 번째 작업은 강화 마루를 제거하는 일이다. 강화 마루를 뜯는 작업은 사람이 하기도 하지만 기계를 사용해야 할 때도 있다. 기계를 사용하면 10간~15만 원이 더 든다. 기계 사용 여부에 대한 판단은 현장 실측 후 철거 반장님이 내린다. 우리 집은 거실 중 일부만 기계를 사용했다.

강화 마루 제거 과정에서 알게 된 새로운 사실은 강화 마루 아래에 두꺼운 스티로폼 비닐이 들어 있다는 것이다. 강화 마루는 업계 용어로 '방수포'라고 불리는 비닐 위에 요철을 끼워 맞추는 방식으로 시공한다. 접착제를 사용하지 않기 때문에 친환경적이다. 하지만 이 방수포는 강화 마루와 바닥 사이에 공기 층을 만드는데, 이 때문에 열전도율이 떨어지고 수분에 약하며 층간 소음이 발생할 확률이 높아진다는 단점이 있다. 보일러 열이 잘 전달되지 않는다는 점도 강화 마루의 취약점으로 꼽힌다.

강화마루에 비해 장판은 생각보다 손쉽게 제거할 수 있는데, 커터 칼로 죽죽 잘라내면 된다. 반복적인 노동이 생각보다 재미있었다. 집 안 모든 바닥재를 제거하면 거친 시멘트 바닥이 그대로 드러난다.

다음은 섀시를 제거한다. 먼저 유리를 사정없이 내려쳐서 깨뜨린 후 가루로 만든 다음 섀시 틀을 함께 제거한다. 싱크대는 하나하나 분해한 후 제거하는데, 눈 깜짝할 사이에 이루어지는 분해 작업을 보고 있자니 괜히 전문가가 아니라는 생각이 들었다. 현관과 베란다 타일은 견문 기구를 이용해 깨부수고 문틀과 몰딩도 하나하나 제거했다. 마지막으로 형광등도 모조리 다 제거했다. 시멘트가 드러난 모습을 보고 있으니 마치 목욕탕에서 10년 묵은 때를 시원하게 벗겨낸 것 같은 느낌이었다. 이 모든 철거 과정은 단 네 시간에 걸쳐 이루어졌다.

101

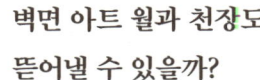

벽면 아트 월과 천장도
뜯어낼 수 있을까?

철거가 거의 끝나갈 때 결정하지 못한 두 가지 철거 작업에 대해 반장님과 이야기를 나누었다. 거실에 설치되어 있는 벽면 아트 월은 벽과 일체형처럼 보여 철거가 가능할지가 의문이었다. 반장님은 먼저 아트 월이 설치된 벽면을 톡톡 두드려보더니 "이건 그냥 뜯어낼 수 있겠어요"라고 하셨다. "근데 뜯어내면 뭐가 나오나요?" 하니 이런 엉뚱한 질문은 처음 듣는다는 듯한 표정을 짓더니 "뜯으면 시멘트 벽이 나오지, 금고라도 숨겨져 있을까 봐요?"라며 허허 웃으셨다.

다음은 마지막까지 결정을 하지 못했던 천장. 천장을 뜯어내는 것은 다름 아닌 층고를 높이기 위해서다. 하지만 아파트는 천장을 뜯어봤자 여분의 공간이 적어 별다른 효과를 보지 못한다는 의견이 지배적이었다.

웅장하게 거실 전면에 버티고 있던 아트 월.
벽과 일체형인 줄 알았지만, 이 역시 철거가 가능했다. 철거 공사에서 제거할 수 없는 건 없다고 보면 된다.

일단 철거 반장님께 천장을 뜯어내면 얼마만큼 효과가 있을지 확인해달라고 부탁드렸다. 반장님은 마치 고구마가 잘 익었는지 젓가락을 찔러보듯 천장 틈새에 작대기를 슥 넣어보셨다.

"7cm 정도 올라가는 것 같고 내부에 파이프는 없을 거예요. 대부분 주상 복합이나 고층 아파트에나 파이프가 드러나죠. 카페는 파이프를 그대로 드러내기도 하지만 가정집에서는 없는 게 더 깔끔해요"라고 하셨다. 7cm 높이라면 효과가 크지 않을 수도 있지만 그래도 한번 시도해보고 싶었다. 아파트 천장은 얇은 MDF 판재일 뿐이고 전기 배선을 깔끔하게 정리하기 위한 장치이지, 방음이나 난방 등 생활에 직접적인 영향을 주지는 않는다는 철거 반장님의 설명을 들으니 안심이 되었다.

덕분에 과감하게 결정할 수 있었다.
"그럼 둘 다 뜯어주세요!"

셀프 리모델링 과정에서 가장 고민했던 노출 천장.
쿨한 사장님의 말씀에 '일단 뜯고 보자'는 심정으로 드레스 룸을 제외한 모든 공간의 천장을 뜯어내고야 말았다.

 칼슘 tip

**철거 반장님에게
조공을 하라!**

"안 돼요"라고 하는 사람들 사이에서 "일단 해보죠"라고 말하는 두둑한 배짱이 좋아 초빙한 철거 사장님. 철거하는 날 사장님과 철거를 도와주실 분이 두 명 더 왔다. 후다닥 편의점에 내려가 커피, 우유, 과자 등을 사 가지고 "사장님, 정말 잘 부탁드립니다"라면서 〈슈렉〉에 등장하는 고양이 표정을 지어 보였다.

셀프 인테리어를 성공적으로 완료하기 위해서는 각 공정에서 선정한 업체 사장님들과 좋은 관계를 유지하는 것이 무척 중요하다. 촬영장에서 스태프와 팀워크가 좋은지 여부가 프로그램의 흥망을 좌우하듯이 인테리어 공사 현장에서도 각각의 반장님들과 친밀하게 지내야 만사가 순조롭다. 다양한 후기를 살펴보면 바로 이 관계 때문에 마음고생한 사람들이 무척 많다. 공사 현장 반장님들의 얘기를 들어봐도 '현장에서 울고불고 몸져눕는' 집주인이 한둘이 아니란다.

아무리 완벽한 계획을 세워 공사를 시작했더라도 집주인이 놓치는 부분, 재시공을 해야 할 부분, 작업자들과의 의견 차이 등 현장은 참 다사다난하다. 어찌 되었든 공사를 담당하는 사장님들은 전문가이고 더 많은 경험과 식견을 가지고 있다.

그러므로 '지시'가 아니라 '의논'해야 한다. 실제로 현장에서 반장은 모르는 것투성이인 나의 온갖 질문에 기꺼이 자신의 경험과 의견을 나눠주셨다. 하지만 꼭 하고 싶은 것이 있을 때는 그 이유에 대해 차근차근 설명을 요청해야 한다. "그래도 혹시 방법이 없을까요?"라고 끈질기게, 하지만 상냥하게 물어보는 것도 중요하다. 누구나 익숙하지 않은 일이나 복잡하고 어려운 과정을 쉽게 시작하려 하지 않는다. 시원한 음료수나 달콤한 초콜릿들 조공하며 귀여운 애교 작전을 펼친다면 안 되는 일은 없을 것이다.

 칼슘 tip

**모든 공사 비용은
현금 결제가 원칙!**

벽면 아트 월과 천장까지 뜯어내고 나니 공사판이 따로 없었다. 영화 〈변호인〉에서 송강호가 시멘트 벽에 이름을 새긴 것처럼 우리 부부 이름도 새겨볼까, 하는 생각을 잠시 해보았지만 시멘트 작업을 할 필요가 없기에 바로 포기하고 철거 반장님께 무한 감사 인사를 드렸다. 원하는 부분의 철거부터 작업 시 나온 폐자재까지 전부 처리하는 데 드는 비용은 90만 원. 화장실 철거가 추가되면 가격이 조금 더 올라간다고 한다.

나는 작업하시는 분들께 의무는 아니지만 봉투에 점심 식사비로 1인당 1만 원씩 넣어 빠짐없이 챙겨드렸다. 큰돈은 아니지만 그분들이 좀 더 기분 좋게 일하실 수 있다면 그 좋은 에너지가 우리 집에도 스며들지 않을까 하는 생각에서였다. 이렇게 공사 현장에서는 현금을 준비하는 것이 여러모로 좋다. 철거 비용 90만 원을 드릴 때도 현금으로 결제했다. 자재 값이나 폐자재 수거 비용 역시 철거 반장님이 모두 현금으로 지불해야 하기 때문이다. 한 가지 알아두어야 할 것은 철거가 모두 완료된 상태에서는 다음 공정, 예를 들어 강화 마루를 깔거나 부엌을 시공할 때 공사비가 줄어든다는 사실이다. 부엌이나 바닥 공사비에는 대부분 철거비까지 포함되기 때문이다. 한꺼번에 철거를 완료했을 때 철거 비용을 제외한 만큼의 시공비만 지급하면 되니 이것도 꼼꼼하게 체크해두자.

 칼슘 diary

난 모르겠다!
네 멋대로 해라!

그날 밤 퇴근길에 현장에 들른 남편이 말했다.
"노출 천장은 쥐가 돌아다니지 않는다는 것
외에는 어떤 장점도 없다던데!"
벌거숭이가 된, 거친 시멘트 벽면이 모두 드러난 천장을
본 남편은 요새 말로 심한 '멘붕'에 빠진 표정이었다.
입은 꼭 다물고 있었지만
그의 눈은 이렇게 말하고 있었다.
"이 정신 나간 여편네야!
어쩌려고 이런 일을 벌여놓은 거야!"
하지만 남편은 애써 태연한 표정으로 웃으며 말했다.
"난 모르겠다!
집을 볶아 먹든 지져 먹든 이젠 네 멋대로 해라!"

DAY
2~5

목공사

헐벗은 우리 집에
든든한 보정 속옷을 입혀주자

철거 작업 다음 공정은 목공사다. 앙상한 알몸만 남은 집에 튼튼한 '틀'을 만들어주는 작업이다. '목공사'의 공정이 많아질수록 인테리어의 완성도는 높아진다. 그만큼 리모델링 모든 과정을 통틀어 난이도가 가장 높은 작업이니 정신을 바짝 차려야 한다.

여기서 주목해야 할 것은 목공사가 전형적인 한국 아파트 구조에 드라마틱한 변화를 주는데 일등 공신이라는 점. 집주인은 좀 더 정확하고 세밀하게 집 구조에 대해 생각할 필요가 있다. 벽이나 바닥 마감 작업과는 달리 목공 작업은 재시공이 거의 불가능에 가깝기 때문이다. 뼈대가 무너지면 다 무너진다. 인테리어 공정의 가장 기본이 되는 작업이기 때문에 더 조심스럽게 접근해야 한다.

목공사는 33평을 기준으로 짧게는 하루에서 길게는 일주일 정도 소요된다. 기본적인 틀은 유지하고 몰딩, 걸레받이 등 간단한 마감재만 교체하면 하루, 집 안 구조 전체를 변형한다면 일주일, 혹은 그 이상의 시간이 소요된다. 목공사는 목수 반장님과 현장에서 미팅을 해 원하는 작업 범위를 정확하게 전달하고 견적을 받는 것을 추천한다. 전화나 이메일 상담은 현장 상황을 정확하게 파악하기 어렵다. 또 공사를 진행하는 과정을 눈으로 보면 고치고 싶은 범위가 추가되기도 한다. 목수 반장님이 결정한 기간에서 하루를 추가해 일정을 짜두면 마음 편하게 원하는 것을 실현할 수 있다. 우리 집은 현장 미팅 후 작업 기간을 3일로 잡아 견적을 냈는데, 공사를 시작한 후 방문 덧대기, 미닫이문 제작 등 욕심나는 작업을 몇 가지 추가해 총 4일간 목공사가 진행되었다.

33평 아파트
목공사 비용만 800만 원이라고?

목공사에 들어가기에 앞서 목수 팀장님과의 특별한 인연을 소개한다. 목수를 구하는 건 쉬운 일이 아니었다. '초짜'인 내가 설명도 제대로 되지 않는 디자인을 할 수 있냐고 묻는 것 자체가 말도 안 되는 일이었는지도 모르겠다. 그래도 간절한 마음에 목수 반장님들에게 '상암동 33평 아파트 목조 공사 가능한지 여쭙습니다'라는 메시지를 스팸 문자처럼 이리저리 뿌려대는 데 며칠을 보냈다. 대부분은 답이 없었다. 간혹 연락이 오면 최대한 자신감 있는 목소리로 말을 이어나갔다.

"집 안 전체에 간접조명을 설치하고 싶은데, 나무를 빙 둘러서 하는 거 있잖아요."

그러면 약속이나 한 듯 무슨 말을 하는 건지 전혀 모르겠다는 답이 돌아왔다.

"제가 정확한 용어를 모르니 사진을 보내드릴게요" 하고 전화를 끊은 후 멀티 메일로 자료 사진을 전송한 다음 전화를 걸었다. 그러면 한결같은 답이 돌아왔다.

"이런 건 가정집에서는 시공 안 해요. 우물 천장이라면 모를까." 반복적이고 소모적인 통화가 반복되었다. '목조 공사가 가능한지 여부에 대한 문자 → 간접조명에 대한 설명 → 예시가 되는 사진 멀티 메일 전송 → 가정집은 시공 불가라는 답'이 무한 반복되었다.

그러다 내가 원하는 시공이 가능하다는 목수가 나타났다. 그는 고맙게도 우리 집을 직접 방문했는데, 집을 둘러보고 33평 기준으로 800만 원이라는 견적을 내줬다(후에 알게 된 사실이지만 이 업계에서 작업에 대한 평가도 좋고 양심적이라고 알려진 분이다). 다시 좌절할 수밖에 없었다.

 칼슘 tip

목공사 견적
내는 법

목공사 견적은 인건비와 재료비로 구성된다. 경우에 따라 둘을 한 번에 묶어 견적을 내기도 하고, 분리해 정산하기도 하니 꼼꼼히 체크해두자. 목공사에는 대부분 MDF를 쓴다. 이는 재료비가 부담스러운 경우는 거의 없다는 뜻이다. 비용이 높아지는 결정적인 요소는 인건비다. 작업 기간이 늘어날수록 재료비의 증가는 미미하지만 인건비는 기하급수적으로 늘어난다. 힘을 줄 부분, 포기할 부분을 미리 취사선택해 어떻게 목공 스케줄을 짰느냐에 따라 견적이 달라진다. 우리 집은 가구 제작은 최소화하고 간접조명을 설치하기 위한 천장 공사에 투자를 많이 해 목공사 예산의 70%가 소요되었다.

우리 집 목공사에서 가장 많은 예산을 할애한 천장 목공사.
가정집에 쉽게 시도하지 않는 스타일을 구현해줄 목수 반장님을 찾는 건 쉬운 일이 아니었다.

"네, 가능합니다.
원하는 건 다 가능합니다"

'젊은 목수가 내장 공사 시공합니다'라고 쓰인 네이버 카페의 문구가 눈에 들어왔다. 내용을 훑어보니 문장 하나하나가 무척 친절했고 매우 상세하게 본인에 대해 소개하고 있었다. 왠지 이분이 적합할 것 같다는 강한 육감이 밀려왔다.

"상암동 33평 아파트 목공사 가능할까요? 공사는 2월경으로 예상하고, 원하는 이미지는 다음과 같습니다(스무 번도 넘는 반복적인 문자 덕에 처음부터 이미지를 첨부하기에 이른다)." 전송 버튼을 누르고 이번에도 거절당하면 포기한다는 심정으로 휴대폰을 든 채 답변만 기다렸다. 정확히 2분 후 답변이 왔다.

"네, 가능합니다."

끼얏호! 자정을 향해 가는 시각, 나는 그 자리에서 폴짝폴짝 뛰었다. 목수 반장님을 구하기 시작한 지 어느덧 2주가 흘렀지만 이렇게 긍정적이며 명쾌한 대답은 처음이었다. 새벽 1시 30분, 한창 밀당 중인 '썸남'에게 전화를 하는 것보다 더 반가운 마음으로 목수 반장님과 통화를 했다. 30분간 이어진 야밤의 깊은 대화를 통해 많은 이야기를 나누었다. 먼저 그렇게 설명이 힘들었던, 나무를 빙 둘러서 설치하는 간접조명 방식은 일명 '시사시'라고 한다고 했다. 일본어로 '벽 간접'을 의미하는 현장 용어라고 한다. 상업 시설에 적용되는 시공법이라 가정집 인테리어만 시공하는 사람들에게는 익숙하지 않을 것이라는 설명까지 곁들여주셨다.

우리 집 평수와 공사 범위를 말씀드렸더니, 8품 정도 든다고 했다. 1품이란 목수 한 명이 하루에 공사 가능한 작업량을 의미하며, 팀장급 목수 일당은 30만 원, 팀원 목수는 17만 원인데 이렇게 **두 명이 팀을 이뤄 4일을 잡으면 총 8품의 작업**이 가능할 것 같다고 했다. 견적은 공식 일당과 재료비 산출 하는데, **재료비 200만 원 + 인건비 200만 원 = 총 400만 원**이면 내가 원하는 디자인의 목공사를 완료할 수 있다고 했다.

앞서 받은 견적의 딱 절반이었다. 그렇게 나는 공사가 시작되기 전 약 2개월 동안 시도 때도 없이 반장님을 괴롭히는 '민폐녀'가 되었다.

밤과 낮을 가리지 않는 폭풍 질문이 시작되었다. 상대는 원하지 않았을(?) 이미지 사진을 잔뜩 전송하기도 했다. 사실 이때만 해도 노출 천장 공사 외에 목공사 영역에 대한 지식이 전무했다. 해외 사이트에서 발견한 예쁜 침대 헤드보드를 보고 이런 건 도대체 어떻게 제작해야 하는지 궁리하고 있으면 목수 팀장님이 나에게 해답을 주셨다. 팀장님과 나눈 카톡이 나에게는 리모델링 용어 사전이었고, 지식IN이었다. 목수 팀장님과 카톡을 주고받으며 보낸 2개월의 시간 동안 나는 목공사에서 처리할 수 있는 범위에 대해 인지하기 시작했다.

목수 반장님과 나눈 운명적인 첫 대화.
몇 번 거절당한 뒤 받은 긍정 답변에 야밤에 "야호"를 외쳤다.

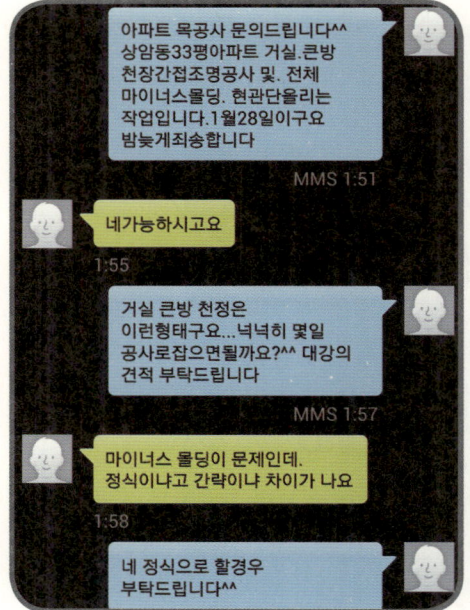

민폐 집착녀가 되었던 2개월.
친절한 목수 팀장님에게 카카오톡으로 1:1 개인 레슨을 받은 셈.

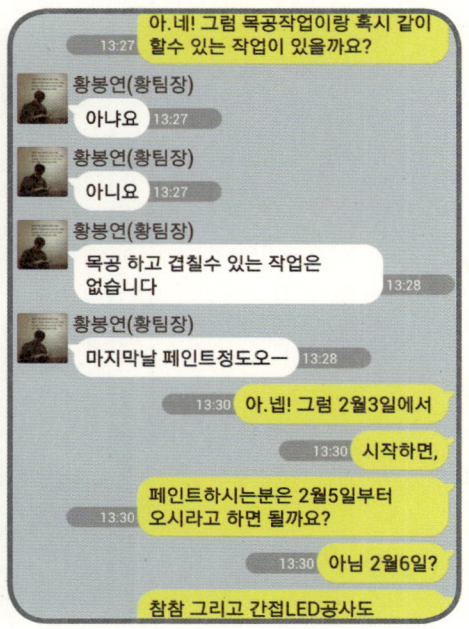

목공사의 목적과
작업 범위를 파악하자

혼이 쏙 빠져나가는 현장에서 당황하지 않으려면 목공 작업의 종류와 범위를 미리 숙지하는 것이 큰 도움이 된다. 평소 머릿속으로 그려보았던 인테리어 구조나 스타일에 참고할 사진이 있다면 부분별로 스크랩해놓고 말로 설명하기 어려울 때마다 활용한다. "카페 천장 있잖아요"를 백날 외쳐봐야 목수 반장님과 내가 가본 카페는 다르다. 현장에서만큼은 백 마디 말보다 사진 한 장의 힘이 크다. 이는 목공사뿐 아니라 모든 공사 과정을 통틀어 적용되는 법칙이니 익숙해져야 한다.

간접조명 시공과 노출 천장을 만들기를 주목적으로 시작한 목공사는 총 네 부분으로 단계를 나누어 진행하기로 했다. 간접조명을 설치하기 위한 시시시 공사, 공간 분할을 위한 가벽 세우기와 문 설치, 붙박이장과 가구 제작, 석고보드 작업으로 크게 압축되었다. 자, 지금부터 목공사의 작업 범위와 내용에 대해 더 자세히 살펴보자.

 칼슘 tip

목공사의 작업 범위와 내용 알아보기

가벽 제작 (난이도 ★★★)
공간을 효율적으로 사용할 수 있게 만들어주는 파티션이나 가벽은 목공사 과정에서 제작할 수 있다. 애시나 월넛 같은 원목을 통째로 가공해 고급스러운 느낌으로 제작할 수도 있다. 하지만 보통은 저렴한 MDF 목재로 틀을 만들고 래커나 페인트칠만으로 마감한다. 집 안 전체 톤을 고려해 디자인이나 색상을 미리 결정해두자.

천장 공사 (난이도 ★★★★)
간접조명 설치를 고려하는 집이라면 필수적으로 진행해야 할 공사다. 형광등을 천장 안쪽으로 매립하는 일명 '우물천장'이나 천장과 벽 모서리에 은은한 간접조명을 만들어주기 위한 시시시 작업은 우리의 만능 맥가이버 목수 팀장님이 담당하는 분야다.

마이너스 몰딩 (난이도 ★)
전형적인 한국 아파트의 필수 요소 중 하나인 두껍고 촌스러운 몰딩. 이러한 몰딩은 점점 얇아지는 추세로 최근에는 몰딩을 아예 벽체 안으로 감춰버리는 일명 '마이너스 몰딩'이 출현하기에 이르렀다. 천장에 석고보드를 덧대 몰딩이 아예 보이지 않게 만드는 공정으로 주상 복합 아파트에 주로 시공한다. 시간과 비용이 더 들지만 호텔처럼 깔끔하고 멋지게 마감할 수 있다.

걸레받이 교체 (난이도 ★)
걸레받이 시공 역시 목공사에 포함된다. 어떤 소재와 색상을 사용하느냐에 따라 집의 전체적인 느낌이 확 달라지므로 신중하게 선택하자. 다만 몰딩을 아예 없애버린다면 페인팅 과정에서 마감을 좀 더 신경 써달라고 부탁하면 된다. 우리 집은 몰딩과 걸레받이를 아예 없앴는데, 이는 벽지 대신 페인트를 시공하고 마루 대신 타일을 깔았기 때문에 가능했다. 벽지와 마루를 시공한다면 어떤 형식으로든 몰딩과 걸레받이는 필수 사항이다.

방문 제작 (난이도 ★★★)
미닫이문에서 여닫이문까지 다양한 형태의 방문 제작도 목수 팀장님께 의뢰할 수 있다. 어떤 형태의 문을 원하는지 간단한 스케치와 함께 미리 시안을 의논하고 '경첩', '도르래' 등 방문 제작에 필요한 부속품을 을지로에서 구입해두면 작업 시간을 절약할 수 있다. 단, 현관 중문은 목공사 작업 중 실측해 현관 중문 제작 전문 업체에 따로 맡기는 것이 관례다.

붙박이 가구 제작 (난이도 ★★★)
개성 있는 '나만의 가구'를 원한다면 붙박이 가구를 제작해보기를 추천한다. 기존 브랜드 제품에서 보기 힘든 디자인을 새롭게 구상해도 좋고, 집 안 곳곳의 자투리 공간에 꼭 맞게 맞춤 제작도 가능하다. 공간 활용은 물론 기구 구입 비용까지 절감할 수 있으니 꼭 도전해보도록.

간접조명을 위한
천장 구조물 뼈대 구축하기

　　드디어 만나게 된 황봉연 목수 반장님과 미리 결정한 작업 범위를 바탕으로 세부적인 공정 일정을 확정 지었다. 이는 반드시 철거한 후에 진행해야 한다. 벽면이 유독 거칠다거나 수평이 맞지 않는 등 예상치 못한 변수가 생길 수 있기 때문이다. 예상치 못한 작업 과정이 추가될 수도 있지만 뜯어보니 구조가 좋아 예상보다 공정에 품이 적게 드는 경우도 있다. 우선 간접조명을 시공하기 위해서는 천장 구조물을 만들어야 하는데, 이것이 '시사시'다. 시사시를 만든 후 그 안에 간접조명을 숨기면 잡지에서 봤던 '천장에서 은은하게 새어 나오는 불빛'을 연출할 수 있다.

　　목공사 첫째 날은 이러한 시사시의 뼈대를 만드는 일로 꼬박 하루를 보냈다. 천장에 한 땀 한 땀 정교한 골조를 만들어준 뒤 뼈대가 완성되면 MDF 판을 타카로 박아 면을 만드는 방식이다. 어디서부터 어디까지 시사시를 시공 할 것인지, 길이와 폭도 미리 생각해보아야 한다. 시사시 시공 범위와 길이와 폭, 어떤 것도 결정하지 못하고 안절부절못하는 내게 목수 팀장님이 일반적인 사례를 설명해주었다.

　　"천장에서부터 간격은 간접조명을 숨길 수 있을 정도로 띄우기 때문에 7~8cm로 하는 게 보통이고, 벽면에서부터 튀어나오는 폭은 보통 45cm를 기준으로 해요. 합판 한 장이 90cm이기 때문에 반으로 나눠 사용하기 편리하기 때문이죠. 그리고 두께는 개인의 취향에 달린 문제니 사모님이 직접 결정하세요."

　　팀장님의 말씀이 떨어지기 무섭게 나와 한 몸이 된 줄자를 꺼내 들고 이리저리 치수를 재보며 가상의 시사시를 만들어보았다. 너무 얇으면 경박할 것 같고, 너무 굵으면 답답해 보일 것 같은데 과연 적당한 두께가 무엇이란 말인가? 지금까지 여기저기에서 긁어다 모은 이미지를 뚫어져라 쳐다보며 이상한 나라의 앨리스가 되어 잡지 속 세상으로 잠시 들어갈 수 있다면 치수를 재어 오고 싶은 심정이었다. 결국 내가 선택한 시사시 두께는 8cm. 그저 육감이었다. 초보자라면 작업 경험이 풍부한 목수 반장님의 판단에 맡기는 것을 추천한다. 우리 집은 폭 45cm, 두께 15cm로 결정하고 천장에서 8cm 떨어진 높이에 시공했다.

간접조명을 설치하기 위한 시사시 작업은 생각보다 많은 품이 들어간다. 먼저 뼈대를 만든 후 합판으로 면을 만드는 방식.

시사시 작업에도
정확한 목적이 필요하다

구형 아파트인 우리 집은 평수에 비해 구조가 답답해 보였다. 그래서 가장 큰 목표는 '무조건 넓어 보일 것'이었다. 이에 맞춰 거실 시사시는 최대한 군더더기 없이, 심플하게 디자인하기로 했다. 우선 베란다 쪽 천장 면은 남기고 3면만 시사시 시공을 하기로 결정했다. 거실의 모든 면에 시사시를 두른 집은 내 기준으로는 매우 좁아 보였다. 특히 거실과 베란다 사이에는 폴딩 도어를 설치할 예정이었기 때문에 개방감을 살리는 것이 더 중요하다는 판단이 들었다.

그리하여 우리 집은 베란다로 연결되는 벽면을 뺀 나머지 면에 시사시 천장을 시공하고 소파를 놓을 예정인 오른쪽은 벽선을 따라 부엌 끝까지 연결해 다용도실 앞에서 끊는 것으로 결정했다. TV장이 위치할 왼쪽 천장 역시 현관 전까지 시사시를 한 번에 이어주었다. 특히 평수가 작은 집은 시사시를 한 번에 이어주면 공간이 훨씬 넓어 보인다. 시사시를 끊어서 작업하면 입체감은 있지만 공간이 뚝뚝 끊겨 시원한 공간감을 살리기에는 적합하지 않다. 서재 역시 심플함을 살려 시사시를 'ㄱ' 자로 설치하기로 했다. 거실과 서재에는 넓어 보이게 하는 효과에 초점을 맞춰 심플한 시사시를, 침실에는 사선형 시사시를 설치해 강한 개성을 부여했다. 천장에 거대한 삼각형을 만들었는데, 거기에 삼각형을 한 번 더 가로지르는 유니크한 형태를 만들어보았다. 물론 목수 팀장님의 기술력이 뒷받침되었기 때문에 가능한 일이었다. 헤드보드 없는 심플한 침대와도 잘 어울리는 개성 있고 재미난 공간이 완성되어 무척 마음에 들었다.

서재 시사시는 심플한 'ㄱ' 자 형태로, 침실은 유니크한 삼각형으로 제작했다.

칼슘 tip

갤러리처럼 은은한 조명을 위한 시사시의 종류

간접조명을 만들어주는 기능적인 역할뿐 아니라 뻔하지 않은 유니크한 공간을 연출하는 데 도움을 주는 시사시는 꼭 추천하는 공사다. 목공사 과정에서 시사시만 잘 활용해도 남다른 분위기를 연출할 수 있다. 여러 가지 형태가 있으니 다음에서 제안하는 아이디어 중 각자의 집에 어울릴 만한 디자인을 활용해보자.

넓어 보이고 싶다면? 'ㅁ' 자형
시사시 시공을 원하는 사람들의 대부분이 선호하는 형태다. 천장을 둘러가며 간접조명을 시공할 수 있고, 깔끔하면서도 편안한 느낌을 연출해준다. 무엇보다 넓어 보이는 효과가 가장 크다는 것이 'ㅁ' 자형 시사시의 강점. 시사시를 끊어서 작업하면 입체감은 살지만 공간이 뚝뚝 끊겨 시원한 공간감을 살리기에는 적합하지 않다. 10~20평형대의 작은 평수나 구조가 답답한 30평형대 집에 추천한다. 시사시가 설치된 부분만큼 층고가 낮아지기 때문에 공간감을 살리고 싶다면 최대한 얇은 두께로 천장에 바짝 붙여 시공하자.

유니크한 스타일을 원한다면? 회전 사각형, 삼각형
평범한 것은 싫고, 볼펜 한 자루라도 유니크한 것이 좋다고 당당히 외치는 감각파라면 회전 사각형 시사시에 도전해보기를 권한다. 마름모나 사다리꼴과 같은 형태로 시공하기도 하고, 완전히 자유로운 형태로 비정형의 사각 사사시를 두르기도 한다. 이러한 형태에 조명이 더해지면 마치 트렌디한 바에 온 듯한 착각이 들지도 모른다. 편안함을 강조하는 거실이나 침실보다는 서재나 작업실 정도에 개성을 더하고 싶을 때 시도해볼 만하다. 좁은 집보다는 넓은 집에 어울리는 형태다. 천장을 가로지르는 독특한 형태를 만드는 삼각형 시사시는 좀 더 액티브한 느낌이지만 실제로 설치하면 아늑함을 선사하기도 한다. 우리 집 침실에 삼각형 시사시를 적용했다.

술맛 나는
베란다 다이닝 룸이 필요해!

　　　　　　천장 공사를 마무리 짓고 나면 다음은 문이나 가벽 등 공간을 분할하기 위한 작업을 진행한다. 개인적으로 꼭 놓치지 말았으면 하는 작업이 있는데, 바로 베란다를 독립 공간으로 분리하는 작업이다. 여자라면 따스한 창이 있는 쾌적한 부엌, 남자라면 튼튼한 책상과 사장님 의자가 놓인 서재처럼 로망의 공간이 하나쯤 있기 마련이다. 비교적 여성스러움과는 거리가 먼 나에게도 꿈꾸는 공간이 있었으니, 그것은 다름 아닌 술맛 나는 베란다 다이닝 룸이다. 평수가 넓다면 멋진 다이닝 바 하나 만드는 것은 일도 아니지만, 네모반듯한 33평 아파트에 그런 여유로운 공간이 있을 리 만무했다. 집 크기에 비해 쓸데없이 넓은, 무려 두 평이 넘는 우리 집 베란다를 본 순간 나는 결정했다. 베란다에 식탁을 두기로.

　　　　　　이 집을 소개받을 당시 부동산 사장님은 요즘 아파트에서는 좀처럼 볼 수 없는 2m 너비의 베란다가 이 아파트의 장점이자 단점이라고 했다. 이미 머릿속에는 베란다 다이닝 룸의 모습이 그려졌다. 베란다 섀시를 제거해 그 자리에 폴딩 도어를 설치하고 3~10월까지는 폴딩 도어를 개방해 거실과 다이닝 룸을 하나의 공간처럼 쓰고, 겨울에는 문을 달아 작은 스칸디라운지 같은 분위기를 내면 어떨까 싶었다. 하지만 서재부터 거실, 안방까지 일자로 이어지는 베란다 공간을 제대로 활용할지는 미지수였다. 이 구조에서 아늑한 다이닝 룸 분위기를 내기는 어려워 보였다. 베란다에 널어놓은 빨래를 보면서 낭만을 느낄 수는 없으니 말이다. 사전 미팅에서 이런 고민을 황 팀장님께 털어놓았더니 가벽을 설치하는 방법이 있다고 말씀하셨다.

　　　　　　먼저 서재에 인접한 거실 벽면을 연장해 석고보드와 합판으로 가벽을 세우는 목공 작업을 했다. 이음매를 막은 후 페인팅을 하면 원래 그 자리에 있는 벽처럼 자연스럽게 공간이 연장될 것이라고 했다. 반면 안방 베란다로 이어지는 곳에는 문을 설치해 빨래를 널거나 불필요한 짐을 수납할 수 있게 만들었다. 그렇게 해서 거실 베란다는 3면이 막힌 아늑하면서도 독립적인 공간으로 재탄생했다.

베란다를 술맛 나는 독립 공간으로 만들기 위해 서재 쪽 베란다(왼쪽)는 가벽으로 막고
침실 쪽은 미닫이문(오른쪽)을 설치해 마감했다.

온전히 독립적인
침실이 필요해!

우리 집 침실은 파우더 룸, 화장실과 연결되어 있다. 침대에 누워 고개를 돌리면 화장실까지 훤하게 보이는 다소 민망한 구조인 것이다. 침실과 파우더 룸 사이에 문을 설치하고 싶어 슬라이딩 도어 제작 업체를 통해 견적을 내보았다. 최소 금액은 80만 원. 예산에서 많이 오버되어 그냥 커튼을 달아 쓰기로 마음먹었는데, 황 팀장님의 제안으로 목공 작업 중 미닫이문을 제작·설치하기로 했다. 물론 인건비와 재료비가 추가되었으나 80만 원에는 훨씬 못 미쳤다.

일반적인 방문에 비해 미닫이문은 설치하기가 좀 더 어렵고 복잡하다. 도르래를 비롯해 문을 설치하는 데 필요한 부품도 많다. 목수에게 미리 필요한 부품을 물어보고 을지로에서 구입해 일정에 차질이 생기지 않도록 하자. 목공사에서 문을 만드는 작업은 MDF 판으로 틀을 만들어주는 것까지라는 것도 알아둔다. 이후 페인트칠이나 인테리어 필름을 붙이는 작업은 집주인의 몫이다. 공사 순서에 따라 해야 할 작업을 놓치지 말고 작업자에게 마무리를 부탁해야 한다. 참고로 침실 미닫이문은 다음 공정에서 페인트칠로 마무리했다.

침대에 누우면 화장실 변기까지 훤히 보이던 안방 전실에 미닫이문을 설치했다.

붙박이 가구
제작하기

목공사 3일째는 주로 붙박이 가구를 제작하는 데 시간을 할애했다. 사실 목공 작업에서 가구 제작 비율이 높아질수록 집은 더 드라마틱하게 변화할 수 있다. 특히 평수 작은 집일수록 큰 효과를 볼 수 있는데, 공간을 깔끔하게 정리해주는 수납과 개성을 가미한 인테리어 효과를 동시에 볼 수 있기 때문이다. 하지만 아쉽게도 나에게 주어진 예산은 딱 2000만 원이었고, 간접조명을 설치하기 위한 천장 공사에 대부분의 예산을 투입한 탓에 붙박이 가구에 대한 욕심은 버릴 수밖에 없었다.

집 전체에서 목공 과정에서 붙박이 형태로 제작한 가구는 단 두 개. 복도 끝에 위치한 붙박이장과 부엌의 아일랜드 장이 그것이다. 특히 복도 끝에 위치한 붙박이장은 가뜩이나 좁은 거실을 더 좁아 보이게 해 철거 작업 중 과감하게 제거하기로 결정했다. 그런데 막상 철거하고 나니 흉물스러운 보일러 배관이 떡 하니 자리 잡고 있었다. 꼭 필요한 배관이라 철거도 불가능하다고 했다. 이에 황 팀장님은 액자나 소품을 올려둘 선반형으로 공간 박스를 제작해 배관을 막자는 의견을 제시했고, 그대로 작업을 진행했다. 그날 오후 보일러 배관을 막는 장을 완성했다는 황 팀장님의 반가운 카톡이 왔다. 여닫이 문을 단 박스를 제작해 보일러 배관을 깔끔하게 마무리해주신 것이다. 문제가 생길 때마다 적절한 해결책을 척척 제시하는 든든한 황 팀장님이 내 마음속 맥가이버로 등극한 순간이었다.

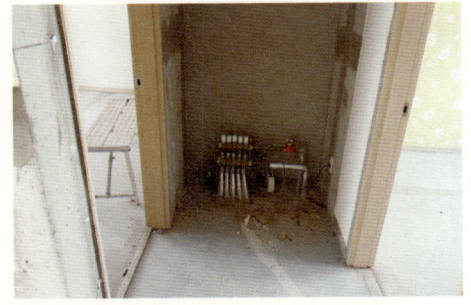

기존 붙박이장을 뜯어낸 자리에 있던 보일러 배관을 붙박이장으로 가렸다.

내 마음대로 디자인한
아일랜드 식탁

황 팀장님의 기지로 탄생한 배관 가림용 장식장과는 달리 리모델링을 처음 계획할 때부터 야심 차게 준비한 가구가 있다. 바로 주방에 놓은 아일랜드 식탁이다. 베란다에 8인용 대형 식탁을 놓기로 결심한 순간부터 주방 쪽에는 간단히 식사를 해결할 수 있는 간이 식탁을 들여야겠다고 생각해온 터였다. 그래서 떠올린 것이 아일랜드 식탁이었는데, 형태나 크기가 마음에 드는 제품을 찾을 수 없었다. 기성 제품은 디자인이 정형화되어 있는 데다가 최저가가 70만 원대라 예산이 한참 초과되었다. 그런데 우연히 들른 홍대 카페에서 전면에 칸막이가 있는 깜찍한 2인용 식탁을 발견했다. 타일로 장식된 칸막이가 예쁘기도 했고, 정겨운 2인용 식탁은 좁지만 안정감 있어 보였다.

그런데 이 식탁을 제작하기 위해서는 생각보다 많은 공정이 필요했다. 먼저 목공사 과정에서 칸막이를 제작하고, 페인트 공사 중 프라이머와 페인트칠로 색을 입히고, 타일을 시공한 후, 다시 가구 제작 업체에 2인용 식탁을 의뢰해야 한다. 목공 과정에서 제작이 가능하지만 기본형이라면 기성품을 사는 것이 시간과 비용 면에서 효율적이라는 의견을 주셨다. 좀 복잡하게 느껴졌지만 부엌에 독특한 포인트가 될 수 있겠다는 생각으로 진행하기로 했다.

먼저 부엌 크기를 고려해 칸막이의 크기나 높이, 폭 등을 결정해야 했는데, 시시시 모양과 크기를 정할 때처럼 막막했다. 식탁을 놓을 자리의 시멘트 바닥에 그림을 그려보며 칸막이의 가로와 세로는 120cm, 폭은 60cm, 두께는 5cm로 결정했다. MDF로 형태만 완성된 이 물건을 보고, 황 팀장님은 "이걸 정말 쓰실 생각이에요?"라고 물었고 친정엄마는 "부엌에 왜 계산대를 만들어놨니?"라며 나의 디자인을 비웃었다. 색도 없고, 타일도 붙이지 않은 상태로 보니 내가 봐도 어설프긴 했다. 하지만 아직 끝난 게 아니니까. 이 요상한 물체는 인테리어 챕터의 가구 제작 편에서 멋지게 완성된 모습을 확인할 수 있으니 기대하시라.

 칼슘 tip

목공사에서 해결하는 합리적인 빌트인 가구

신혼부부라면 목공 과정에서 필요한 가구를 함께 제작해보자. 가구를 주문 제작하려면 사실 기성품보다 돈이 더 많이 든다. 하지만 목공 작업을 할 때 남은 재료로 뚝딱뚝딱 만든다면 시간과 비용을 모두 절약할 수 있다. 무엇보다 가구를 놓기 애매한 자투리 공간에도 꼭 맞는 수납장을 제작할 수 있고, 배관을 가려주는 공간 박스나 작은 가구를 만드는 것도 가능하다. 가구 디자이너가 아니어도 괜찮다. 손으로 쓱쓱 원하는 이미지를 그려 목수 팀장님과 상의해보자. MDF 소재로 제작해 페인트나 필름지로 마감해도 좋고, 월넛이나 애시 등의 원목으로 제작할 수도 있다. 이번에는 예산 문제로 시도하지 못했지만 다음번엔 꼭 도전해보고 싶은 유용한 빌트인 가구 디자인을 모아보았다.

책장과 책상
자투리 공간 크기에 딱 맞춰 제작할 수 있는 가장 유용한 가구는 뭐니 뭐니 해도 간이 책장과 책상. 기성품이 들어가기 어려운 공간에 간단하게 제작해 설치할 수 있어 활용도가 높다.

신발장과 옷장
짐이 많은 편이라면 벽면을 가득 채운 맞춤형 붙박이장을 제작하는 것도 방법이다. 목공사 과정에서 제작을 의뢰하면 가격도 의외로 싸다. 페인트를 칠하거나 필름지를 붙여 개성을 부여할 수 있다.

무지주 선반
요즘은 기성품에도 무지주 선반 디자인이 다양해 선택의 폭이 넓지만, 직접 설치하려면 은근히 까다로우니 목공 작업을 할 때 시공하자. 거실의 벽걸이 TV 아래 150cm 이상 길이의 무지주 선반을 시공해두면 모던하고 세련된 AV장이 탄생한다.

침대 헤드보드
헤드보드 디자인만 바꾸고 싶다면 놓치지 말고 목공사 과정에서 목수 아저씨에게 작업을 의뢰하면 된다. 디자인이 독특한 헤드보드 하나로 침실 분위기를 180도 바꿀 수 있다.

붙박이 소파
좁은 공간의 효율을 가장 잘 살려주는 것이 바로 붙박이 소파다. 거실이 좁은 집에서도 방에 간이 소파를 두고 싶을 때 유용하다. 목공 과정에서 뼈대를 만들어두고, 원단 시장에서 방석과 등받이 쿠션을 제작해 연출해본다.

엄마는 작업 반장님!

천장 공사, 가벽과 문 제작, 붙박이 가구 제작까지 굵직한 목공 작업이 끝나가는 마지막 날은 전체적인 목공사를 마무리하기 위한 시간이다. 뼈대를 완성한 시시시 천장에 합판을 타카로 붙여가며 면을 만들어주는 등 마무리 작업이 한창 진행되었다. 이외에도 완성도 있는 바탕을 만들기 위한 소소한 작업이 이루어진다.

목공 마지막 날 역시 오전 8시부터 오후 4시까지 작업이 이루어졌다. 출근길에 현장에 들러 오늘 작업할 범위를 상의하고 점심때 들러 확인하는 식으로 공사를 진행해야 했는데, 사실 당일 작업 내용을 정리한 후 현장 작업이 시작되면 집주인이 할 일은 딱히 없다. 하지만 때론 현장을 책임지고 통솔할 작업 반장이 필요한 순간이 온다. 이 사실을 절실히 느낀 건 목공사 마지막 날이었다. 내일부터 시작할 페인트 공사를 위해 집 안 전체의 벽지 뜯어내는 작업을 급히 지시해야 했다. 철거 때 해야 할 작업을 놓친 것이다. 할 수 없이 인력 업체에 전화를 걸어 일당 10만 원을 주고 벽지 제거 작업자를 불렀다. 오전 8시에 집 안 전체 벽지를 뜯는 작업을 맡기고 출근했는데, 목수 반장님의 카톡이 왔다. 현재 벽지 뜯는 작업 속도가 너무 느려서 3일은 걸릴 것 같다는 우려 섞인 문자였다. 마음이 다급해져 친정엄마에게 긴급 SOS를 쳤다.

"엄마, 현장에 가서 벽지 제거 작업이 어떻게 되어가고 있는지 감독 좀 해주세요."

하지만 친정엄마도 감감 무소식. 답답한 마음에 점심시간을 이용해 부랴부랴 공사 현장을 찾았다. 그런데 이게 웬일? 어떤 여자분이 목장갑을 끼고 맹렬히 벽지를 뜯고 있었다. 실로 놀라운 스피드와 힘을 자랑하면서 말이다. 엄마가 아주머니 한 분을 더 부른 건가 싶어 가까이 다가가보니 그분은 다름 아닌 엄마였다. 딸내미 돈 20만 원을 아껴주겠다는 일념하에 벽지 뜯으러 나오신 인부를 지도까지 하시며 엄청난 속도로 전문가 뺨치는 솜씨를 보여주고 계셨다.

"딸내미! 오늘이면 다 뜯을 수 있을 것 같아!

엄마 장하지?"

이를 지켜보던 목수 팀장님과 목공 작업자들까지 엄마의 '벽지 제거 솜씨'에 감탄을 금치 못했다. 어떤 상황에서도 굴하지 않는 정신력과 전투력이 나의 강점이라고 생각해왔는데, 감히 엄마를 따라갈 수는 없었다. 그 이후 친정엄마는 이 일이 적성에 딱 맞는다며 감사하게도 현장 감독을 자처하셨다. 그 뒤로 모든 일이 훨씬 수월해졌음은 물론이다. 맞벌이 부부라 공사 일정 내내 현장에 나와 있기 힘들다면 친정엄마든 백수 삼촌이든 도움을 청하자. 물론 일당은 섭섭지 않게 챙겨드릴 것! 자칫 잘못하면 일정은 꼬이고 공기는 늘어나고 공사 금액은 한없이 늘어만 갈 것이다.

 칼슘 tip

목공 과정에서 해결하면
비용을 절약할 수 있는 작업

문짝과 문틀 덧대기
촌스러운 문양이 새겨진 문짝이 싫지만 새로 제작하기에는 비용이 문제라면 목공사 공정에서 문에 얇은 합판을 덧대 심플하게 바꾸자. 이미 철거한 문틀이 있던 자리에 얇은 판을 덧대어 깔끔하게 문틀을 재시공한다.

갤러리 레일 설치
갤러리나 미술관에서 보던 바로 그 레일 역시 목공 과정에서 설치할 수 있다. 커다란 포스터 액자도 얇은 줄 하나로 지탱해주니 못을 박지 않고도 아주 깔끔하고 고급스럽게 연출할 수 있다. 이 레일은 페인트칠을 하기 전에 천장에 설치해놓아야 하는데, 직접 설치할 수도 있지만 목수 분에게 살짝 부탁드리면 더 튼튼하고 깔끔하게 설치해주신다. 을지로5가나 인터넷 쇼핑몰에서 레일을 미리 구입하자. 가격은 1.5m 기준 1만 5000원 선. 우리 집은 거실, 복도, 서재 등 세 군데에 레일을 설치했다.

배선 정리
배선 정리는 쉽게 말해 조명을 설치할 자리를 미리 파악해 전선을 빼놓는 작업을 말한다. 원칙대로라면 목공사 중 전기 기사를 불러 작업해야 한다. 하지만 집주인의 애교 신공만 있다면 목수 분께 살짝 부탁드려도 무방하다.

석고보드 치기
아트 월, 부엌 싱크대, 붙박이장을 철거하면 지저분하고 거친 시멘트 벽면이 남는다. 이 부분을 다듬어 페인트칠로 마무리하려면 엄청난 인건비가 소요된다. 가장 간단하면서도 합리적인 방법은 목공 과정에서 '석고보드'를 치는 것이다. 석고로 만든 합판을 지저분한 벽체에 덧대 깔끔하게 만드는 작업이다.

못 제거와 마무리
천장, 벽면, 싱크대 등을 철거하고 나면 벽면에는 못이나 경첩 같은 부속품이 남아 있는 경우가 많다. 집주인이 직접 제거하기도 하지만 다양한 연장을 가지고 있는 목수 팀장님께 미리미리 요청하는 편이 좋다.

**4년 같던 4일,
슈퍼맨 목수 팀장님과 아쉬운 작별의 시간**

　　　　4일간의 목공사가 막이 내리는 순간, 잔뜩 긴장했던 어깨도 조금 더 편안해졌다. 어려운 점이 있을 때마다 척척 해결책을 제시해주시던 목수 팀장님과 반장님, 그리고 현장 작업 반장으로 거듭나신 친정엄마의 노력으로 공사는 별탈 없이 마무리되었다. 이때부터는 자신감도 슬슬 붙기 시작했다.

　　　　정들었던 목공 작업 팀과 아쉬운 작별의 순간이 왔다. 마지막 날 하루를 함께 작업했을 뿐인데, 친정엄마는 특유의 친화력으로 이미 목수 팀장님과 그야말로 베스트 프렌드가 되어 있었다. 돌이켜보면 우리의 관계는 고용과 피고용의 관계를 넘어 어려운 시절을 동고동락하며 견뎌온 동지애만큼이나 끈끈한 인연으로 묶여 있었다. 프로젝트를 진행하는 팀으로 만나 좋은 결과를 얻기 위해 머리를 맞대고 노력했던 대학 시절 추억이 떠올랐다. 최강 팀워크로 열정과 정성을 듬뿍 담아 만든 공간에는 특별한 공기가 흐른다. 다시 한 번 무모한 도전과 엉뚱한 질문에도 한결같이 '응답해준' 황봉연 팀장님에게 무한한 감사를 전한다.

 칼슘 interview

이안 인테리어
황봉연 목수 팀장님

셀프 리모델링에 대한 책을 출판해보자는 제의를 받은 나에게 용기를 준 사람은 남편도, 엄마도, 침구도 아닌 황봉연 목수 팀장님(bongbong0808@naver.com)이었다. 황 팀장님과의 특별한 인연으로 나는 셀프 리모델링에 대해 용기를 얻었고, 반복적인 질문에도 침착하게 설명을 이어가는 모습에 무척 감동을 받았다. 리모델링이 완성되면 나 역시 좌충우돌한 경험을 바탕으로 꼭 나와 같은 사람을 위해 아낌없이 정보를 공유해야겠다고 마음먹었다. 그는 나에게 진정한 슈퍼맨이었다.

Q 보통 사람들에게 '목공사'는 접근하기 좀 어려운 게 사실입니다. 목공사에 대해 알기 쉽게 정의해주세요.
쉽게 말하면 상업 공간이나 가정집에 관계없이 공간에 기초가 되는 뼈대를 만드는 작업이라고 생각하면 된다. 공부도 기초가 중요하듯 공간의 밑바탕이 되는 작업이기 때문에 신중하게 생각해 결정해야 한다. 육군 보병이 군대의 꽃이라면, 인테리어에서는 목공사가 꽃이라는 생각이 든다.

Q 가정집에서도 시시시 천장 작업이 추천할 만한가요?
물론이다. 시시시는 인테리어에 관심 있는 분들이라면 다들 하고 싶어 한다. 갤러리처럼 카페처럼 분위기 있는 간접조명을 연출해주기 때문이다. 다만 작은 평수라면 굳이 추천하고 싶지는 않다. 최소 30평대 중반 정도는 되어야 효과를 볼 수 있는 시공법이다. 10~20평대의 작은 평수라면 시시시 작업은 가격 대비 효율적이지 않다. 오히려 우물 천장이나 레일 조명을 설치하는 것만으로도 충분히 멋스러운 효과를 볼 수 있다.

Q '셀프 목공사'를 진행할 때 주의할 점을 알려주세요.
목공 분야는 검증된 숙련공을 만나기가 힘들다고 한다. 우리끼리는 목수 경력 10년 이상은 되어야 숙련공으로 인정한다. 다른 분야와 비교했을 때 3~4배는 긴 시간이기 때문에 중간에 분야를 전향하는 분들 많은 것으로 알고 있다. 같은 분야에 있는 사람끼리도 서로의 기술을 파악하기 힘든 상황에서 소비자가 직접 숙련공을 골라내기는 힘들 것이다. 대신 목공만큼은 아는 분에게 추천받는 것이 안전하다고 생각한다. 이미 함께 공사를 진행했던 사례를 꼼꼼히 살펴 집주인에게 추천을 받거나 리모델링 공사 경험담을 공유하는 사이트의 후기를 읽고 연락을 취해보는 것도 방법일 것이다.

Q 팀장님을 만난 게 큰 행운이었다는 생각이 다시 한 번 드네요. 끝으로 셀프 리모델링을 꿈꾸는 독자 여러분께 한 말씀 부탁드립니다.
서툰 솜씨로 가구 도면을 손 그림으로 그려 가지고 오는 고객을 보면 그 열정 때문에 무엇이든 도와드리고 싶다는 생각이 든다. 칼슘두유님과 처음 통화할 때 그랬던 것처럼 말이다. 그렇게 의견을 나누고 조율하는 과정에서 작업자와 고객은 친구가 되어간다. 이번 작업은 마치 내 가족의 집을 고치는 일처럼 신나고 즐거운 작업이었다. 셀프 리모델링을 계획 중이라면 먼저 집주인과 궁합이 잘 맞는 팀을 꾸리는 것이 중요하다는 점을 강조하고 싶다. 어쩌면 질 좋은 자재를 구하는 일보다 더 중요한 일일지 모른다. 작업자와 주인이 서로를 믿고, 손발을 맞춰갈 때 서로가 만족할 만한 결과물이 나온다고 믿는다.

 칼숨 diary

중국발 미세 먼지가
걱정이라고?

중국발 미세 먼지가 걱정이라고? 톱밥 먼지를 경험하지 못한 자는 먼지에 대해 논하지 말지어다. 각종 먼지 군단이 지배하는 공사 현장, 그중에서도 왕중왕은 단연 '톱밥 먼지'다. 지금껏 한 번도 경험하지 못한 감촉이 묵직한 이 녀석은 매일 저녁 나의 목구멍에 흡착되어 떨어질 기미를 보이지 않았다. 물을 마셔도 콜라를 마셔도 가시지 않는 불쾌함을 해결하는 방법은 단 하나. 바로 삼겹살에 맥주다. 신기하게도 기름이 뚝뚝 흐르는 삼겹살에 김치 한 점 올려 먹으면 목구멍에 쌓여 있던 톱밥이 쑥 내려간다. 공사장에서 일하는 아저씨들이 삼겹살을 자주 드시는 이유를 알 것 같다. 공사가 끝날 때까지 우리의 저녁 메뉴는 누가 먼저랄 것도 없이 삼겹살과 맥주로 통일. 질리지도 않는 삼겹살로 목구멍을 세척하며 맥주를 들이켜는 나날이 계속되었다.

DAY
6

인테리어 필름
시공

적은 비용으로 드라마틱한
효과를 내는 인테리어 필름

이제는 시멘트 벽체와 합판 구조물만으로 이루어진 헐벗은 집에 색과 질감을 입힐 차례. 그중 가장 첫 번째 과정은 인테리어 필름 시공이다. 가장 빠르게 집 안 전체 틀을 바꿀 수 있는 공사다. 인테리어 필름은 대부분이 한 번쯤은 사용해본 시트지의 고급 버전이라고 하면 쉽게 이해할 수 있다. 페인트칠하기 어려운 부분에 감쪽같이 색을 채우고, 엄두를 내지 못했던 창틀이나 문에 나무 무늬를 입혀주기도 한다. 다소 생소한 공정이었지만 이번 리모델링 작업의 든든한 조력자인 D선배의 추천으로 인테리어 필름을 시공하기로 결정했다.

처음에는 내가 원하는 색감으로 집 분위기를 바꾸려면 우선 애시 무늬로 시공한 섀시, 방문, 방문 틀, 붙박이장, 현관장을 싹 바꿔야 한다는 판단이 들었다. 인터넷에서 찾은 셀프 페인팅 시공법을 참고해 페인트를 조색해 모두 칠하기로 마음먹고 D선배에게 마지막 확인차 방문을 요청했다. 그런데 D선배는 페인트 시공을 극구 말렸다. 우리 집 섀시, 문, 붙박이장 등 모든 부분이 애시 무늬의 인테리어 필름으로 시공되어 있으니, 재시공할 때도 인테리어 필름지로 시공하는 것이 합리적이라고 했다. 인테리어 필름이란 게 대체 뭘까? 스티커처럼 붙이는 제품 같은데 내가 원하는 페인트 느낌이 난다고? 선배의 간결한 설명으로는 채워지지 않는 궁금증은 꼬리에 꼬리를 물고 이어져, 그날 밤 역시 폭풍 검색을 했다.

　　　　　　　　　　인테리어 필름은 목재 혹은 패브릭이나 대리석처럼 시공하기 까다롭거나 비용이 높아지는 마감재를 진짜처럼 감쪽같이 표현해준다. 시공하기 쉽고 가격이 합리적이어서 이미 리모델링 시공에서 널리 활용되고 있다. 한화, 삼성, LG 등 국내 대기업에서 다양한 인테리어 필름 마감재를 생산하고 있으며, 품질이 높고 종류도 다양하다는 사실을 알 수 있었다. 인테리어 필름만 전문적으로 시공하는 업체도 많았다. 특히 상업 공간 인테리어에서 인테리어 필름 시공이 효과적으로 활용되고 있었다. 페인트를 직접 칠하는 것보다 컬러가 선명할 뿐 아니라 표면이 고르지 않은 부분도 깔끔한 질감으로 마무리해주는 요술 같은 마감재인 것이다. 게다가 최근에는 '방염지'라는 이름으로 화재 시 쉽게 불이 붙지 않는 기능성 소재가 출시되는 등 다양한 제품군을 갖추고 있다. 내구성이 우수할 뿐 아니라 친환경 접착제와 함께 인체에 무해한 마감재로 주목받는 등 다양한 장점을 알아낼 수 있었다.

　　　　　　　　　　하지만 그 무엇보다 인테리어 필름 시공의 최대 장점은 합리적인 가격. 리모델링을 계획하면서 외부 새시 색상을 바꾸고 싶다는 생각을 했는데 새시 교체 견적이 최소 500만 원부터라는 사실을 알고 포기할 수밖에 없었다. 바로 이런 경우 간단하면서도 저렴한 가격으로 새시에 완전히 새로운 옷을 입힐 수 있는 마감재가 바로 인테리어 필름이다. 게다가 바깥 면은 그냥 두고 집 안쪽 면에만 필름지로 새시 컬러를 바꾸는 것도 가능하니 시공 비용을 절반으로 낮출 수 있다.

천편일률적인 무늬목 대신
그레이 컬러 필름지

고등학교에 다닐 무렵, 당시 엄마 친구들 사이에서 시트지 열풍이 불었고 우리 집 역시 꽃무늬 시트지가 곳곳을 장식하고 있었다. 그 기억 속에 아련하게 떠오르는 촌스러운 패턴과 화려한 색상의 시트지를 생각하니 눈앞이 아찔해졌다. 하지만 그건 기우에 불과했다. 그 촌스럽던 시트지는 다양한 색감과 질감으로 무장하고 인테리어 필름지라는 이름으로 좀 더 고급스러워졌다. 하지만 옛날이나 지금이나 변하지 않는 가장 인기 있는 디자인은 다름 아닌 '무늬목'. 대부분의 업체에서 이를 추천했지만 아파트에 주로 시공한다는 오크, 체리, 월넛으로 구분되는 필름지는 딱 봐도 '무늬만 나무'처럼 보였다. 크리스티안의 집을 떠올리며 멋스럽고 세련된 색감의 시트지를 찾아 헤맸다. 일반 아파트에 시공하는 무늬목이 싫다고 하니 재료상에서 주로 추천하는 색은 블랙이었다. 하지만 집 안 전체 틀을 블랙으로 연출하고 싶지는 않았다. 블랙이 세련된 색임은 틀림이 없지만 "나 오늘 정말 잘 차려입었지?" 하며 뽐내는 듯한 느낌은 싫었다. 그래서 생각한 것이 그레이 컬러다.

어렵게 그레이 톤의 인테리어 필름 색상 칩을 찾아냈지만 사장님은 내가 선택한 제품은 가정집에는 시공하지 않는다며 다시 무늬목을 권하셨다. 하지만 "전 이 그레이 컬러 제품이 가장 마음에 들어요. 그냥 이걸로 할게요!"라고 분명하게 말했다. 내 마음에 쏙 든 다크 그레이 컬러 필름은 한화인테리어라는 브랜드 제품이었다. 진한 회색이지만 너무 어둡지 않고 네이비 컬러가 살짝 가미되어 무척 세련된 느낌을 주었다. 하지만 이 컬러로 방문까지 모두 시공한다면 전체적으로 톤이 어두워져 공간이 답답해 보일 것 같다는 생각이 들었다. 그래서 화이트에 가까운 웜 아이보리 컬러를 하나 더 선택했다. 이 두 가지 컬러를 섞어 집 안 곳곳에 인테리어 필름지를 시공했다.

인테리어 필름만큼은 전문 시공자가 필요하다

필름지를 구입해 직접 시공하고 싶다면? 왕년에 도면 좀 쳐본 건축이나 인테리어 전공자가 아니라면 우선은 말리고 싶다. 넓은 벽면에 시트지를 붙이는 것하고는 차원이 다른 험난한 길이 펼쳐질 것이다. 특히 섀시나 문틀처럼 모양이 제각각인 면에 맞춰 제도하기란 쉬운 일이 아니다. 그래서 필름 시공을 전문으로 하는 시공자가 있고 업계에서 이들은 '필름공'이라고 불린다. 견적은 인테리어 필름 시공 업체에서 재료비와 인건비를 합해 산출하는 것이 일반적으로 재료를 직접 구입한 후 필름공을 섭외하면 견적이 더 저렴해진다. 하지만 인테리어 필름 시공은 A/S 등 신경 쓸 것이 많기 때문에 집 근처에 있는 믿을 만한 브랜드 업체에 맡기는 것을 추천한다.

인테리어 필름 시공은 보통 하루면 끝난다. 집에서 생활하면서도 작업할 수 있으니 집 안 분위기를 새롭게 바꾸기 위해 커튼을 바꾸는 대신 필름지를 교체해보는 것도 좋은 방법이 될 것이다. 촛겨처럼 필름을 입히는 일에도 순서가 있다. 가장 먼저 면적이 큰 방문부터 시작한다. 목공 과정에서 방문을 한 겹 덧붙여 표면을 매끈하게 만들어두었기 때문에 매우 반듯하고 깔끔하게 필름지를 시공할 수 있었다. 웜 그레이와 다크 그레이 컬러를 매치할 때는 나름의 원칙을 정했는데, 가장 바깥쪽 틀인 외부 섀시에는 다크 그레이를 내부에는 웜 그레이를 시공해 넓어 보이는 효과를 노렸다. 외부 섀시의 필름지 시공에는 작업 과정이 하나 더 추가된다. 바로 실리콘 제거다. 원래 있던 실리콘을 제거하고 그 위에 필름 작업을 해야 마감이 깔끔하기 때문에 이 작업에 10만 원 정도의 추가 비용이 소요된다. 우리 집을 방문하는 사람들은 하나같이 외부 섀시를 바꾸는 데 돈이 많이 들었겠다고 한다. 그만큼 원래 그 자리에 있는 것처럼 감쪽같다는 뜻이다.

최종 간택을 받은 웜 그레이와 다크 그레이 필름지(오른쪽).
외부 섀시는 무게감을 주기 위해 다크 그레이로 통일하고,
문짝과 내부 섀시는 넓어 보이는 효과를 위해
웜 그레이로 시공했다.

서재 방 섀시에는 다크 그레이를, 침실로 만들 큰방에는 웜 그레이 컬러를 시공했고, 현관장 역시 필름지로 톡톡히 효과를 보았다. 현관장은 교체하려고 마음먹고 붙박이장을 짜는 업체에 견적을 알아보니 비용이 만만치가 않았다. 한샘 붙박이장은 현관장만 80만 원의 견적이 나왔다. 마지막까지 구입을 망설이다가 인테리어 필름 업체 사장님께 여쭤보니 현관장도 감쪽같이 바꿔줄 수 있다고 했다. 15만 원을 추가로 지불하고 현관장까지 시공하기로 했다. 처음부터 견적에 포함되었다면 더 저렴했겠지만 결과가 마음에 쏙 들어 아깝다는 생각이 들지 않았다. 섀시와 문, 현관장까지 한 톤으로 통일감을 주니 집 안은 한결 세련된 분위기를 풍겼다. 차분한 그레이 컬러 톤의 틀을 완성하고 나니 말 그대로 집의 '때깔'이 달라진 것 같아 무척 만족스러웠다.

참고로 인테리어 필름을 시공한 뒤에는 반드시 실리콘 쏘기가 동반된다는 사실을 알아두자. 정교하게 시공하기 위해 뜯어냈던 이음매를 실리콘으로 다시 채워주는 과정이다. 우리 집은 바로 페인트 시공을 해야 하는 빡빡한 일정이라 실리콘 작업은 리모델링 과정이 모두 끝난 후 시공하는 것으로 결정했다. 실리콘 작업은 동네 인테리어 가게에 의뢰해도 되고, 다트에서 실리콘을 직접 구입해 시공해도 무방하다. 주의할 점은 굳을 때까지 절대 만지면 안 된다는 것. 산만하기로라면 둘째 가라면 서러운 우리 부부는 집 안 곳곳의 실리콘에 손가락 무늬를 남기고야 말았다. 그래도 어쩌겠나! 이 역시 셀프 리모델링의 추억인 것을.

칼슘 diary

길일 받아서 이사하기

이사를 앞둔 우리 부부에게 시부모님께서 전달한 미션이 있었으니 그것은 다름 아닌 '길일 받아서 이사하기'. 그런데 하필이면 어머님이 받아온 '길일'은 남편의 해외 출장과 겹치는 데다 공사 기간의 딱 중간. 바닥재 공사도, 페인트 공사도 진행하지 않은 상태의 날짜였다. 이를 어쩐다. 이날 들어가야 평생을 잘 살 수 있다니 남편과 공사 7일째 되는 날 이사를 감행했다.

우리는 이사를 상징하는 밥솥과 쌀, 추위를 견디게 해줄 전기장판과 오리털 이불을 들쳐 업고 상암동 집으로 향했다. 그러고는 내복, 오리털 파카, 목도리 등 3종 세트를 착용하고 야외 촬영지에서 애용하던 방한 의류와 마스크로 중무장한 채 이가 덜덜 떨리는 2월의 차디찬 밤을 보냈다. 평생 잘 살기 위해 고생을 사서 해야 하나 싶기도 했지만 그냥 돌아갈 순 없었다. 두툼한 이불, 전기장판을 깔고 오리털 파카의 지퍼를 끝까지 올린 후 잠을 청하려 노력했다. 그러나 잠이 오지 않았다. 춥다. 너무 춥다. 계속 춥다. 그런데 어느새 남편과 나는 여섯 시간에 가까운 꿀잠이 들었다. 그렇게 우리 집에 '이사'를 왔다. 아직 별일 없이 즐겁게 지내고 있는 것을 보면 정말 길일이란 게 있는 것 같기도 하다. 시부모님이 정해준 길일을 사수하기 위해 자행한 이 말도 안 되는 일화는 두고두고 회자될 즐거운 에피소드로 남았다.

DAY
7~10

페인트
시공

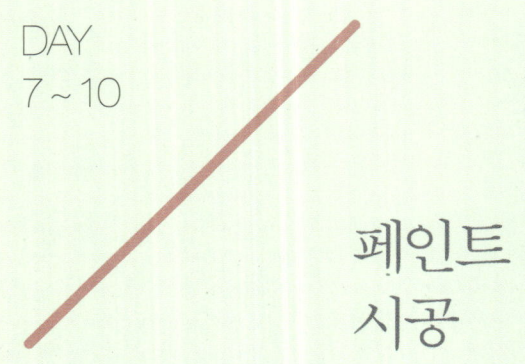

12년간 찾아 헤맨 심플한
무지 벽지는 대체 어디에?

이미 6일간 공사를 진행했지만 잿빛 시멘트, 거친 합판과 석고보드가 그대로 드러나 있는 우리 집은 아직 집이라기보다는 '을씨년스러운 공사판'에 가까웠다. 목공으로 뼈대를 세우고 인테리어 필름으로 시크한 색감의 틀을 만들어주었으니 이제부터는 뽀얀 속살을 채울 차례였다. 이쯤에서 "근데 벽지는 대체 언제 바르나요?"라는 질문이 나올 것 같아서 대답부터 미리 해두겠다. "벽지 시공은 앞으로도 나오지 않습니다."

다른 건 몰라도 벽지 하나만큼은 일가견이 있다고 자부한다. 여러 번 이사를 다니면서 가장 집착했던 단 하나의 마감재가 벽지였으니까. 하지만 12년간 찾아 헤맸지만 결국 내가 원하는 벽지를 찾을 수는 없었다. 그렇다고 그동안 찾아 헤맸다고 표현한 벽지는 특별한 것은 아니다. 그저 아무런 장식이 가미되지 않은 '심플한 화이트 벽지'. 혹시 같은 경험을 해본 사람이 있는지 정말 궁금하다. 온갖 벽지 브랜드 홈페이지며 동네 벽지 가게를 다 뒤져도 '심플한 화이트 벽지'를 어디서도 찾을 수가 없었다(혹시 있다면 제보하기 바란다).

국산 제품으로 무늬, 질감, 엠보싱 처리 등이 없는 단순한 화이트 벽지를 찾는 것은 불가능했다. 올록볼록 엠보싱, 아이섀도처럼 반짝이는 펄, 정체불명의 줄무늬나 격자무늬. 그나마 찾은 무지 화이트 벽지는 습자지처럼 얇았고, 그렇지 않은 것은 어설픈 돌 질감이 가미된 것뿐이었다. 돈을 더 지불하고라도 저놈의 엠보싱과 펄을 제거하고 싶었지만 방법이 없었다. 그렇다면 카페, 미술관, 호텔에서 본, 아니 더 정확하게 크리스티안의 아파트에서 본 크리미하면서도 심플한 화이트 벽지는 대체 어디서 구할 수 있는 걸까? 결국 나는 화이트 벽지 찾기를 완전히 포기했고, 집 안 전체에 페인트를 시공하기로 결정했다.

제 색을 내는
페인트 시공법 찾기

집 전체에 페인트를 시공하기로 쿨하게 결정했지만 그것이 끝은 아니었다. 내가 원하는 온화하면서도 세련된 화이트 색감을 내려면 시공법도 꼼꼼히 따져보아야 했다. 그도 그럴 것이 방 벽면에 페인트 한번 칠해보지 않은 사람이 어디 있겠는가. 나 역시 이사할 때마다 온갖 도구를 사서 수도 없이 롤러질, 붓질을 해보았다. 신혼집 역시 그 당시 유행했던 파스텔컬러 포인트 벽을 연출하기 위해 심혈을 기울여 페인트를 조색하고 몇 번의 덧칠 끝에 색을 완성했다. 하지만 예상했던 고급스러운 핑크 컬러는 온데간데없고 기존 벽지 색과 질감, 무늬가 뒤엉켜 정체 모를 색이 되곤 했다. 그것은 흡사 속살을 드러낸 시스루 룩을 보는 것 같았다. 벽면마다 무려 일곱 가지에 달하는 각양각색의 꽃무늬 벽지로 도배한 상암동 아파트에 페인트칠을 한다는 것은 엄두조차 내지 못할 일이었다. 특히 내가 원하는 담백한 화이트 컬러야말로 꽃무늬 시스루 룩의 좋은 재료가 되어버릴 것이 불 보듯 했으니 말이다.

그러던 어느 날 한 블로거의 셀프 시공기에서 발견한 '프라이머'라는 존재를 알게 되었을 때 구세주를 만난 것 같았다. 벽지에 페인트칠을 하기 전에 요 녀석을 발라주면 얇은 막이 생겨 원하는 페인트 색을 정확하게 낼 수 있다니 참으로 기특한 물건이었다. 그 당시 벽에 페인팅 작업을 하는 데 유일한 희망이었던 '프라이머'를 열심히 펴 바르면 모든 문제가 해결될 것이라는 막연한 꿈을 꾸게 되었다. 그러고는 바로 페인트 시공자를 찾아 나섰다. 반응은 시사시를 시공할 때와 비슷했다.

동네 페인트 시공 업체에서는 거실 정도만 칠하고 방은 벽지로 시공하라고 권유했고, 의외로 '벤자민무어'나 '던에드워드' 같은 수입 페인트를 시공하지 않는다는 곳도 많았다. 또다시 찾아온 혼란의 시간. 급한 마음에 그 당시 나의 카톡 베프 목수 팀장님께 이 고민을 털어놓았다. 그런데 마침 페인트를 시공하는 죽마고우가 있다며 연결해주셨다. 그렇게 만나게 된 페인트 팀장님은 벽지 시공에 비해 페인트칠은 비용이 1.5배 정도 더 들고 친환경 페인트로 시공하면 2~2.5배 정도 비싼데 이 부분을 감수할 수 있느냐고 물었다.

페인트 시공에 할애한 예산 역시 빠듯했다. 우리는 현실적인 방법을 고민해보기로 했고 초벌 페인팅은 국산을 겉면에 바르는 마감만 색을 정교하게 표현하는 수입 제품을 사용하는 것으로 절충했다. 총 500만 원 전후의 페인트 시공비가 책정되었다.

  몇 주 후 페인트 팀장님을 현장에서 다시 만났는데, 아주 어두운 표정으로 현장 상황의 문제점을 지적했다. 첫 번째는 다듬는 데 많은 시간과 노고가 드는 노출 천장이었고, 두 번째는 페인트 접착력을 장담할 수 없는 미닫이문과 철제 현관문 시공이라고 했다. 하지만 가장 시급한 문제는 벽지 면적이 너무 넓고 무늬가 선명해 프라이머 작업으로 바탕을 깔끔하게 다듬는 것이 불가능할 듯하다는 것이었다. 방법이라면 전체 벽지를 제거하고 드러난 시멘트 면을 고르게 다듬고, 다시 그 위에 프라이머 작업을 하는 것이라고 했다. 그리고 여러 가지 상황을 고려했을 때, 비용이나 노고 면에서 웬만하면 벽지로 시공을 하는 것이 좋겠다고 덧붙였다. 페인트를 시공하러 온 작업자가 집주인에게 페인트를 시공하지 말라고 말리는 진풍경이 벌어진 셈이다. 하지만 역시 부탁, 설득, 강요의 3단 신공을 부려가며 팀장님의 마음을 돌리는 데 성공해, 마침내 팀장님의 입에서 "그래요. 한번 해봅시다"라는 말을 얻어냈다. 덕분에 집 안 전체에 페인트를 칠하는 작업(일명 도장)을 시작할 수 있게 되었다.

벽면과 공간마다 다른 종류의 꽃무늬 벽지와 시트지가 붙어 있었다. 이런 게 바로 총체적 난국.

화이트라고
다 같은 화이트가 아니다

"화이트색은 어떤 걸로 하실 거예요?" 벽지 대신 페인팅하는 것으로 합의를 본 후 던진 팀장님의 질문에 나는 다시 말문이 막혔다.

벤자민무어 페인트 가게 상담실에 앉아 살펴본 화이트 컬러의 종류는 셀 수가 없었다. 몇십, 아니 몇백 가지 화이트 컬러 앞에서 머릿속마저 하얘졌다. 먼저 '클라우드 화이트'. 타워팰리스, 삼성병원, 특급 호텔 등에 시공한 색상으로, 산뜻하면서도 깨끗해 한국 시장 점유율 1위 빛나는 화이트 색상이라고 한다. 다음은 '심플리 화이트'. 아주 정직한 화이트 그 자체로 깔끔하지만 지나치게 새하얀 색이라 사무실처럼 차가운 느낌을 줄 수 있단다. '화이트 도브'는 살짝 손때가 탄 듯한 흰색으로 무척 자연스럽고 정겨웠고, '데커레이터스 화이트'는 크림색에 회색이 살짝 가미된 듯한 색상으로 차갑지만 세련된 느낌이 들었다. 좀 더 노란빛이 도는 '리넨 화이트'는 사랑스럽고 로맨틱한 느낌에 어울리고, 리넨 화이트보다 좀 더 톤 다운된 '나바호 화이트'는 짙은 브라운 계열 가구와 매치하면 잘 어울린다는 설명을 들었다.

제각각 다른 매력을 뿜어내는 이 많은 화이트 컬러 속에서 도대체 무엇을 골라야 한단 말인가! 웨딩드레스 고를 때보다 더 심각한 결정 장애에 시달렸다. 우선 우리 집에 잘 어울리는 것을 찾아야 한다는 생각으로 바닥 타일, 새시와 문에 시공한 인테리어 필름 컬러와 어울리는 화이트를 찾기 시작했다.

그렇게 해서 찾아낸 컬러는 바로 '클라우드 커버(Cloud Cover)'. 화이트보다는 미색에 가깝다. 하지만 벽에 칠해놓으면 마법처럼 하얘진다. 화이트 컬러를 시공하려거든 무슨 일이 있어도 직접 보고 결정하기를 권한다. 매장 안에서 컬러 칩과 실제 시공한 색을 구별하기도 어려운 데다 조명에 따라서도 느낌이 달라지는데, 모니터로 본 것을 과연 얼마만큼 믿을 수 있을까? '클라우드 커버' 컬러를 선택한 것은 그간의 경험에서 우러나온 결정이었다. 12년간 각종 컬러를 칠했다 지우기를 반복하면서 컬러 벽이 얼마나 금방 질리는지 체험했기 때문이다. 배경이 단순하면 가구나 소품, 패브릭을 코디하기 훨씬 쉬워진다. 수많은 패셔니스타들이 화이트 셔츠를 베스트 아이템으로 추천하는 것처럼 말이다.

가정집에서 인기 있는
화이트 페인트 컬러 칩

| Simply White | White Dove | Decorater's White | Linen White | Navajo White |

 칼슘 interview

벤자민무어
블로그지기

셀프 리모델링에 관심이 있는 사람이라면 한 번쯤 방문했을 법한 벤자민무어 블로그는 나의 즐겨찾기 목록 중 하나다. 어느 날 벤자민무어 블로그지기라고 자신의 신분을 밝힌 분이 쪽지 한 통이 도착했다. 내 블로그를 즐겨 보고 있고, 내가 올린 페인트 시공에 대한 포스팅을 벤자민무어 블로그에 퍼가도 될지 묻는 내용이었다. 협찬이 아니라는 것만 밝히면 퍼가도 무방하다고 대답하고, 그 보답으로 몇 가지 페인트 시공에 대해 평소 궁금했던 점에 대한 인터뷰를 부탁했다.

Q 벽면 페인팅 시공의 장점은 무엇인가?
벽지 대신 페인트를 칠하는 것이 더 복잡하고 어렵다고 오해하기도 하지만 사실 직접 시공하면 벽지에 비해 페인팅 작업이 더 쉽다. 페인트는 전문 기술이 없어도 기본 방법만 숙지하면 누구나 쉽게 칠할 수 있고, 유지와 보수하기가 무척 편하다. 하지만 무엇보다 페인팅 시공의 가장 가장 큰 장점은 색상 표현이 아주 정교하고 세심하다는 점이다. 인테리어 계획에서 색상은 아주 중요하다. 벤자민무어에서는 4000여 가지 컬러 중 자신이 원하는 컬러를 고를 수 있다. 또 페인트의 유해성이나 냄새 때문에 걱정할 필요가 없어 아이 있는 집에서도 페인팅을 애용하는 추세다.

Q 가정용과 공업용, 벽면용과 가구용 등 페인트 종류가 참 다양하다. 용도별 페인트의 특징과 유의 사항에 대해 설명해달라.
페인트는 사용하는 장소에 따라 선택하면 된다. 벽면 페인트로는 무광, 은은한 에그셀광이 주로 사용되는데 빛을 받았을 때 편안하고 고급스러운 느낌이 난다. 벽면용으로는 네츄라, 벤, 아우라라는 브랜드 제품이 있다. 가구용 페인트는 오염에 강하고 내구성이 뛰어난 것을 선호한다. 펄광, 새틴광을 주로 사용하며 리갈, 어드반스, 슈퍼스펙라는 가구용 제품이 있다. 벽면용을 칠하다 남은 페인트를 가구에 칠해도 되냐는 질문이 많은데, 큰 문제는 없다. 하지만 오염되거나 긁힐 수 있으니 용도에 따라 전용 페인트를 사용하길 권장한다. 가구는 기존 마감이 유성 페인트거나 필름지인 경우가 많아 프라이머 작업을 해야 색감 표현이나 내구성 면에서 더 좋은 퀄리티를 낼 수 있다.

Q 화이트나 미색을 고르고 싶지만 선택하기가 참 어렵다. 가정집에 추천하고 싶은 화이트 계열 색상이 있다면? 이와 함께 매치하면 좋을 포인트 컬러도 추천 바란다.
지중해풍의 새하얀 집이 연상되는 '슈퍼 화이트(Super White, PM-1)', 빈티지한 느낌이 레드 브라운 컬러와 잘 어울리는 '차이나 화이트(China White, PM-20)', 소녀처럼 청순한 느낌의 '티미드 화이트(Timid White, OC-39)', 달콤하고 부드러운 크림색의 대명사 '마스카폰(Mascaphone, AF-20)', 그레이와 커피빛이 살짝 감도는 '스위스 커피(Swiss Coffee, OC-45)'는 가정집에 시공했을 때 만족도가 무척 높은 화이트 계열 컬러다. 특히 깨끗한 화이트 계열에 네이비나 그레이 계열을 매치하면 중후하면서도 세련된 멋을 더할 수 있어 함께 추천하곤 한다. 네이비 계열 중에는 깊이 있고 중후한 느낌의 '해일 네이비(Hale Navy)', 현대적인 느낌이 강한 '뉴욕 스테이트 오브 마인드(New York State of Mind)'를, 그레이 계열 중에는 블루와 그레이의 절묘한 조화를 느낄 수 있는 '템플턴 그레이(Templeton Gray)'나 회색조의 은은한 무게감을 연출하는 '첼시 그레이(Chelsea Gray)', 짙은 녹음의 기운이 느껴지는 진 그레이 컬러 '라파예트 그린(Lafayette Green)'을 추천한다.

페인트 미인으로 거듭나기 위한 3단계 마감

공사 7일째, 드디어 페인트 시공일이 되었다. 아침 일찍 팀장님을 비롯한 세 분의 작업자가 도착했다. 언제나 그렇듯 시원한 음료와 생글생글 미소로 시공 팀을 맞이했다. 일반적으로 33평 집 안 전체에 페인트를 시공하는 작업은 2~3일이 소요되지만 우리 집은 노출 천장을 다듬는 과정이 추가되어 넉넉히 4일을 잡았다. 페인트 작업은 소음이 발생되지 않기 때문에 주말까지 이어서 작업할 수 있었다.

페인트 작업은 퍼티 작업으로 시작된다. 공사 용어로 '빠데 작업'이라 불리는데, 움푹 파인 면을 메워 평평하게 해주는 과정이다. 벽과 천장 전체에 이루어진 퍼티 작업은 마치 꺼진 부분을 채우고 도드라진 부분은 깎아내는 안면 윤곽술처럼 느껴졌다. 뽀얀 피부 미인으로 거듭나기 위해 바탕을 매끄럽게 매만진 후에야 프라이머 작업이 이루어진다. 화장이 잘 먹도록 뽀얗게 메이크업 베이스를 펴 발라주는 작업인 셈이다. 프라이머는 얇게 여러 번 펴 바를수록 완성도가 높아진다. 바르고 말리기를 반복하며 프라이머를 세 번 발랐다. 제대로 말리고 칠해야 균열이 생기지 않기 때문에 보일러를 밤낮으로 풀가동했다.

꺼진 부분을 채워주는 퍼티 작업을 먼저 한 뒤, 페인트가 잘 스며들도록 '프라이머'를 칠한다.

'노출'과 '안 노출'의 중간 질감으로 마감한 천장

다시 선택의 순간이 찾아왔다. 형광등을 호기롭게 떼어냈는데, 배선 구멍이 뻥 뚫려 있는 퍼티 작업으로 채워줄 것인지 말 것인지 결정해야 했다. 최 사장님은 이 구멍을 퍼티 작업으로 막아버리면 형광등 구멍을 다시는 찾지 못한다고 주의를 주었다. 흔들리는 눈빛, 기어 들어가는 목소리로 막아달라고 요청하니, 다음번에 이 집을 팔 때 형광등 배선도 없는 집이라고 문제 삼을 수도 있다며 다시 한 번 겁을 주셨다. 불편한 진실에 마주한 순간 다시 혼란에 빠져들었다. 그렇지만 눈을 찔끔 감고는 "그냥 다 완전히 막아주세요! 안 팔리면 여기서 평생 살죠 뭐"라고 외쳤다. 다시는 찾지 못할지도 모를 형광등 배선 흔적까지 완벽하게 틀어막고 나니 두 번째 선택의 순간이 왔다. 노출 천장 면을 얼마만큼 다듬느냐 하는 것이었다.

내가 바라던 천장 마감은 시멘트의 거친 질감이었는데 "면을 어느 정도로 다듬을까요?"라는 질문에 다시 말문이 막혔다. 다시 한 번 최 사장님이 조언을 했다. 이전 공사에서 거친 질감을 원한다던 고객이 막상 결과물을 보고는 공사장 같다면서 재시공을 요청했다는 것이다. 이 일화를 들려주며 가정집은 너무 실험적인 것보다는 깔끔하게 다듬는 것이 더 나은 선택이라고 했다. 결정해야 할 것들은 왜 이리 많은지. 또다시 머릿속이 하얘졌다. 고민 끝에 나는 "그럼 '노출'과 '안 노출'의 사이로 적당히 해주세요"라고 말했다. 결국 천장은 프라이머 3회를 1회로 줄여 거친 질감을 더 살리는 방향으로 작업하고, 침실만 세 번 칠해 좀 더 깔끔하게 마감하기로 했다.

적당히 거친 질감을 살려 완성한 노출 천장.
시멘트 천장이 뽀얀 면으로 다시 태어나기 위해서는
전문가의 손길이 필요하다.

전체 페인팅과
감동의 뿜칠 신공

퍼티 작업과 프라이머 작업이 모두 끝나야 드디어 페인트칠을 한다. 밑바탕 작업을 꼼꼼히 했으니 지금부터는 뽀얗게 분칠을 해주자. 페인트 역시 몇 회에 걸쳐 덧바르는 과정이 필요하다. 처음 기획대로 국산 페인트를 2회 칠하고, 마지막에만 벤자민무어 페인트로 시공하는 방식으로 비용을 절약하기로 했다. 국산 페인트는 표면에 칠할 벤자민무어 클라우드 커버 색상과 최대한 비슷하게 페인트를 조색했다. 육안으로 보기에는 큰 차이가 없었다. 이렇게 3회에 걸친 집 전체 페인트칠이 끝나고, 다음은 남편이 고른 '요크타운 그린' 색상을 서재에 칠했다. 짙은 컬러가 답답해 보이지 않을까 반신반의했는데, 웬걸, 오히려 정체성 없는 서재 방에 대한 집중도가 확 높아지면서 공간이 훨씬 입체적으로 보였다. 파스텔컬러와는 전혀 다른 중후한 매력이 풍겨 남편도 나도 모두 무척 흡족해했다. 베란다는 방수 페인트로 시공했는데, 모두 국산 제품을 사용해 얼마간의 비용을 절감했다. 총예산에 맞추려면 작은 것 하나도 절약, 또 절약해야 했다.

새로 제작한 큰방 미닫이문과, 현관문을 열고 들어오면 보이는 큰 철제 벽등은 페인트칠이 아니라 '뿜칠'로 마무리했다. '뿜칠'은 페인트를 칠하면 까질 위험이 있는 단면, 면적이 너무 넓어 손으로 페인트를 칠하기 어려운 곳, 손이 들어가지 않는 부분에 페인트를 입힐 때 주로 사용한다. 공기압으로 페인트를 뿜는 원리로 도료를 미세하게 분사하는 방법이다. 붓으로 칠하면 붓 자국이 남지만, 뿜칠로 마무리한 표면은 아주 깨끗하다. 큰방에 설치한 MCF 미닫이문, 현관문을 열고 들어오면 보이는 거대한 철벽 역시 기존 시트지를 제거하고 같은 색상의 페인트를 뿜칠해 마무리했다. 그런데 최 사장님이 생각지도 못했던 깜짝 선물을 안겨주었다. 예산 초과로 엄두도 못 내던 현관문까지 같은 색상으로 깔끔하게 작업해준 것이다. 덕분에 집의 첫인상을 좌우하는 전실이 그레이 컬러의 시크한 공간으로 거듭났다. 여기에 자그마한 액자를 걸어둘 생각을 하니 벌써부터 가슴이 콩닥거렸다.

위 : 가구나 철제 면 등 애매하다 싶은 면은 뿜칠로
깔끔하게 마무리한다.
아래 : 집 안 전체를 화이트로 페인팅했지만,
서재 한쪽 벽만은 '요크타운 그린' 색상으로 포인트를 주었다.

 칼슘 interview

루엔 도장
최용식 사장님

페인트 시공자를 찾지 못해 난관에 빠졌을 때 황봉연 목수 팀장님의 추천으로 만난 두 번째 은인이다. 1978년생 목수 팀장님의 죽마고우이기도 한 최용식 사장님(senority0@daum.net)은 중언부언하는 내 설명을 척하면 척하고 해석하는 특별한 능력을 가진 분이다. 해줄 듯 안 해줄 듯 밀당 기술 또한 뛰어나 포기하지 않고 끝까지 원하는 것을 실현하는 의지를 갖도록 이끌어주셨다. 다음은 최 사장님과 카톡으로 주고받은 미니 인터뷰다.

Q 가정집 페인트 도장 시공을 꺼리는 특별한 이유가 있을까요?
가장 큰 이유는 가격 때문일 것이다. 페인트 도장 시공 문의는 많지만 도배와 비교했을 때 비용이 1.5~3배 정도 더 들기 때문에 결국 시공까지 이어지는 일이 드물다. 하지만 페인트 시공을 했을 때 냄새라든가 인체 유해 성분이 있다거나 하는 걱정은 하지 않아도 된다. 우리나라에서는 벽 마감은 도배라는 인식이 보편적이지만 서양에서는 페인트 시공이 더 일반적이다. 수입산은 물론 국내산 제품 중에도 충분한 검증 과정을 거친 친환경 페인트가 많다.

Q 페인트 시공의 장점은 무엇인가요?
무엇보다 가장 큰 장점은 원하는 색을 가장 정확하게 조색해 표현할 수 있다는 것이다. 필름이나 벽지 시공에 비해 훨씬 자연스러운 느낌을 낸다는 것도 장점 중 하나다. 칼슘두유님이 원했던 은은하지만 세련된 화이트 컬러도 페인트라서 구현 가능한 색감이다. 하지만 컬러 선택은 정말 중요하다. 전에 시공했던 한 고객은 집 전체를 빨간색으로 칠하겠다고 고집을 부렸다가 막상 완성되고 나니 '무당집' 같다며 울상을 지었다. 페인트 시공에서 가장 만족도가 높은 색은 유행을 타지 않는, 누가 봐도 보편 타당한 컬러인 것 같다.

Q 페인트 도장 공사를 할 때 유념해야 할 점이 있다면?
페인트 시공은 변수가 많은 편이다. 현장 작업자의 판단에 따라 퀄리티가 크게 차이 난다. 무조건 인건비가 싼 곳에 의뢰하기보다는 기존에 해온 작업을 보여달라고 요청하고, 수입 수성 페인트의 경우 시공 경험이 풍부한 사람을 섭외하는 것이 안전하다. 특히 동네 인테리어 업자들은 문이나 문틀을 싸구려 유성 페인트로 시공해놓는 경우가 왕왕 있다. 유성 페인트는 밑 작업에 시간을 들일 필요가 없기 때문에 기본 페인트 위에 덧발라버린다. 고객은 차라리 도배를 할걸 하고 후회하게 된다. 가끔 견적은 수입 페인트로 내고 더 싼 페인트로 시공하는 등 눈속임으로 시공하는 업체도 종종 있으니 미리 페인트를 주문해 시공만 맡기는 것도 좋다. 한 가지 팁을 주자면 페인트 시공자는 늘 작업복이 지저분해지기 마련이니 이를 보고 눈살을 찌푸리기보다는 부드러운 미소로 화답하자. 훨씬 친절한 서비스를 받을 수 있을 것이다.

DAY 11~13

타일
공사

**타일이냐 헤링본 마루냐,
그것이 문제로다**

　　　　　　페인트 시공이 끝난 후, 앞만 보고 달려온 청개구리 리모델링에 제동이 걸렸다. 나만의 방식으로 집을 색다르게 꾸미기 위해 리모델링을 시작했지만, 시공 중 만난 전문가와 지인의 끊임없는 반대에 부딪히면서 나의 의지와 자신감은 바닥을 드러냈다. 하지만 그보다 더 심각한 문제는 계획과 달리 집 분위기가 점점 삭막해져 주거 공간이라기보다는 상업 공간에 가까워 보인다는 것이었다. 야심 차게 강행한 노출 천장 역시 지나치게 전위적이라는 생각이 들었다. 가정집에는 잘 쓰지 않는 타일 바닥재 시공을 앞두고 있으니 그 초조함은 극에 달했다.

　　　　　　바닥재는 최종적으로 '타일'과 '헤링본 마루'로 좁혀졌다. 사실 '헤링본 마루'의 재료인 원목의 단가와 갈매기 시공의 인건비가 매우 비싸고, 좁은 집에서는 그 효과가 미비하다는 이유로 타일 시공으로 어느 정도 마음을 굳히고 있었다. 하지만 화이트 페인트에 노출 천장만으로도 차갑고 삭막해 보여 그 결정은 원점으로 돌아왔다. 지금 우리 집에 가장 필요한 건 아늑하고 따뜻한 분위기라는 생각에 제외했던 '헤링본 마루'와 타일 사이에서 1분이 멀다 하고 결정을 번복했다. 마치 "엄마가 좋아 아빠가 좋아?"라는 물음에 대한 답만큼 결정하기 힘든 문제였다. 휴대폰에 차곡차곡 쌓인 3000장의 사진이 당시의 고민을 여실히 증명한다. 나는 타일 사진 1500장, 헤링본 마루 사진 1500장을 번갈아 보며 갈팡질팡했고, 그날그날 기분이나 감정에 따라 생각이 계속 바뀌었다. 결혼식에서 본식 드레스를 고를 때보다 더 심한 결정 장애의 끝을 달린 것 같다. 바닥 시공을 3일 앞둔 어느 날 이를 보다 못한 남편이 이렇게 말했다.

　　　　　　"지금이 아니면 할 수 없는 가장 극단적인 선택을 해보자."

　　　　　　그렇게 우리는 아기가 생기거나 나이가 더 든 후에 선택할 수 있는 마룻바닥 대신 지금이 아니면 평생 시도할 일이 없을 것 같은 타일을 바닥재로 선택하기로 했다.

삼고초려가 아닌
사고초려 끝에 고른 타일

타일을 고르기 위해 우리 부부가 찾아간 곳은 '윤현상재'다. 작은 집 하나 고치겠다고 들락날락거리는 게 민망해 모자라도 쓰고 가야 하나 고민도 했지만 윤현상재 차장님은 언제나 입구부터 환한 미소로 우리를 맞아주었다. 네 번째 방문한 날은 시공 일이 3일 앞으로 다가왔기 때문에 더 이상 물러설 곳이 없었다. 어떻게든 타일을 결정하겠다는 굳은 의지를 다지며 당당하게 가게 안으로 들어섰다.

먼저 눈여겨봐둔 타일을 하나씩 꺼내놓고 다시 한 번 유심히 살펴보았다. 그동안 수많은 선택지 중 하나를 결정할 때는 시공 후 결과를 예상해보곤 했는데, 타일의 경우 공간감을 예상하기가 쉽지 않았다. 게다가 자연광과 형광등, 백열등 등 빛에 따라서도 색감이나 재질이 달라 보일 수 있다고 하니 전혀 감이 잡히지 않았다. 시안이 가장 정확하겠다는 생각에 잡지에 나온 사례를 모은 스크랩북을 차장님에게 보여주었다. 하지만 차장님은 잡지 사진은 연출과 후반 작업의 결과물이라 색과 질감을 정확하게 판독하기 힘들다고 했다.

명확한 기준을 정할 수 없어 컬러 톤 선택에 우선순위를 두고 결정하기로 했다. 그렇게 해서 화이트, 베이지, 그레이로 범위를 좁혔다. 그다음에는 예산 내에서 고를 수 있는 타일을 선별해 살펴보았다. 마지노선은 '시공비 포함 평당 15만 원'으로 정했다. 조금 아쉬운 금액이었지만 이 가격 선에서 고를 수 있는 타일은 의외로 꽤 다양했다.

시공비 포함 평당 15만 원 선에서
타일 고르기

예산을 정하고, 타일을 결정하는 단계는 첫 번째 색 고르기, 두 번째 질감 고르기, 세 번째 형태 고르기로 이루어졌다. 개인적으로 '타일' 하면 가장 먼저 떠오르는 색감은 화이트다. 화이트 컬러는 공간이 가장 넓어 보이고, 어느 색에나 잘 어우러져 가구나 패브릭을 자유롭게 매치할 수 있다는 것이 장점이다. 거기에 광택 유무나 스타일에 따라 매우 세련되고 고급스러운 느낌이 난다. 마침 잡지에서 벽과 바닥 모두를 화이트 컬러 하나만으로 꾸민 모던한 공간을 보고는 화이트 타일 쪽으로 마음이 확 기울었다. 하지만 자신은 없었다. 늘 각종 먼지에 둘러싸여 있는 데다 더부살이를 하는 우리 부부의 현실과 화이트 타일은 거리가 있었기 때문이다.

화이트의 매력, 단아하고 깨끗한 느낌을 유지할 자신이 없어 결국 베이지와 그레이 컬러를 최종 후보로 선택했다. 베이지 컬러 타일의 경우 따뜻한 크림색 위주로 샘플을 비교해보았다. 베이지 컬러는 화이트와 그레이에 비해 훨씬 따뜻하고 아늑한 느낌을 준다는 것이 가장 큰 장점이다. 타일 소재 특유의 차가운 느낌을 상쇄하면서 나무 소재 가구와도 잘 어울려 스타일링하기에도 좋다. 타일 바닥을 시공한 집에 대한 로망을 갖게 한 '장진 감독의 집'에 바로 이 베이지 톤 타일이 깔려 있었는데, 월넛 소재 빈티지 가구와 녹색 화분이 어우러져 고급스러우면서도 자연스러운 분위기를 연출했다. 다만 목재 가구가 아니라면 컬러 매치는 의외로 조금 까다로울 수 있다는 것이 단점이었다.

반면 그레이 컬러는 내추럴 스타일의 원목 가구는 물론 컬러풀한 모던 가구까지 소화할 수 있는 색이다. 화이트와 베이지가 여성적인 느낌이라면 그레이는 다소 거칠고 무뚝뚝한 남성적인 컬러라고 할 수 있다. 점원은 트렌디한 카페나 레스토랑 인테리어에 빠지지 않고 등장하는 노출 시멘트 마감과 더불어 그레이 컬러 타일 역시 큰 인기를 끌고 있다고 설명했다. 베이지 컬러보다 가구나 소품의 색상을 조합하기 쉽고 화이트 컬러보다 묵직하면서도 세련된 느낌까지 주는 그레이 컬러에 점점 마음이 기울었다. 가구와 소품 컬러까지 고려하니 베이지보다는 '그레이'라는 결론을 내리게 되었다.

컬러를 결정했으니 이제는 질감을 선택할 차례였다. 차장님은 마치 자연석처럼 표면의 거친 질감이 그대로 살아 있는 신상품 그레이 컬러 타일을 꺼내 보여주었다. 그리고 독특한 질감 덕에 햇빛을 받는 각도에 따라 색감이 오묘하게 달라진다는 점이 매력이라고 설명했다. 하지만 우리는 좀 더 따뜻한 느낌을 주는 타일을 찾아보기로 했고, 차장님은 무광택 질감에 화이트 색감을 살짝 가미한 타일을 추천해주었다. 그레이 타일의 거친 느낌을 완화해주는 부드러운 질감과 색감이 특히 마음에 들었다. 드디어 네 번째 방문에서 마음에 쏙 드는 타일을 찾아냈다. 가격은 헤베당 2만 5000원. 평당 7만 5000원꼴이니, 시공비를 합치면 얼추 예산에 들어맞았다. 마지막으로 사이즈는 600×600으로 가장 무난한 정사각형 규격을 선택했다.

부엌 아일랜드 장에는 크림색 타일을, 싱크대를 설치한 벽면에는 네이비 컬러가 가미된 다크 그레이 타일을 시공했다.

 칼슘 tip

타일 배송만큼은 반드시 업체에 맡길 것

타일과 부자재를 구입하면 대부분의 타일 가게에서는 배송 서비스를 이용하겠냐는 질문을 할 것이다. 보통 배송비로 5만~10만 원이 추가되는데, 공사 당일 현장으로 이 모든 재료를 배송해준다. 몇만 원 아끼겠다며 타일을 직접 나르겠다는 무모한 생각은 접어두길 바란다. 꼼짝도 하지 않는 타일 상자를 옮기다 공사를 시작조차 하지 못할지도 모른다.

대한민국 대표 타일 가게 3

타일 가게는 주로 지하철 7호선 학동역과 2·5호선 을지로4가역 주변 두 곳에 집중되어 있다. 가격이 싸고 업체 거래가 많은 곳은 을지로4가역 주변이지만, 초보자라면 학동역 주변을 둘러보는 것을 추천하고 싶다. 전문가의 안목으로 선택한 최신 트렌드의 타일을 볼 수 있을 뿐 아니라 가격대가 비교적 합리적인 제품이 의외로 많다. 최근에는 인테리어 관련 업체가 아니더라도 셀프 리모델링을 준비하는 사람들의 문의가 늘어 쉽고 친절하게 상담해준다. 타일 시공이 필요한 부분의 도면을 가져가면 견적도 미리 받아볼 수 있다. 그중에서도 꼭 들러볼 만한 타일 가게 세 곳을 추천한다. 블로그나 홈페이지를 통해 전반적인 스타일을 살펴볼 수 있긴 하지만 페인트와 마찬가지로 직접 방문해 타일의 색이나 질감을 확인하는 것이 가장 정확하다.

윤현상재
http://blog.naver.com/younhyun2012

상아타일
http://cafe.naver.com/sangahtile

유로세라믹
www.eurotile.co.kr

타일을 시공할 때
무엇이 필요할까?

　　　　　　　　　타일을 결정하고 나면 타일 가게에서 바로 시공 업자를 연결해주니 따로 타일공을 섭외할 필요는 없다. 윤현상재에서는 타일공 일곱 명을 추천해주었는데, 개인적인 특성까지 꼼꼼히 일러주어 선택하기가 한결 수월했다. 스케줄을 맞추기 위해 몇 분과 통화한 끝에 오리온타일의 고 사장님을 만나게 되었다. 수화기 너머로 들리는 시원시원한 목소리와 정겨운 경상도 사투리가 특히 마음에 들었다. 당시 체력이 극심하게 저하되었던 나는 타일 시공 실측을 하는 날 결국 앓아누웠다. 그 때문에 타일 시공 범위를 그림판으로 보낸 나에게 걱정하지 말고 푹 쉬라는 문자메시지를 보낸 고 사장님은 현장 상황을 알려주면서 꼼꼼하게 일을 처리해나갔다.

　　　　　　　　　현장을 실측해야 타일 업체에서 예산을 낼 수 있다. 타일 재료비와 시공비는 헤베로 계산하는데, 시공 면적을 측정해야 정확한 예산을 산출할 수 있기 때문이다. 우리 집의 타일 시공 범위는 총 92㎡, 92헤베이고 시공비는 헤베당 3만 원이므로 총 타일 시공비는 276만 원이었다. 92㎡의 면적에는 타일 255장, 즉 65박스의 타일이 필요했다. 하지만 이것으로 끝이 아니었다. 고 사장님은 타일 시공을 위한 부자재로 백색 압착 시멘트 50포, 백시멘트 20포, 몰다인 2말, 레미탈 5포, 세라픽스 7000번 2말, 메지 줄눈이라는 듣도 보도 못한 재료를 준비하라고 했다.

대체 이것들은 어디서 구해야 하냐며 울상을 지었더니 윤현상재에서 모두 함께 구입할 수 있다고 알려주었다. 재료들의 정체가 궁금해진 나는 집요하고 탁월한 인터넷 검색 실력을 발휘해 용어를 정리해나갔다. 먼저 백색 압착 시멘트는 물과 섞어 타일을 바닥에 접착하는 데 사용하고, 백시멘트는 타일의 무게를 지탱하기 위해 백색 압착 시멘트에 섞어서 사용한다. 대개 3대 1의 비율로 섞는데, 여기에 접착 강화제인 몰다인을 첨가하면 강도가 더 높아진다. 즉 백색 압착 시멘트, 백시멘트, 몰다인을 배합해 바닥용 타일 접착제로 사용한다.

이 세 가지 재료를 적절히 배합하는 것이 곧 타일공의 실력이다. 마치 같은 커피라도 누가 타느냐에 따라 전혀 다른 맛이 나는 것처럼 말이다. 앞에서 설명한 세 가지 재료가 바닥용 타일을 위한 것이라면 세라픽스는 벽체용 타일을 위한 접착제다. 벽에 붙이는 타일은 무게가 가볍기 때문에 세라픽스 하나로 충분하다. 마지막 재료인 레미탈은 바닥 높이를 맞추기 위해 사용한다.

칼슘 tip

타일 공사의 기본
'헤베'

타일 시공을 준비할 때 가장 많이 듣게 될 '헤베'는 타일 면적을 계산하는 단위다. 일본식 표현인 헤베를 우리말로 바꾸면 '제곱미터'다. 단위로는 'm²'라고 쓴다. 가로와 세로를 곱한 면적의 개념이다. 일반적으로 국산 타일 한 박스는 1.5헤베이며, 타일 두 박스면 줄눈 시공 면적을 감안해 1평(3.3m²)을 시공할 수 있다.

레미탈, 평탄 작업, 줄눈 등
타일 시공에 대한 모든 것

타일 시공에서 가장 기본이 되는 작업은 바닥 높이를 맞추는 것이다. 업계 용어로는 평탄 작업이라고 한다. 강화 마루를 뜯어낸 거실과 타일을 뜯어낸 베란다에 시멘트와 모래를 배합한 레미탈을 발라 평평하게 만드는 작업이다. 평탄 작업이 끝나면 타일을 붙일 위치를 잡아야 한다. 쉽게 말해 모내기를 떠올리면 된다. 바닥 전체에 얇은 실로 된 눈금을 만들어 타일 깔 위치를 조정한다. 그런 다음 접착제를 만든다. 백색 시멘트, 백색 압착 시멘트, 몰다인을 큰 통에 물과 함께 적정 비율로 섞으면 타일용 접착제가 완성된다. 신당동 떡볶이 소스 비법을 며느리에게도 알려주지 않듯이 타일 시공 완성도에 중요한 영향을 미치는 접착제의 비율 또한 업체만의 노하우로 여겨 공개하지 않는 것이 원칙이다.

주거 공간에 타일을 시공하기가 더 어려운 이유는 난방선 위에 시공하기 때문이다. 열전도율이 높은 타일은 난방이 지속적으로 이루어지는 겨울철에 뒤틀리기 쉽다. 그래서 겨울철 이후 타일 하자 공사가 급증한다고 한다. 이를 방지하기 위해 흙손이라는 도구로 바닥과 타일 면에 접착제를 각각 바르고, 이들이 서로 단단히 뭉칠 수 있게 한다. 바닥 타일에 비해 벽면 타일은 시공이 수월한 편이다. 앞에서 설명한 바와 같이 벽면 타일은 세라픽스라는 간편한 타일 접착제로 시공한다. 유난히 저렴한 시공 단가를 제시하는 업체 중에는 간혹 세라픽스로 바닥 타일을 시공하는 곳도 있으니 따져보아야 한다.

부엌 타일은 미리 골라둔, 네이비 컬러가 가미된 다크 그레이 색상으로 시공했다. 싱크대가 들어갈 자리는 타일공에게 미리 알려주어야 재료비나 시공비를 낭비하는 일이 없으니 꼭 체크하자. 바닥과 벽면의 모든 타일 시공이 끝나면 튼튼하게 접착되기를 기다린다. 타일 공사 중 가장 마지막 단계이자 마무리 작업은 접착된 타일 사이를 메우는 줄눈 작업이다. 타일과 타일의 틈에 '메지'를 바르는 것인데, 이는 메지만 전문으로 하는 이모님 한 분이 작업했다. 우리 집은 회색 타일과 회색 메지로 통일성을 주어 공간이 넓어 보이게 하는 데 초점을 맞췄다. 블랙이나 화이트는 물론 다양한 컬러 메지가 많이 나와 있으니 취향에 따라 선택해 개성을 살려도 좋겠다.

타일 시공 순서
1) 일반인이 하기에는 매우 위험한 타일 커팅. 숙련된 손길이 필요하다.
2) 모내기를 하듯 집 안 전체의 구획을 나눈다
3) 타일을 한 장씩 얹은 후 꼼꼼하게 두드린다
4) 타일이 잘 압착될 동안 밟으면 안 된다. 절대.
5) 마지막 날 줄눈(메지) 작업을 하는데, 줄눈 색상을 미리 정할 수 있다.
6) 거실과 부엌 타일 전체의 메지를 회색으로 시공했다.

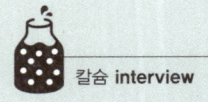
칼슘 interview

오리온타일
고대건 사장님

윤현상재에서 추천한 타일 시공자 일곱 명 중 통화 목소리에 반해 선택한 경상도 사나이 고대건 사장님 (southlotus@daum.net). 타일 바닥재를 전 세계에서 가장 많이 소비한다는 미국 LA, 그중에서도 베벌리힐스의 대저택 타일 시공만 20년, 한국으로 돌아와 다시 10년, 도합 30년 경력을 자랑하는 타일계의 미다스다. 내 손으로 타일을 깐 집주인들은 행운아라고 당당하게 말하는 그 자신감에 단번에 믿음을 가질 수 있었다.

Q 가정용 타일로 많이 추천하는 포슬린 타일이 무엇인가요?
우리가 흔히 말하는 타일은 600~700℃에서 굽는 도기 타일을 뜻한다. 대신 이런 도기 타일의 단점을 보완한 포슬린 타일이다. 포슬린 타일은 약 1300℃의 고온에서 굽기 때문에 경도가 매우 높고 물을 덜 흡수해 화장실 벽체나 거실 바닥재로 많이 쓰인다. 나사 우주선 외부에 쓰이는 것도 바로 이 포슬린 타일이다.

Q 마루와 비교해 타일 시공의 장단점에 대한 솔직한 의견을 듣고 싶어요.
포슬린 타일을 마루 대신 설치한 집에서 가장 만족해하는 것은 여름에 무척 시원하다는 사실이다. 열전도율이 높아 마루보다 난방도 더 잘된다. 냉난방 전달 효과가 마루보다 훨씬 뛰어나다는 것은 타일 바닥재의 큰 장점이다. 예전에는 부엌이나 베란다 바닥에만 타일을 시공했지만 요즘은 거실이나 방, 벽면까지 타일을 시공하는 일이 많아졌다. 하지만 마루에 비해 질감이 덜 부드럽다는 점 때문에 아이가 있는 집에서는 타일을 선호하지 않는다. 하지만 벽과 가구의 톤과 전체적인 조화를 연출해내는 데 타일만큼 세련된 것이 없다. 원목 마루에 비해 수명이 길기도 하다. 물론 제대로 시공해야 한다.

Q 타일 시공을 의뢰할 때 주의할 점이 있다면 알려주세요.
타일은 샘플 한두 장의 느낌과 전체적인 질감, 톤이 다를 수 있다. 타일 크기, 혹은 형태, 예를 들면 직사각형이냐 정사각형이냐에 따라서도 전체적인 분위기가 완전히 달라질 수 있다. 벽지, 가구, 조명의 조도에 따라 전체적인 조화를 염두에 두는 것도 중요하다. 또 거실 바닥면과 같은 넓은 공간에 시공한다면 전문가에게 의뢰하는 편이 나을지도 모른다. 난방선이 있는 바닥에 하는 타일 시공은 업자의 숙련도에 따라 하자가 발생할 수 있는 작업이기 때문이다. 자재를 구입한 곳에서 바로 시공자를 연결받는 것이 가장 편하고 믿을 수 있다고 생각한다. 그 업체에서 판매하는 자재의 특성을 가장 잘 이해하는 시공자를 추천하기 때문이다. 무조건 시공비가 싼 곳을 찾는 것은 바람직하지 않다. 어떻게 시공하느냐에 따라 타일 수명이 결정된다는 것을 명심해야 한다.

Q 직접 타일 시공에 도전해보고 싶은 독자 여러분을 위해 한 말씀 해주세요.
직접 타일을 시공하면 비용을 줄일 수 있지만 하나하나 신경 써야 할 부분이 참 많다. 하지만 겁낼 필요는 없다. 30년 전 미국에서 일하던 시절 미국 중산층 주부들 사이에서 셀프 리모델링이 크게 유행했다. 자재상에서 타일을 구입해 타일공에게 시공을 맡기는 것이 보편적이었다. 자재상에서 고객을 대상으로 타일공을 초청해 강연을 열기도 했다. 혼자 작업하다가 어려움이 생겼을 때는 시공 전문가를 찾아가는 것이 좋다. 콘셉트, 디테일, 예산, 공정 기간, 마감 등 중요한 결정을 할 때는 전문가와 상의하는 것이 큰 도움이 된다. 의외로 한국 사람들은 공사를 진행하는 파트너와 의견을 나누는 데 서툰 것 같다.

 **칼슘 tip**

헤링본 바닥을
깔아보고 싶다면?

이 집을 완성하던 2014년 2월 당시, 헤링본 바닥은 원목 마루로만 시공이 가능한 것으로 알려졌으나 일 년 사이에 헤링본 마루가 보편화되면서 국내 강화 마루 업체에서도 헤링본 마루 시공을 본격적으로 시작했다. 대표적인 것이 구정마루에서 출시하는 '구정 프라하' 시리즈인데, 강화 마루로 헤링본 마루를 시공할수 있는 특허 기술을 보유하고 있다고. 색상도 오크, 티크 등으로 다양하게 고를 수 있다. 견적은 업체나 색상에 따라 조금씩 다른데, 시공비 포함 평당 14만~17만 원 선으로 생각하면 된다. 원목마루로 시공했을 때보다 고급스러움은 살짝 떨어지지만, 시공비도 저렴하고 난방비가 적게 들며, 관리하기 쉽다는 장점이 있다. 우리집이 완성된 이후, 지인들이 셀프 리모델링으로 집을 연달아 고쳤는데, 헤링본 마루의 매력에 푹 빠진 이들은 구정마루 프라하로 저렴하게 헤링본 마루의 느낌을 연출할 수 있었다.
*참고 사이트(마루하는사람들) http:blog.naver.com/yongsu926

DAY
13

폴딩 도어
설치

거실을 확장할 때
생각해볼 몇 가지

아파트 리모델링 하면 가장 먼저 떠오르는 것은 아마도 베란다 확장 공사일 것이다. 우리는 아파트 리모델링이 곧 거실 확장이라고 공식처럼 생각한다. 거실이 한결 시원하게 트여 집 전체가 넓어 보이는 효과를 가져다주는 것은 물론 천편일률적인 아파트 구조에 미미하게나마 변화를 줄 수 있는 최선의 방법이라 여길지도 모른다. 아파트를 매매할 때도 확장한 공간이 몇 군데냐에 따라 시세가 500만~1000만 원 정도 올라간다. 적어도 우리나라 부동산 시장에서 확장한 집은 더 좋은 집, 가격이 높은 집이라고 인식되어 있다.

확장 공사를 하지 않아 주변 시세보다 한결 저렴한 집을 계약했던 우리 부부 역시 나중에 꼭 공사를 하리라 다짐했다. 그런데 리모델링을 구체적으로 계획하면서 거실 확장 공사에 대한 생각이 점점 바뀌어갔다. 무엇보다 거실 확장 후유증에 대한 지인들의 증언이 큰 역할을 했다.

거실을 확장하기 위해 내부 섀시를 없앴더니 겨울에는 외풍이 심해 춥고, 여름에는 햇빛을 바로 받아 매우 덥다는 것이 공통적인 의견이었다. 또 냉난방비가 많이 들고, 최악의 경우 베란다에 결로 현상이 생겨 집 안 전체에서 곰팡이 냄새가 날 수도 있다는 증언이 이어졌다. 게다가 우리 집에는 거실과 베란다 사이에 요철처럼 튀어나온 '날개 벽'이 있었는데, 철거가 불가능한 벽이라 베란다를 확장했을 때 얻을 수 있는 개방감을 충분히 살리기 힘들 것이라고 했다. 또 베란다 확장 공사는 내부 섀시를 철거하는 작업뿐 아니라 단열을 보강하기 위한 외부 섀시 교체, 베란다 보일러 배선과 바닥 작업까지 해야 하는 대공사다. 비용 역시 1000만 원대가 훌쩍 넘어가니 거실 확장이 능사는 아니라는 생각이 들었다.

우리는 베란다를 확장하지 않기로 결정했다. 무엇보다 주어진 예산 2000만 원의 절반에 해당하는 금액을 이 단점 많은 공정을 위해 쓸 수 없었기 때문이다.

커피스미스의 스르르 접히는 문, 우리 집에 설치하기

문득 카페 '커피스미스'에서 인상 깊게 본 폴딩 도어가 떠올랐다. 신사동 가로수길에 커피스미스가 웅장한 도습을 드러낸 날, 그 이국적인 인상에 한몫한 것은 바로 이 거대한 폴딩 도어였다고 확신한다. 일단 인테리어 관련 사이트를 검색해 자료를 조사해보았더니 일반 가정집에 폴딩 도어를 설치하는 업체가 여럿 검색되었다.

일반적인 베란다 섀시보다 트렌디한 느낌을 줄 수 있고, 컬러까지 다양하니 전형적인 한국 아파트 느낌에서 벗어나기에 안성맞춤이었다. 디자인은 물론 문을 접을 수 있다는 기능적인 부분도 마음에 쏙 들었다. 겨울에는 폴딩 도어를 닫아 베란다와 거실을 분리하고, 봄이 오면 폴딩 도어를 접어 베란다를 거실처럼 넓게 쓸 수 있다. 필요에 따라 확장과 비확장을 자유롭게 선택해 공간에 변화를 줄 수 있으니 그야말로 일석삼조의 인테리어 아이템이지 않은가?

그렇다면 가격은 어떨까? 가정집 시공이 가능한 폴딩 도어 업체를 중심으로 견적을 내보니 한 짝당 45만~60만 원 정도였다. 길이가 4m에 이르는 우리 집 베란다는 200만 원대의 견적이 산출되었다. 보통은 철거비 20만 원이 추가되는데, 우리 집은 철거 공사 시 이미 섀시를 없앴기 때문에 이 비용은 제외되었다. 일반 섀시 가격과 큰 차이가 없는 200만 원 견적에 일석삼조의 매력을 지닌 폴딩 도어는 대박 아이템이 아닐 수 없었다.

폴딩 도어 설치 후기와 관련 업체의 게시물을 살살이 살펴보고서는 단열 효과가 큰지, 개폐하기 쉬운지 등 확인해야 할 점에 대한 해답을 찾았다. 그 결과 폴딩 도어는 일반 섀시보다는 단열 효과가 떨어지긴 하지만 베란다를 확장하는 것보다는 낫다는 결론을 얻었다. 그리고 개폐 방식이나 안정성에 대해서는 좀 더 조사해야 할 듯하다는 생각이 들었다. 한 업체에서는 폴딩 도어의 '불량'과 '우량' 제품을 구분하는 기준은 다름 아닌 '경첩'의 성능이라고 했다. 이 부분은 시공 후기만으로는 가늠하기 어려워 매장을 직접 방문해 폴딩 도어를 직접 작동해보고 판단하기로 결정했다.

이영돈 PD로 빙의해
착한 폴딩 도어 감별하기

'싸고 좋은 폴딩 도어는 없고, 비싸고 나쁜 폴딩 도어는 많다'라는 슬로건에 마음을 뺏겨 찾아간 폴딩 도어 업체. 이 업체에서 운영하는 블로그에는 시공 과정이 자세하게 공개되어 있어 왠지 더 믿음이 갔다. 또 폴딩 도어 업체가 대부분 남양주에 위치한 반면, 이곳은 학동역에 위치해 타일 가게에 들르는 김에 가벼운 마음으로 방문할 수 있었다. 동행자는 아이러니하게도 폴딩 도어 시공을 극구 반대하던 친정엄마였다.

친절한 홈페이지만큼이나 친절한 사장님이 반갑게 맞아 주었다. 못마땅한 엄마의 표정을 읽었는지 따뜻한 커피를 내온 사장님은 폴딩 도어에 대해 강의하기 시작했다. 내용을 간단히 정리하자면 폴딩 도어는 1861년에 네델란드 건축가 벤더라이프가 처음 만들었는데, 그 당시에는 저조한 단열성, 문짝의 변형, 잦은 하드웨어 고장 등의 단점으로 '불완전 창호'라 불렸다고 한다. 하지만 150년간 발전을 계속한 끝에 지금은 완벽에 가까운 신개념 창호로 거듭났고, 유럽이나 미국은 폴딩 도어 점유율을 상당히 높다는 설명도 함께 들을 수 있었다.

폴딩 도어를 가정집이나 아파트에 시공하기 위해서는 정교하고 높은 기술력이 필요한데, 상업용에 비해 단열이나 방음이 훨씬 중요하기 때문이다. 이 업체에는 크게 네 가지 상품군이 있으며 윈탭 → 플라셀 → 컨스윈 → 심포니 순으로 고급 사양에 가까워진다. 저가형인 윈탭은 가격경쟁력을 위해 출시한 제품으로 저렴하지만 가정용으로는 권하지 않았다. 보급형인 플라셀부터는 기존 폴딩 도어와 하드웨어가 다르다. 구동 장치가 하부에만 장착되어 움직임이 뻑뻑한 데 비해, 플라셀 이상의 사양은 상하부가 같이 움직이기 때문에 한결 부드럽게 작동된다. 컨스윈부터는 디자인적인 요소를 강조한 고급형으로 분류되는데, 정교한 디테일이 마음에 쏙 들었다. 최고가인 심포니를 제외하고 컨스윈 제품을 더 자세히 살펴보았다. 경첩이 내부에서는 보이지 않고 외부에서만 보여 깔끔했으며, 무엇보다도 프레임을 라운딩 처리해 부드러우면서도 고급스러운 느낌이 들었다. 가격 역시 플라셀과 큰 차이가 나지 않아 컨스윈으로 최종 결정했다. 견적은 4m 기준 300만 원 선이다.

최소 세 번의 과정이 필요한
폴딩 도어 설치

제품을 선택하고 나면 시공 스케줄을 잡아야 하는데, 각 공정이 유기적으로 엮여 있는 만큼 순서를 숙지해야 한다. 간단히 정리하자면 '기존 새시 철거 → 폴딩 도어 프레임 설치를 위한 수평 맞추기 → 폴딩 도어 프레임 설치 후 목공사를 통해 벽 마감 정리 → 바닥재 시공 완료 후 도어 설치'의 과정이 필요하다. 즉 목공사와 바닥 공사 등의 스케줄을 고려해 폴딩 도어 설치 스케줄을 조정해야 한다. 누구도 스케줄을 대신 짜주지 않는다. 넋 놓고 있으면 스케줄이 꼬여 예산이 초과될 수 있으니 주의해야 한다.

셀프 리모델링 과정에서 늘 봉착하게 되는 선택의 순간.
폴딩 도어에도 예외는 없다. 100개가 넘는 컬러 칩 군단이 우리를 기다리고 있었다.

 **칼슘 tip**

폴딩 도어 설치 과정 알아보기

STEP 1
최소 일주일 전 현장 방문하기

폴딩 도어 업체에서 현장을 방문해 실측을 한다. 이때 집주인은 폴딩 도어를 총 몇 짝으로 할 것인지, 개폐 방식은 어떻게 할 것인지, 개폐 방향을 어느 쪽으로 할 것인지 등 세부 사항을 결정해야 한다. 우리 집은 폴딩 도어를 접었을 때 도어가 AV장을 향하게 했고, 도어 폭은 개당 65cm로 결정했다. 또 베란다에 식탁을 둘 것을 고려해 문이 열리고 닫힐 때의 동선을 정했다. 또 한 가지 중요한 것은 폴딩 도어의 색깔을 결정하는 것. 바닥재와 통일감을 줄 수 있는 그레이 톤 중 마지막까지 '로맨스 그레이(Romance Grey)'와 '미스티 그레이(Misty Grey)' 사이에서 고민했는데, 조금 더 옅은 미스티 그레이로 최종 결정했다.

STEP 2
목공사 중 프레임 설치하기

실측이 끝나고 문의 모양과 색을 결정하고 나면 일주일 정도의 제작 공정을 거쳐 프레임을 완성한다. 프레임은 목공사 중에 설치하는 것이 좋다. 기존의 섀시를 뜯은 자리와 폴딩 도어의 프레임이 딱 맞아떨어지지 않기 때문에 설치한 후 프레임 주변이 지저분해지기 쉬운데, 이때 목공사 과정에서 깔끔하게 마감 처리할 수 있기 때문이다. 베란다와 거실의 높이를 맞추는 것도 이 과정에서 이루어져야 한다. 프레임을 설치한 후 바로 도어를 달아도 되지만, 페인트나 바닥재 작업에서 유리에 흠집이 생길 수 있기 때문에 통상적으로 도어는 페인트나 바닥재 공사가 다 끝난 후 설치한다.

STEP 3
바닥 시공 후 도어 설치하기

우리 집의 경우 타일 공사가 모두 끝나고 메지 작업을 하는 날 도어를 설치했다. 한 시간이면 충분한 작업이라 현장에 도착했더니 이미 설치가 끝나 있었다. 완성된 폴딩 도어는 컬러 칩으로 본 것보다 훨씬 더 색감이 좋았고, 타일과 폴딩 도어의 톤을 맞추니 집이 훨씬 넓어 보였다. 4m 폭에 손잡이가 세 개 달린 폴딩 도어를 열고 닫기를 반복해보니 무척 부드럽고 작동하기 쉬웠다. 그 당시는 찬 바람이 부는 2월이었는데 생각보다 단열이 잘되는 것 같았다. 그리고 총 다섯 개의 도어를 모두 움직일 필요 없이 네 개는 고정하고, 마지막 한 개만 여닫이문으로 사용할 수 있다는 점도 편리했다.

DAY
14

조명
공사

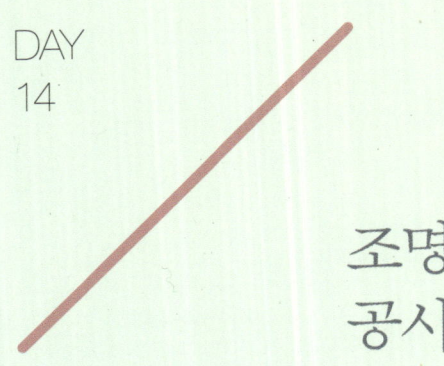

카페처럼 은은한
조도를 연출하기 위한 조명 계획

조명은 초보자도 인테리어 감각을 살릴 수 있는 좋은 아이템이니 적극 활용해보자. 우선 시공 방법에 따라 조명을 분류하면 조명 계획을 세우기가 훨씬 수월하니 알아두자. 우선 조명은 전기 기사의 도움이 필요한 간접조명, 셀프 시공이 가능한 펜던트 조명, 콘센트로 연결하는 스탠드 조명으로 나눌수 있다. 스탠드 조명과 펜던트 조명은 다음 파트에서 더 자세히 알아보도록 하고, 집 전체 조도의 중심이 되는 간접조명을 살펴보겠다.

노출 천장과 시사시 천장 공사, 즉 간접조명의 뼈대를 만드는 작업이 모두 끝나고 드디어 조명등을 설치할 차례였다. 간접조명 연출에 통상적으로 'T5'와 'LED' 두 가지 중 선택한다.

먼저 T5 조명은 형광등의 일종이다. T5에서 '5'는 굵기를 나타내는 단위인데, 일반 형광등은 'T11'이나 'T8'라고 하니 T5는 '얇은 형광등'인 셈이다. 색감은 형광등과 완전히 다르다. 형광등의 주조색은 크게 두 가지로 나뉜다. 우리가 흔히 알고 있는 형광등은 흰색에 가까운 빛을 내는 반면, 간접조명으로 사용하는 T5는 노란빛에 가까운 색상을 띤다. T5의 장점은 LED보다 훨씬 저렴하다는 것. 사양에 따라 차이가 있지만 1m 기준으로 1만 원 내외에 구입할 수 있다.

다음 선택지인 LED는 발광다이오드를 사용한 신소재 조명이다. 간접조명용 LED는 통칭 'LED PL등'이라고 한다. 여기서 'PL'은 긴 막대 모양을 의미하는데, 간접조명용 LED등은 'LED PL등'으로 검색해야 정보를 얻을 수 있다. LED PL등은 형광등에 비해 가격이 2~3배 정도 비싸다. 하지만 전기료가 적게 들고 수명이 길어 경제적이다. LED 조명 업체의 설명에 따르면 형광등 대비 전기세가 50% 절약되고, T5 조명 수명이 2년인 것에 비하면 5~10년을 사용해도 밝기에 변화가 없을 정도로 수명이 길다고 한다.

LED보다 T5,
불빛에도 취향과 무드가 있다

        LED 조명은 친환경적이라는 것 외에도 많은 장점이 있지만 한 가지 치명적인 단점이 있었으니 지나치게 밝다는 것이었다. LED로 간접조명을 시공한 집의 사례를 보면 은은하다기보다는 새하얗고 선명한 빛이 형광등과 별반 다르지 않았다. 조명 가게에 가서 실물로 확인해도 눈이 부실 정도로 밝았다. 카페처럼 은은한 조명을 원한 나의 계획과는 맞지 않았다. 조명 가게 사장님도 LED 조명이 장점이 많지만 지나치게 밝은 느낌이 없잖아 있다고 했다. 그러면서 부드럽고 아늑한 느낌을 원한다면 T5 전구색 조명을 선택하는 것이 좋겠다고 권했다.

        수명이 짧다고 하더라도 2년이니 천장 청소도 할 겸 갈면 되겠다는 생각에 효율보다는 분위기에 초점을 맞춰 T5 조명을 선택했다. 이렇게 조명을 결정하고 나면 시사시 길이에 맞춰 T5 조명을 주문하는 일이 남는다. 시사시 길이에 딱 맞아떨어지면 좋으련만 T5 조명은 네 가지로 규격이 정해져 있다. 5W-300mm, 9W-600mm, 13W-900mm, 18W-1200mm 등 네 가지 규격을 조합해 적절하게 배치하는 작업이 필요하다. 큰방 시사시의 길이가 3m 30cm(3300mm)라면 '1200+1200+900=3300mm'의 계산법으로 조명 세 개로 이을 수도 있고, '900+900+600+600+300=3300mm'의 계산법으로 조명 다섯 개를 조합할 수도 있다. 시사시는 일자형이 아니라 꼼꼼히 계산하지 않으면 조명이 중간에 끊길 수도 있다. 노트에 그림을 그리고 지우기를 수차례 반복하다 결국 조명 가게 대리님의 도움을 받아 최적의 조합을 도출해냈다.

시사시에 삽입한
우리 집 조명 계획

거실, 서재, 침실에 설치한 시사시 조명 계획은 다음과 같다. 되도록 1200mm의 긴 조명을 중심으로 모자란 부분에 300mm, 600mm 조명을 보충하는 방식으로 계산했다. 딱 맞아떨어지지 않는 부분은 그냥 비워두어도 무방하다. 조명과 조명은 마치 비엔나소시지처럼 전선으로 연결되어 있기 때문에 하나의 스위치로 작동하는 공동체가 된다. 같은 전선에 연결된 조명은 함께 켜진다. T5를 촘촘히 채워놓지 않아도 간격이 지나치게 넓지만 않다면 하나의 빛으로 보인다. 전기세를 아끼기 위해 일부러 띄엄띄엄 시공하기도 한다.

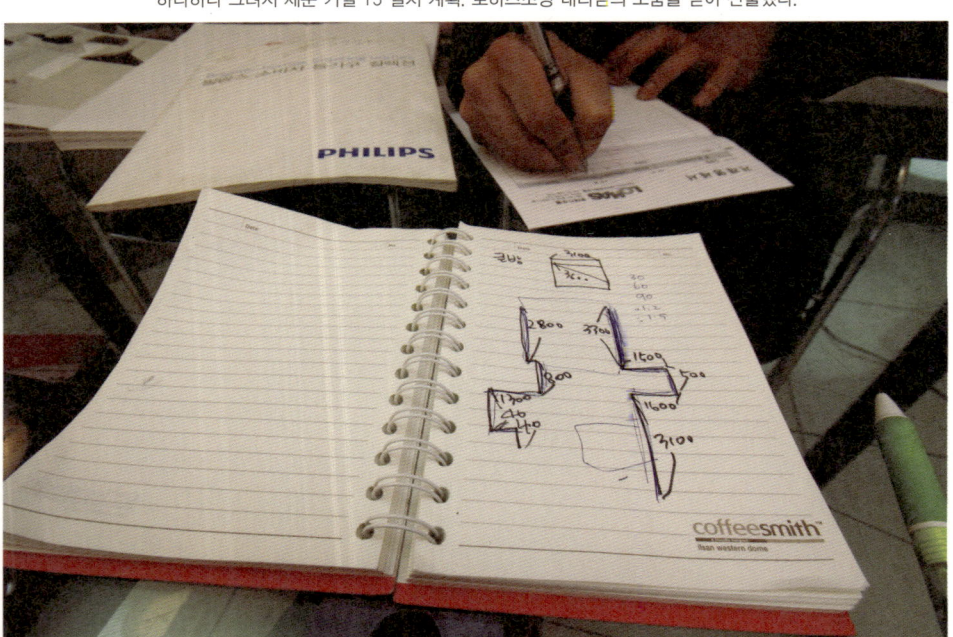

하나하나 그려서 세운 거실 T5 설치 계획. 로하스조명 대리님의 도움을 받아 산출했다.

T5 조명을 거실 전체에 시공한 모습. LED보다 조도는 낮지만 보다 편하고 은은한 분위기를 완성한다.

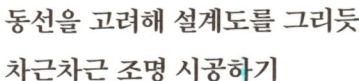

동선을 고려해 설계도를 그리듯
차근차근 조명 시공하기

조명을 구입하면 전기 기사를 부른다. 전기 기사는 목공 작업에서 빼놓은 전기 배선과 T5등을 잇고 설치하는 작업을 한다. 이때 미처 생각하지 못했던 부분에서 실수가 있었다. 조명을 길고 말끔하게 이어 붙이는 것이 능사라고 생각했는데, 더 중요한 것은 생활 동선을 파악해 전선의 그룹을 만드는 것이라는 사실을 깨달았다. 예를 들면 우리 집 베란다의 조명은 스위치를 켜면 거실 쪽 베란다와 큰방 쪽 베란다 조명이 동시에 켜진다. 재시공하려면 비용이 추가되므로 아직은 손을 대지 못하고 있다. 작은 부분이라고 생각할지 모르나 생활하는 데 상당히 불편하고 전기세도 낭비된다. 조명 공사를 직접 시공하려는 이라면 이 점을 반드시 명심해야 한다.

간접조명을 모두 설치하면 이어서 할로겐 조명을 설치한다. 할로겐 조명을 설치할 곳을 미리 정해 조명 기사에게 알려주면 원하는 위치에 기계로 구멍을 뚫은 후 할로겐 조명을 설치한다. 할로겐은 T5 조명과 별도의 콘센트가 있어야 하니 집 안에 있는 콘센트 개수를 파악해 배분하는 것도 필요하다. 할로겐 조명은 소파 위의 시시시 구조물에 세 개를 설치했고, 반대편인 AV장이 놓인 공간의 천장에는 설치하지 않았다. 할로겐 조명은 전기세가 많이 나와 설치하기 꺼려진다는 사람도 있는데, 요즘에는 절전형 할로겐 조명이 출시되어 있고, 실제로 생활해보니 전기세도 부담스럽지 않을 정도라 만족스럽게 사용하고 있다.

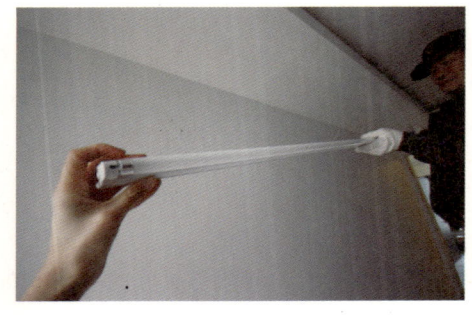

 칼슘 tip

조명 공사를 위해
기억해야 할 몇 가지

우리 집에 형광등과 LED 조명을 모두 없애버리겠다는 나의 굳은 의지에 반기를 든 단 사람이 있었으니. 바로 친정엄마다. 눈이 너무 침침해 요리를 할 수 없으니 제발 부엌만이라도 형광등을 설치해달라고 간곡하게 부탁하셨다. 거기다 언젠가 우리에게 올지도 모를 2세를 배려해 부엌과 서재에는 LED 조명을 설치하기로 결정했다. 있는 듯 없는 듯 심플한 디자인의 LED 조명등은 로하스 조명에서 개당 8만~10만 원 선에 구입했다.

조명은 전기 배선 기사가 시공하며 일당은 하루 10만 원 선. 보통 조명을 구입한 곳에서 기사를 연결해달라고 부탁하거나 동네 조명 가게에 문의한다. 33평을 기준으로 간접조명과 펜던트 조명은 하루 만에 시공할 수 있다. 우리 집은 펜던트 조명을 고르지 못해 간접조명만 우선 설치했고, 이사한 후에 펜던트 조명을 설치했다. 물론 시공 인건비는 두 배가 들었다. 목공 작업이 필요한 간접조명을 설치할 계획이 있거나, 원하는 조명이 해외에서 배송될 예정이라면 충분히 시간을 갖고 미리 준비해야 비용을 절약할 수 있다.

형광등을 뜯어낸 우리 집에 '오아시스'와도 같은 역할을 하는 LED 조명. 설거지와 공부를 하는 '작업 공간'인 서재와 부엌에는 LED를 설치해도 좋다

 칼슘 tip

형광등의 대안!
카페처럼 아늑한 조명 연출법

펜던트 조명이나 레일 조명(난이도 ★)
가장 단순한 방법은 형광등을 제거한 자리에 펜던트 조명을 설치하는 것. 광량이 줄어든다는 단점은 있겠지만, 전형적인 한국 아파트의 느낌에서 가장 손쉽게 벗어날 수 있는 방법이다. 펜던트 조명만으로 아쉽다면 기존 천장에 레일 조명을 설치해 조명의 개수를 늘리는 방법이 있다. 이 방법은 누구나 손쉽게 셀프 시공이 가능하다. 요즘 카페에서도 많이 활용하는 방식이다.

우물 천장과 매립 조명(난이도 ★★★)
비용이 소요되지만, 층고가 더 높아 보이고 형광등만큼 광량이 보장된다는 장점이 있다. 아파트 천장에는 층간 경계가 되는 콘크리트 구조물이 있는데, 그 아래 합판을 설치한다. 매립 조명은 이 합판에 조명 크기에 맞는 구멍을 뚫어 매립하는 방식을 말한다. 깔끔할 뿐 아니라 보통 가정집에서 시도할 수 있는 가장 간편하고 무난한 간접조명의 설치 방법으로 볼 수 있겠다.

할로겐 조명(난이도 ★★)
매립 조명보다는 더 은은한 불빛으로 할로겐 조명 역시 천장에 구멍을 뚫고 그 안에 할로겐 조명을 매립하는 방식으로 시공한다. 스포트라이트처럼 굵고 강렬한 스폿 조명이 드라마틱한 효과를 낼 수 있다. 특히 침실이나 드레스 룸에 설치하면 색다른 느낌이 든다.

노출 천장과 간접조명(난이도 ★★★★)
지금까지의 방식이 기존의 천장을 보존하는 방식을 택했다면 이 조합은 천장을 뜯어내야 한다. 주로 상업 공간 인테리어에서 자주 볼 수 있는데 가장 확실하게 층고를 높일 수 있으면서 모던하면서도 유니크한 느낌을 낼 수 있다. 일명 로프트 스타일이라고 일컫는 노출 천장에 벽과 닿는 면을 따라 은은한 빛을 매입하는 간접조명을 설치하는 방식으로 시공하는데, 심플하면서도 이국적인 느낌이 난다. 내가 선택한 방식이기도 하다.

DAY
15~16

입주

**끝날 때까지
끝난 게 아니다**

　　　　　　손창우. 현재 내 애정을 듬뿍 받고 있는 유일한 남자며 큰 이변이 없는 한 아마도 평생을 함께할 동반자. 하지만 그런 그에게 치명적인 단점이 있었으니 그건 바로 남편이 꼭 필요한 순간에 늘 함께하지 못한다는 것이다. 결혼 일주일을 앞두고 병원에 입원해 결혼 준비마저 나에게 떠넘기더니, 집 공사 기간에는 내내 밤샘 근무로 코빼기도 비치지 않았다. 그런데 이번에는 또 이사 날짜에 딱 맞춰 출장이란다. 물론 의도한 것은 아니라고 믿는다(그런데 진심으로 우연이냐 따져 묻고 싶다!). 아니, 믿고 싶다.

　　　　　　14일간의 치열한 리모델링 공사도 혼자 척척 해냈는데 이사 정도야 식은 죽 먹기지, 라고 스스로 위로해보지만, 그래도 서운함이 밀려왔다. 비용을 아낀다며 용달차 한 대만 덩그러니 불렀더니 풀어도 풀어도 짐은 끝이 없었다. 끝이 보이지 않는 정리의 늪에서 허우적대고 있으니 "아이고, 내 팔자야"라는 말이 절로 나왔다. 사사로운 사고로 이삿짐 센터와 한바탕 설전까지 치르고 나니 진이 다 빠졌다. 열 번 이사한 경험이 있으니 이 정도쯤은 아무것도 아니라고 생각했는데, 30대가 되니 체력도 저질이 되었는지, 슬슬 짜증이 났다. 그 분노는 온전히 내 옆에 존재하지도 않는, 자메이카로 출장을 떠난 남편에게 쏟아졌다. "그래 장하다. 윤소연! 넌 정말 독립적이고 당차고 멋진 여자야!"라고 허공에 대고 소리쳐보지만 텅 빈 아파트에서 결국 눈물을 펑펑 쏟아내고 말았다.

　　　　　　하지만 그것도 잠시, 어느새 내 머릿속은 바삐 돌아가기 시작했다. 텅 빈 집의 하얀 벽 위에 다양한 모양의 펜던트 조명을 달아보기도 하고 현관에는 멋진 중문을 달아보았다. 말 그대로 내 머릿속은 컴퓨터 그림판이 되었다. 자! 그럼 심기일전하고 다음 단계로 넘어가보자.

집 안 분위기 살려줄 일등 공신, 펜던트 조명 고르기

펜던트 조명은 간접조명을 모두 설치한 후에 배치 계획을 세울 수 있을 것 같아 이사 후로 설치를 미뤘다. 직구로 구매한 조명이 늦게 배송되는 것도 한몫을 했다. 직접 설치해보려고 했으나 누구보다 자신의 몸을 소중히 여기는 남편이 감전에 대한 두려움을 호소한 까닭에 전기 기사를 한 번 더 섭외했다. 펜던트 조명은 집 안 분위기를 결정하는 데 매우 큰 역할을 한다. 방 분위기를 완전히 바꿀 수 있을 정도로 여러 색상과 개성 있는 형태로 출시되어 있지만 가구와 조화를 우선적으로 고려해야 한다. 가구와 조명을 고르는 순서에는 제약이 없지만 모든 가구를 들여놓은 후 분위기에 맞춰 소품을 고르듯 조명을 고르는 것도 좋은 방법이 될 수 있다.

펜던트 조명을 설치할 장소는 베란다에 만든 다이닝 룸, 부엌, 침실, 현관, 화장실 등 다섯 군데로 정했다. 조명 가게에서는 거실용, 식탁용, 현관용 등으로 조명을 분류하는데, 굳이 이에 따를 필요는 없다. 조명의 크기나 형태에 따라 임의로 분류한 것일 뿐, 현관용 조명을 서재에 달아도, 식탁용 조명을 침대 옆에 달아도 무방하다. 조명을 선택할 때는 전체적인 조화를 고려해 무난한 것과 포인트를 줄 부분을 나누어 선택한다. 각각의 조명이 개성이 너무 강하면 집 안 분위기가 산만해질 수 있기 때문이다. 조명 한두 개로 포인트를 주고, 나머지는 가구와 집 안 전체 톤에 자연스럽게 어우러지도록 선택하는 것이 좋다. 우리 집은 6인용 식탁을 들일 예정인 베란다 다이닝 룸의 조명에 힘을 싣기로 결정했다.

자! 이제부터는 공간별로 펜던트 조명을 골라보자. 코펜하겐 여행에서 구비나 루이스 폴센 조명을 본 후 기대치가 한껏 높아져 있었다. 하지만 한국에서 다시 본 그 조명들은 어마어마한 가격표를 달고 있어 엄두를 낼 수가 없었다. 위시 리스트에 오른 것 몇 개만 구입해도 리모델링 전체 예산의 30%가 훌쩍 넘어 버리니 말이다. 직구를 한다 해도 관세와 배송비가 만만치 않아 금액은 큰 차이가 없었다. 예산이 넉넉하다면 문제가 없겠지만 합리적인 금액으로 퀄리티와 디자인이 좋은 제품을 찾기 위해 더 빨리 손발을 움직여야 했다.

30만 원이면 충분하다,
북유럽 디자인 조명 직구하기

꿈꿔온 위시 리스트는 잠시 뒤로하고 북유럽 브랜드 제품 중에서도 가격이 싼 유사 제품을 찾았다. 이번에는 이케아 제품은 배제하기로 했다. 폭풍 검색을 하다 보니 북유럽 브랜드 중에서도 합리적인 가격과 매력을 겸비한 제품이 속속 눈에 띄었다. 특히 소재나 디자인을 배송이 간편한 형태의 제품 위주로 골라 배송료를 줄일 방법을 연구했다. 펜던트 조명 예산은 딱 100만 원.

조명은 플라스틱이나 패브릭처럼 가벼운 소재로 이루어졌거나, 노만 코펜하겐 제품처럼 조립식으로 디자인해 배송하기 쉬운 제품 위주로 골랐다. 국내 직배송이 어려운 해외 사이트라면 독일로 배송시켜 지인에게 보내달라고 부탁하거나 한국으로 직배송이 가능한 '스칸디나비안 디자인센터'를 주로 이용했다. 북유럽 브랜드의 오리지널 펜던트 조명을 30만 원도 안 되는 가격에 구입할 수 있다는 사실에 희열을 느끼며 수많은 클릭 끝에 두 개의 조명을 골랐다.

침실용으로 노만 코펜하겐의 NORM03(120달러), 식탁용으로는 무토의 Unfold(124달러)를 함께 주문했더니 한국까지 무료로 배송해주었다. 여기에 소정의 관세가 붙지만 30만 원에 덴마크 오리지널 브랜드의 펜던트 조명을 두 개나 살 수 있으니 매우 만족스러웠다. 백화점에서 원피스 한 벌을 사는 대신 SPA 브랜드 원피스 다섯 벌을 사 입는 느낌이라고나 할까? 이렇게 침실과 부엌 조명을 30만 원으로 해결하고 나니 다이닝 룸과 화장실, 현관 조명 구입 비용으로 70만 원이 남았다.

 칼슘 list

내 마음속의 위시 리스트, 북유럽 디자인 조명

베란다 다이닝 룸
무토 'Under the Bell'
덴마크 브랜드 무토의 대형 펜던트 조명. 펠트로 만든 커다란 갓이 압도감을 주며 대형 식탁과도 잘 어울릴 것 같다. 가격은 110만 원.

침실
구비 'Turbo Lamps'
헤드보드 없는 침대를 놓고 침대 주변에 펜던트 조명을 길게 늘어뜨릴 생각으로 고른 조명. 북유럽 지역의 인테리어 블로그에서 아이디어를 따왔다. 가격은 90만 원.

식탁
루이스 폴센 'PH5'
북유럽 조명 하면 떠오르는 대표 주자. 북유럽 디자인 특유의 균형감, 아름다운 조형미가 인상적인 조명으로 특히 핑크와 그린 컬러가 가장 마음에 들었다. 두세 개를 함께 매치해도 근사하게 어울린다. 가격은 120만 원 선.

30만 원 이하로 구입 가능한 북유럽 오리지널 브랜드 조명

노만 코펜하겐
'NORM69'
112달러

노만 코펜하겐
'NORM03'
120달러

슈퍼 리빙
'Dynamo Lamp Large'
111달러

Watt & Veke
'Aglio Pendant'
261달러

무토
'Unfold'
124달러

한눈에 반한 톰 딕슨의 'BEAT the Light'

수많은 외국의 멋진 인테리어 사진을 스크랩하며 조명 디자인의 세계에 푹 빠진 내 마음을 사로잡은 조명이 하나 있었으니 그것은 톰 딕슨의 'BEAT the Light'다. 북유럽 스타일과는 좀 다른, 시크하고 모던한 느낌이었다. 나의 인테리어 멘토인 D선배는 톰 딕슨이 영국에서 아주 유명한 디자이너이며 그의 조명은 개당 80만~100만 원을 호가한다고 설명해주었다. 게다가 이 조명 연출은 대부분 3~4개가 그룹을 이루었다. 그러고 보니 톰 딕슨의 'BEAT the Light'는 백화점 매장에서도, 고급 레스토랑에서도, 유럽 지역의 인테리어 블로거 사진에서도 쉽게 눈에 띄었다. 한눈에 반한 그 조명은 보면 볼수록 탐이 났다.

상사병에 걸린 것처럼 톰 딕슨 조명의 매력에 빠져 있을 무렵 을지로 조명 거리에서 이 녀석을 실제로 만나고야 말았다. 수천 개의 조명이 주렁주렁 매달려 있는 더미 속에서 조용히 빛을 발하는 이 녀석을 보며 기대 없이 가격을 물었다.

"개당 4만 5000원이요."

눈이 휘둥그레져 자세히 살펴보니 품질이 꽤 좋았다. 오리지널 제품은 아니지만 20분의 1 가격에 품질도 좋으니 눈이 돌아가지 않을 수 없었다. 20개를 달아도 오리지널 하나에 못 미치는 가격이었다. 신이 나서 그림판을 열어 톰 딕슨의 조명 이미지를 오려 붙여보았다. 세 개는 조금 심심해 보이고, 다섯 개는 너무 많고. 그렇다면 네 개! 각각의 모양과 조명 높낮이까지 고려해 다이닝 룸의 조명 이미지를 완성해보았다.

총 100만 원으로
조명 설치 완료!

멀리 북유럽에서 날아온 노만 코펜하겐과 무토 조명은 각각 침대 옆과 부엌의 아일랜드 식탁 위에 자리 잡았다. 직구를 활용한 수입 조명등 중에는 전선과 플랜지가 없는 것도 있으니 미리 확인해 시공하기 전에 구입해야 한다. 을지로 가구 거리에서 개당 1000원에 플랜지를 구입했고, 전선이 없는 노만 코펜하겐 조명은 무토 조명의 전선을 조금 잘라 임시방편으로 이어 설치했다. 다음은 고대하던 베란다 다이닝 룸 조명등 네 개를 그림판에 미리 연출한 대로 설치했다. 펜던트 조명등 네 개와 메탈로 제작한 플랜지까지 총 20만 원이 들었다. 현관 천장에는 인더스트리얼 스타일의 벽 부등을 시공했는데 벽면을 향하게 각도를 해 간접조명의 느낌을 냈다. 화장실에는 알전구 스타일로 방수가 되는 제품을 선택했다. 현관등과 화장실등은 모두 로하스조명에서 각각 12만 원, 7만 5000원에 구입했다.

각 공간에 펜던트 조명을 모두 설치하고 나니 비로소 따스하고 온화한 분위기가 감돌았다. 손품을 판 직구, 발품을 판 을지로 조명 거리 탐방을 통해 총 70만 원의 예산으로 각 공간에 가장 잘 어울리는 펜던트 조명등을 설치할 수 있었다. 조명을 설치한 집을 다시 둘러보니 몇백만 원짜리 명품 오리지널 조명이 부럽지 않았다. 셀프 리모델링은 바로 이 맛으로 하는 것이라는 뿌듯함이 다시 한 번 밀려왔다.

을지로 조명 거리에서 발견한
보석 같은 조명등

6~7년 전 셀프 인테리어 붐이 불던 시절, 조명 쇼핑은 인테리어에 관심 있는 사람들에게 필수적인 관문이나 다름없었다. 나 역시 조명나라를 비롯한 다양한 온라인 조명 쇼핑몰에 흠뻑 빠져 밤새 서핑을 했던 기억이 있다. 하지만 언젠가부터 트렌디한 홍대 카페 스타일의 조명, 혹은 몇몇 인터넷 쇼핑몰에서 내놓은 북유럽 스타일 조명이 식상해졌다.

을지로 조명 거리를 방문한 후, 내 가슴은 다시 요동쳤다. 북유럽 스타일은 뻔하다는 고정관념 역시 싹 사라졌다. 북유럽 스타일의 전형으로 생각했던 밝은 원색이 아닌, 각양각색의 스타일로 믹스 매치할 수 있는 다양한 디자인이 눈에 띄었다. 특히 인더스트리얼 스타일로 대표되는, 모던하면서도 남성적인 디자인에 마음이 끌렸다.

을지로 조명 거리는 을지로4가역 4번 출구부터 시작된다. 다양한 조명 가게가 즐비하지만 그중에서도 메가룩스, 로하스조명, 모던라이팅은 품질 좋은 보석 같은 조명 아이템을 한눈에 살펴볼 수 있는 곳이다. 최신 유행 스타일의 조명 트렌드를 알 수 있을 뿐 아니라 다양한 믹스 매치 아이디어를 얻을 수도 있다. 한 가지 팁을 더하자면 펜던트 조명이나 스탠드 조명을 구입한 곳에서 간접조명에 쓸 전구나 LED 조명을 함께 구입하면 무료 배송 서비스나 특별한 할인 혜택을 받을 수 있다.

 **칼슘 tip**

을지로 조명 거리
조명 가게 BEST 3

메가룩스
실험적이면서도 젊은 감각의 조명 제품을 가장 많이 보유하고 있는 곳. 특히 인더스트리얼 스타일의 조명은 리프로덕트 제품이라는 것이 믿어지지 않을 정도로 퀄리티가 좋다. 조명 하나로 집 안에 유니크한 개성을 주고 싶다면 반드시 들러보아야 할 곳이다. 인더스트리얼 스타일의 샹들리에, 벽면에 설치하는 독특한 디자인의 사이드 조명등을 주목할 만하다. 다른 곳보다 가격대는 높은 편.
Tel. 02-2265-6911

로하스조명
직구를 제외하고 우리 집에 설치한 모든 조명 제품을 구입한 곳. 합리적인 견적을 받을 수 있다는 점을 가장 큰 강점으로 꼽을 수 있다. 단점이라면 디스플레이에 신경 쓴 다른 가게에 비해 보물 창고처럼 물건이 쌓여 있어 눈을 크게 뜨고 골라야 한다는 점이다. 그리고 조명의 종류가 다양하진 않지만 가정집에서 사용하기 무난한 스타일이 주를 이룬다.
Tel. 02-2266-2211

모던라이팅
세련되고 트렌디하지만 가격대가 다소 높은 메가룩스와 비교적 무난한 스타일이 주를 이루지만 가격 면에서 경쟁력이 있는 로하스조명의 딱 중간 정도 느낌의 조명 가게. 적당히 세련되고 적당히 무난한 조명을 찾는다면 방문해보길 바란다. 쇼룸이 잘 정돈되어 있어 쇼핑하기 편리하다.
Tel. 02-2272-6407

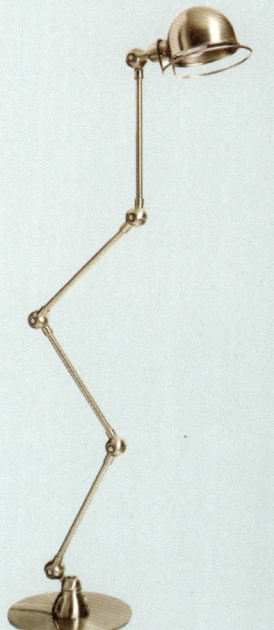

감각은 입구부터 드러난다, 현관 중문 설치하기

요즘 소위 잘나간다는 인테리어 시공 업체 사진이나 잡지에 실린 집에서 공통적으로 볼 수 있는 이것, 바로 현관과 거실 사이에 설치한 중문이다. 몇 년 전 유행한 몰딩 장식과 시트지로 장식한 어설픈 현관 중문과는 격이 완전히 다른, 이 세련된 느낌은 무엇이란 말인가? 이 트렌디한 문에 반해 '현관 중문'을 검색해보았지만, 로맨틱과 고풍스러움 사이를 넘나드는 촌스러운 프로방스풍 중문 사진만 잔뜩 나왔다. 의외로 심플한 벽지를 찾기 힘들었던 것처럼 세련되고 감각적인 중문을 찾기란 이리도 어려운 것일까? 그때 지금까지 보던 업체와는 조금 다른 젊고 세련된 느낌의 중문 업체를 찾았다. 활발하게 운영하는 그 업체 블로그에 올라온 포트폴리오 중 반갑게도 내가 찾던 중문을 발견했다.

검색의 세계는 참으로 재미있는 것이, 하나를 찾으면 비엔나소시지처럼 정보가 줄줄이 딸려 나온다. 그 업체(블링도어, www.blingdoor.com)를 발견한 이후 세련된 중문을 제작해주는 곳을 꽤 많이 발견했다.

**잊지 말자,
투 도어에 망입 유리!**

내가 원하던 현관 중문은 업계에서 여닫이 중문이라고 불리는 것이었다. 문짝을 하나로 제작하는 것을 '원 도어', 두 짝으로 제작하는 것을 '투 도어'라고 한다. 잡지에서는 등장하는 대부분의 현관 중문 디자인은 투 도어였는데, 우리 집 현관 입구를 실측한 결과 투 도어 디자인이 가능하다고 해서 투 도어의 여닫이 중문을 최종 선택했다. 그리고 중문 사이 유리는 철조망 무늬를 가미한 '망입 유리'를 사용하기로 했다.

중문의 스타일을 선택한 후 여기저기에서 문의했더니, 대부분 80만~100만 원의 견적을 보내왔다. 그중에서도 도어의 색감이 가장 마음에 든 한 군데를 선택해 95만 원의 최종 견적을 받았다. 이 견적에는 도어 제작과 부자재, 틀 가격까지 포함되어 있었다. 업체에서는 현장을 실측해 정확한 견적을 받았고, 큰 가구와 조명이 웬만큼 제자리를 잡은 후 중문을 설치하는 것이 좋다고 했다. 특히 현관 중문 설치는 독립적인 시공이라 일상생활에 불편함 없이 간단하게 분위기를 바꿀 수 있을 듯했다.

이미 바닥나버린 예산 덕에 현관 중문 설치 여부에 대한 고민은 계속되었지만 사람 마음이 간사해서, 소파에 앉아 현관을 바라보니 무엇인가 아주 중요한 것을 빼먹은 듯한 느낌을 지울 수 없었다. 게다가 타일로 바닥을 시공하니 신발을 벗어둔 곳이 거실인지 현관인지 구분되지 않는 사태가 발생했다. 집에 초대된 사람들에게 신발을 도대체 어디서 벗어야 할지 난감하다는 의견을 몇 번 듣고 나니 현관 중문을 시공해야겠다는 결심이 섰다. 그리고 시공 후 모든 리모델링을 통틀어 이 결정이 '신의 한 수'였다는 사실을 깨달았다.

셀프 리모델링의 화룡점정, 현관 중문

현관 중문은 이사를 한 후 시공했다. 색상은 일관성 있게 그레이로 정했다. 외부 섀시의 그레이 톤과 색상을 맞추되 바닥 타일보다는 묵직하고 진한 색으로 포인트를 주고 싶어 다크 그레이 컬러로 최종 선택했다. 다음에 결정해야 할 것은 도어의 폭. 현관 넓이는 170cm였는데 이를 85cm의 도어로 나누면 문을 여닫기 불편하다는 도어 업체 사장님의 조언에 따라 문 한 짝만 사용하고 다른 한쪽은 30cm가량의 멍텅구리 문을 만들기로 했다. 현관 중문 역시 인테리어 필름으로 최종 마감했는데, 현장에서 하나하나 재단해 시공했다. 중문 틀을 시공할 때 수평을 만드는 데 생각보다 많은 시간이 소요되며, 목공 과정에서 현관 중문 만드는 일을 포함시키기 어려운 이유도 이렇게 많은 시간과 노력이 소요되기 때문이라고 한다. 중문을 설치하는 데는 총 3~4시간이 걸렸다. 수평을 맞추고 미리 사둔 문고리를 단 후 유리를 끼우고, 실리콘으로 마무리해 중문 설치를 마쳤다. 드디어 셀프 리모델링의 모든 과정이 완료되는 순간이었다.

지금까지의 과정에 비하면 현관 중문 설치는 식은 죽 먹기다. 단, 보다 시크한 스타일을 위해 문고리는 미리 사놓을 것.

칼슘 tip

작은 디테일이
집의 완성도를 결정한다

문고리, 손잡이, 경첩 교체
문고리나 손잡이를 교체하는 것은 DIY 인테리어 책이나 셀프 리모델링 관련 블로그에서 쉽게 찾아볼 수 있다. 이 책을 읽는 독자라면 이미 한 번쯤은 시도해보았을지도 모른다. 실제로 문고리 하나로 집 안 분위기가 완전히 달라질 수 있다는 사실을 확인했다. 우선 리모델링 공사를 마친 후 전체적인 분위기에 맞춰 색상과 모양을 고르기를 추천한다. 온라인 사이트에서도 관련 용품을 판매하지만 이왕이면 직접 가서 크기나 색감을 확인하고 시연까지 해봐야 실패할 확률을 줄일 수 있다. 온라인과 오프라인의 가격은 기껏해야 1개당 1000~2000원 차이다. 학동역이나 을지로5가역 근처에 문고리를 판매하는 철물점을 쉽게 찾을 수 있다. 교체할 문고리, 붙박이장이나 싱크대 손잡이 등의 크기를 측정해 가기도 하지만 기존에 쓰던 것을 떼어 가는 것이 가장 정확하다. 문고리는 국내산을 기준으로 1만~2만 원 선, 손잡이는 크기에 따라 차이가 있지만 대부분 5000원 선에 구입할 수 있다. 손잡이는 시중에 나와 있는 제품이 맞지 않는다면 맞춤 제작을 해야 하는데, 개당 1만 원을 넘지 않는다.

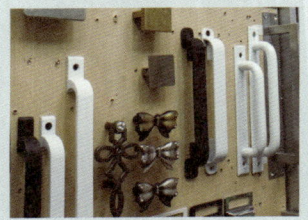

콘센트 교체
집 안 전체에 새 페인트를 말끔하게 칠하고 나면 마스킹 테이프로 감쌌던 기존의 콘센트가 누렇게 보일 것이다. 콘센트까지 말끔하게 교체해야 페인트 색이 살아난다. 콘센트는 조명 가게에서 구입할 수 있다. 플러그 콘센트는 개당 5000원 선이고, 스위치 콘센트는 조금 더 비싸다. 스위치 콘센트는 스타일이나 디자인이 정말 다양하니 예산에 맞게 선택하자. 진짜 원목으로 만든 스위치, 빈티지 스타일의 철제 스위치 등 취향 따라 고를 수 있을 만큼 디자인이 다양하다.

실리콘 쏘기
타일을 시공한 바닥의 틈을 메우는 메지 역할을 하는 것이 바로 실리콘이다. 벽면 틈도 실리콘으로 메운다. 인테리어 필름을 시공한 집이라면 반드시 실리콘으로 틈을 메워야 하는데, 대부분의 필름 시공자는 실리콘까지 마감해주지는 않는다. 물론 실리콘을 전문적으로 쏘는 분을 부른다면 더 깔끔하게 마무리되겠지만 집주인이 직접 해도 무리가 없는 작업이다. 마트에서 5000원 내외에 실리콘을 구매할 수 있으니 도전해보자. 실리콘은 용도에 따라 분류되어 있으며 회색, 흰색, 투명 등 색상도 다양하니 집 분위기와 용도에 맞는 실리콘을 선택하자. 단, 자타공인 수전증이 있는 사람이라면 절대 금물이다.

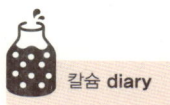 칼슘 diary

다 차린 밥상에
숟가락 얹는 기쁨

셀프 리모델링에서 굵직한 공사는 모두 끝났지만 디테일을 세세하게 챙기는 것은 집주인의 몫이다. 인터넷 검색이나 을지로 재료상을 통해 손쉽게 구입할 수 있는 인테리어 소품과 부자재로 집의 완성도를 높여보자. 수고에 비해 효과는 매우 크다. 잘 차려입은 패션 스타일링에 센스를 더해주는 네일 케어라고 하면 설명이 될까? 큰돈 들이지 않고 은근히 집주인의 감각을 한 단계 업그레이드해주는 비법이니 놓치지 말고 실행해보자. 특별한 기술을 요하는 작업이 아니라, 남편에게 '다 차린 밥상에 숟가락 얹는 기쁨'을 선사하기 위해 미션을 넘기기로 했다.

**14일간의
셀프 리모델링을 마치며**

크고 작은 산을 넘어 14일간의 대장정이 막을 내렸다. 공사 전후 사진을 비교해보니 만화 속 캐릭터처럼 감격의 눈물이 콸콸 흘렀다. 이쯤에서 리모델링 예산과 그간의 공사 내용을 차근차근 정리해보았다. 애초 리모델링 공사 예산은 2000만 원. 혹시 모를 여분의 금액을 10% 더 책정해 총 2200만 원이 예산의 전부였다.

처음 원하는 인테리어 사진을 들고 유명 인테리어 디자인 업체를 찾아다니며 낸 평당 200만 원의 견적. 즉 33평 기준 6500만 원의 견적을 받았다. 예산이 부족해 유명 인테리어 디자이너의 디자인을 과감히 포기한 후, 네티즌 사이에서 저렴하고 투명한 시공비로 꽤 유명한 업체의 문을 두드렸다. 하지만 항목별로 공사 비용을 투명하게 공개하는 업체의 견적조차 내 예산으로는 턱없이 모자랐다. 마진율을 20% 정도로 책정한 이들 업체의 총 견적은 4600만 원이었다. 화장실 공사를 제외하는 등 예산을 절약해보았지만, 비교적 시공하기 어려운 노출 천장이나 페인트 도장 같은 과정 때문에 가격에는 큰 차이가 없다는 것이 공통적인 의견이었다. 그간 각 업체에서 받은 견적서를 기준으로 내가 실제로 사용한 금액을 찬찬히 비교해보았다.

먼저 가장 비용을 절약할 수 있었던 항목은 바로 목공사였다. 천장 조명 박스와 목공 작업, 방문 제작 등의 명목으로 무려 960만 원이 책정되어 있었는데, 셀프 리모델링으로 시공하니 석고보드 등의 작업이 추가되었음에도 총 400만 원으로 목공사를 할 수 있었다. 한편 조명 공사는 세부 항목으로 LED 간접조명, 전체 조명, 펜던트 조명, 전기 배선 부자재, 전기 공사 인건비, 스위치와 콘센트 등을 포함해 총 499만 원이라는 견적을 받았다. 직접 조명을 고르고 전기 기사를 섭외해 일련의 과정을 거친 결과 총 140만 원으로 약 360만 원을 절약할 수 있었다. 이외에도 식비와 기타 잡비 명목으로 192만 원을 산정했는데 셀프 시공으로 이 모든 금액을 알뜰히 절약할 수 있었다.

이렇게 해서 4600만 원의 절반 정도인 총 2260만 원으로 리모델링 공사를 진행할 수 있었다. 4600만 원으로 견적을 제시한 업체는 앞서 설명했듯이 디자인에 초점을 맞추기보다는 집을 깔끔하게 단장하는 정도로 리모델링해주는 곳이었음을 감안하면 내가 진행한 공사는 최소 7000만 원에서 1억을 호가하는 공사였다고 할 수 있다. 셀프 리모델링 공사를 통해 5000만~7000만 원에 가까운 금액을 절약한 셈이다.

물론 프로 인테리어 디자이너들이 완성한 결과물은 아마 추어의 그것과는 분명 다를 것이다. 1억이라는 예산에는 혹시나 있을지 모르는 하자에 대한 A/S 비용과 내가 직접 부딪히며 스스로 결정해야 했던 모든 것을 대신해주는, 시간에 대한 보상도 포함되어 있을 테니 말이다. 전문가가 우리 집에 두 눈에 불을 켜고 돋보기를 들이대 구석구석 뜯어본다면 허술한 구석을 발견할 수도 있을 것이다. 하지만 애초부터 전문가에게 맡긴 집과 똑같은 퀄리티를 기대하지는 않았다. 프리미엄 아웃렛에서 원하는 상품을 할인가로 샀을 때 느끼는 기쁨을 떠올려보면 셀프 리모델링의 당위성을 설명할 수 있지 않을까? 정식 매장에서 정가를 주고 샀을 때 누릴 수 있는 고객 서비스를 기대할 수는 없지만 어쨌거나 원하던 브랜드의 바로 그 상품을 반값에 손에 넣은 것이 아닌가.

지금이 아니면 언제 내가 이 비싼 명품을 써보겠느냐며 어느 때보다 큰 기쁨을 느껴본 사람이라면 셀프 리모델링에 도전할 명분은 충분히 있다고 생각한다. 다만 여기서 한 가지 주목할 것은 셀프 시공이 아닌, '전문 시공자를 섭외해 진행했다는 점'이 내가 직접 공사를 감행할 수 있는 자신감의 원동력이었다는 사실이다. 또 14일간의 공사, 아니 공사를 시작하기 전 정보를 수집하고 공부한 몇 달의 과정은 단순히 예산을 절약했다는 것으로는 환원할 수 없는 값진 경험이 되었음은 물론이다.

 칼슘 tip

셀프 리모델링
견적 비교

인테리어 업체 토털 견적서 기준			칼슘두유 작업 내역 기준		
항목	공사 비용	마진율 20%를 붙인 실지불 비용	작업 항목	실집행 금액	비고
폴딩 도어	3,900,000	4,680,000	폴딩 도어	시공비 포함 300만 원	업체 견적 468만 원 대비 2/3 가격으로 시공함. (*업체에서 제시한 상품보다 한 단계 위의 고급 제품이었음) 일반 폴딩 도어로 설치할 경우, 4m기준 200만~250만 원 선으로 보다 더 절약할 수 있음.
전체 도장	5,500,000	6,600,000	페인트 공사	시공비(재료비 포함) 510만 원 포인트 컬러 구입비 10만 원	시공 후 A/S 1회를 포함한 금액임.
천장, 등 박스, 목공 작업	6,500,000	7,800,000	목공사	인건비 (목수 팀장님+목수 반장님) X4일=168만원 *마지막 날 1품을 추가해 17만원 추가 지출 =185만원 재료비 목자재상에 직접 입금 30만 원+28만 원+28만 원 +40만 원 =126만 원 총 311만 원	셀프 리모델링으로 가장 큰 절감을 본 항목. 초반 업체 견적가인 960만 원 대비 1/3 수준인 311만 원으로 목공사를 마감. 투명한 시공을 위해 재료비는 자재상에 직접 입금하는 방식으로 진행함.
방문 제작	1,500,000	1,800,000			
현관 중문	1,100,000	1,320,000	현관 중문	시공비(재료비 포함) 95만원	현관 중문은 비교적 가격 거품이 없는 항목이며, 소매가와 업체 가격이 큰차이가 없음.
인테리어 필름	1,700,000	2,040,000	인테리어 필름	시공비(재료비 포함) 120만원	시공 당일 현장장 필름 작업을 추가해 처음 견적(100만 원) 에서 20만 원이 추가됨.

항목	금액1	금액2	공정	세부 내역	비고
원목 마루	7,200,000	8,640,000	타일 시공 (DAY 11·12·13)	시공비(인건비 포함) 276만 원 재료비 바닥 타일+부엌 타일 +부자재 250만 원 총 526만 원	업체 견적은 헤링본 마루로 시공할 경우로 산출함. 마루 시공+베란다와 부엌 타일 시공비를 포함해 총 1,272만 원 (수거와 폐자재 처리 비용 제외). 셀프 리모델링을 통해 총 526만 원으로 약 700만 원의 절감 효과를 봄. 특히 전체 바닥을 타일로 시공한 관계로, 부엌과 베란다 타일 작업 비용이 별도로 측정되지 않아 큰 절감이 가능했음 (인건비 추가 지출이 없었음).
마루 시공비	900,000	1,080,000			
베란다· 현관· 부엌· 타일	1,500,000	1,800,000			
타일 인건비	1,000,000	1,200,000			
LED 간접조명	1,260,000	1,512,000	간접조명 공사 (DAY 14) 와 펜던트 조명 공사 (이사 후)	전기 기사 인건비 15만 원X2일=30만 원 재료비 T5조명 50만원 펜던트 조명 (국내+수입 비용) 70만 원 총 150만 원	전체 조명 공사는 업체에서 570만 원의 견적을 받음. 직접 조명을 구입해 조명 기사를 불러 시공한 결과 총 150만 원으로 완성.
전체 조명	1,500,000	1,800,000			
전기 부자재	400,000	480,000			
전기 인건비	800,000	960,000			
스위치와 콘센트	200,000	240,000			
천장 철거	600,000	720,000	철거 공사 (DAY 1) 및 폐기물 처리 (DAY 5·13)	철거 90만 원 목공사와 타일 공사 폐자재 수거 비용 15만 원	철거와 폐기물 처리로 220만 원의 견적이 책정되어 있었는데, 철거 사장님과 협의를 통해 115만 원으로 줄였다.
마루 철거	750,000	900,000			
폐기물 처리와 기타 철거	500,000	600,000			
식비와 공과 잡비	1,600,000	1,920,000	부대 비용	잡부(벽지 제거) 10만 원 식사·간식비 30만 원	식비와 공과 잡비를 192만 원으로 책정했는데, 페인트/현관 중문/폴딩 도어/필름 등은 시공비에 식사비가 포함되어 있었기에 별도 지출이 없었으며, 철거/목공사/타일 작업 시 식사비와 간식을 챙겨드림. 전기 공사 등 반나절만 소요되는 작업의 경우 간식만 챙기면 됨.
TOTAL	38,410,000	46,092,000	TOTAL	총 2,167만 원 + 싱크대 180만 원 TOTAL 2,347만 원	기존 업체 견적인 4,600만원의 1/2 가격으로 시공을 완료함. 업체에서 견적을 받았을 당시 가격 부담으로 제외한 싱크대까지 추가한 가격임.

칼슘 review

청개구리 인테리어에 대한 솔직한 평가

소득수준이 높아질수록 사람들의 관심사가 의, 식, 주 순으로 옮겨 간다고 한다. 즉 주거 공간에 대한 관심이 종착역인 것이다. 하지만 변화의 순서만큼이나 속도 역시 느린 것 같다. 이제 우리는 계절과 상관없는 독특한 의상을 개성으로 인정하고, 서울에서 세계의 음식을 접하는 것에도 익숙하다. 하지만 유독 사는 공간에 대한 고정관념은 쉽사리 바뀌지 않는다. 리모델링을 직접 진두지휘하는 직영 공사에 도전한 나 역시 이러한 고정관념에 사로잡혀 있었음을 고백한다.
"그런 모험을 하지 않는 데는 그만한 이유가 있는 것이다!"
오랜 기간 인테리어 업계에서 일했다는 전문가조차 '그만한 이유'가 있다는 애매모호한 말로 무모한 일을 하지 말라고 말리니 스스로도 의구심이 들었다. 남편과 친정엄마조차 '청개구리 집'이라며 놀려댔다. 청개구리 인테리어의 결집체가 되어버린 우리 집에서 6개월간 지내며 아주 솔직하게 득과 실을 따져보기로 했다. 감각 있는 예쁜 집을 원하지만 불편할까 봐 망설이는 사람들이라면 눈을 크게 뜨고 읽어보시길. 한국 아파트를 뻔하게 만드는 다섯 가지 요소를 극복한 청개구리 인테리어의 생생한 후기를 지금부터 기록해본다. 개굴개굴!

노출 천장

들인 노력에 배해 노출 천장의 존재는 잘 드러나지 않는다. 일상생활을 하면서 천장을 쳐다볼 일이 그렇게 많지 않기 때문이다. 내가 굳이 설명하기 전에는 우리 집을 방문한 손님들도 인지하지 못한다. 이 말의 뜻은 노출 천장, 즉 합판을 뜯어 천장의 시멘트를 드러내놓은 천장이 생각보다 지저분하지 않다는 사실이다.

노출 천장을 시공하는 것은 층고를 높여 공간을 더 넓어 보이게 하기 위해서다. 몇 평 되지 않는 작은 카페가 집과는 다르게 답답하게 느껴지지 않는 것이 바로 이 노출 천장의 효과 덕분이다. 만약 천장을 뜯지 않았다면 지금과 같은 개방감을 느낄 수 없었을 것이다. 이 집에서 유난히 답답해 보이던 거실이 가장 큰 고민이었는데, 이것을 해결해 준 일등 공신이 바로 노출 천장이라고 자신 있게 말할 수 있다. 천장을 뜯으면 방음에 문제가 생기지 않을까 하는 우려와 달리, 현재까지는 전혀 불편함 없이 지내고 있다. 가끔은 소파에 누워 벽면을 타고 흐르는 은은한 조명에 비친 천장의 거친 질감을 바라보면서 감회에 젖곤 한다. 어린 시절 받은 트로피를 자꾸 꺼내보는 심정이랄까? 천장을 바라보며 히죽히죽 웃는 나를 보며 남편은 영문을 모르겠다는 표정을 짓는다.

형광등 없는 집

형광등 없는 집에서 남편과 함께 맞은 첫 저녁, 베란다 창문 밖으로 어둠이 깔리기 시작하니 야심 차게 기획한 프로그램을 대중 앞에 처음 방영하는 것처럼 긴장되었다. 형광등을 없애자는 내 말을 유일하게 지지했던 남편, 격렬하게 반대했던 친정엄마와 함께 결전의 순간을 맞이했다.

조명 스위치가 켜지는 소리가 나자 우리는 모두 심호흡을 했다. 그리고 잠시 정적. 집 안 모든 조명에 불이 들어온 순간, 우리는 서로의 얼굴과 조명을 번갈아 쳐다볼 뿐 아무 말도 할 수 없었다. 맙소사! 생각보다 너무 어두웠다. TV 프로그램이라면 관중석에서 "에이!" 하는 효과음이 나올 정도로 실망스러웠다. 전기가 발명된 이래 눈부신 불빛 속에서 생활하다가 갑자기 무인도의 동굴에서 사는 원시인이 된 것처럼 눈앞이 침침하고 하고 사물이 흐려 보였다. 유일한 지지자였던 남편마저도 실망한 기색이 역력했다. 하지만 여기서 둘의 실망감에 동조할 수는 없었다. 얼마나 야심 차게 준비했는데, 싶어 오기가 생겼다. 아무렇지도 않은 듯 밝은 표정을 지으며 "어머, 카페처럼 아늑한 게 분위기 참 좋다. 그렇죠?" 하며 설득해보려 했지만 엄마는 시큰둥, 남편은 시무룩. 연신 눈이 침침하다고 투덜대시는 친정엄마와 탄광촌에서 쓰는 조명 달린 안전모라도 하나 구해 와야겠다며 비아냥거리는 남편의 투정에 나 역시 기운이 쭉 빠졌다.

퉁퉁 분은 얼굴로 침묵하며 일주일 정도가 지난 어느 날이었다. 신기하게도 우리 가족은 어두운 집에 완벽하게 적응했다. 불만이 가득하던 친정엄마와 남편도 은은하고 아늑해서 형광등보다 더 마음에 든다고 했다. 나의 투쟁 때문일까 싶었지만 우리 집을 방문한 지인들도 깊은 밤, 노란 불빛이 은은한 집 분위기를 무척 좋아했다. 사실 어찌 보면 당연하지 않은가? 밤이면 모든 세상이 어두워지는 것은 자연의 섭리인데, 왜 우리는 잠들기 전까지 환한 형광등 불빛에 익숙해졌던 것일까. 6개월이 지난 지금은 오히려 되묻게 된다. 독서를 하는 것 외에 한밤중에 집이 밝아야 할 이유가 무엇이냐고. 책을 읽고 싶다면 스탠드 조명 하나 켜면 충분히 해결된다. 집에도 카페처럼 아늑하고 멋진 분위기를 연출하고 싶은가? 방법은 아주 간단하다. 형광등을 없애면 된다. 참! 한 가지 단점은 있다. 저녁에 형광등이 있는 가정집을 방문하면 눈이 부셔서 오래 있을 수 없다는 것이다. 동굴에서 나온 박쥐처럼 말이다. 인간의 적응력은 놀랍다.

벽지 대신 페인트
부분적으로 페인트를 시공한 집은 많다. 하지만 우리나라 아파트에서 집 안 전체를 모두 페인트로 칠하는 집은 흔치 않다. 페인트로 벽 전체를 시공하기로 마음먹은 이유는 북유럽에서 경험한 크리스티안의 아파트가 가장 큰 계기가 되었던 것 같다. 깔끔하지만 자연스러운 페인트의 느낌이 좋았다. 쉽게 말해 리조트나 호텔에서 느끼는 깔끔하면서도 고급스러운 느낌이랄까? 그 느낌은 우리 집에서도 고스란히 실현되었다.

일단 가장 많이 우려했던 페인트 벗겨짐에 대해 찬찬히 살펴보자. 페인트 벗겨짐이나 흠집에 대한 걱정은 전혀 할 필요가 없다. 퍼티와 프라이머 작업을 워낙 꼼꼼하게 했기 때문에 페인트를 덧칠하는 수준이었던 이전 셀프 시공과는 확실히 다르다는 것이 느껴진다. 혹시 있다 하더라도 벽지가 손상될 확률과 비슷하다고 보면 된다. 다음으로 많이 받는 질문은 오염에 대한 것. 아기가 있는 집에서는 낙서나 오염에 대해 민감해하니 이것도 확인해보았다. 오염에 대한 대처나 후처리는 오히려 벽지보다 쉽다. 걸레로 쓱쓱 문지르거나 심할 경우 같은 색상 페인트로 부분만 보강 시공하면 되니 말이다. 무늬에 맞춰 벽지를 자르고 풀을 발라 마감해야 하는 벽지 시공에 비해 페인트는 무척 쉽게 손볼 수 있다.

이외에 페인트 냄새나 유해한 독소가 배출되지는 않느냐 하는 걱정에 대한 결론은 실제로 지내보니 전혀 신경 쓸 필요가 없다는 것이다. 페인트 시공이 보편화된 미국이나 유럽에서 수입한 수성 페인트는 대부분 무독성 인증 마크를 획득한 친환경 제품이니 안심해도 된다. 또 국내 생산 제품 역시 이전에 주로 사용하던, 시너가 들어 있는 유성 페인트 대신 다양한 색상의 친환경 수성 페인트가 출시되어 있다.

폴딩 도어

폴딩 도어는 유일하게 반대에 부딪히지 않았던 시공이다. 이미 많은 스타 인테리어 디자이너들의 작업 공간에서 비교적 익숙하게 보아온 터라 다양한 후기를 살펴본 후 안심하고 시공할 수 있었다. 한 가지 걱정되는 부분이 있다면 단열이었다. 결론부터 이야기하자면 단열에 대한 걱정은 하지 않아도 된다. 베란다에 따로 보일러 공사를 하지 않았지만 폴딩 도어를 닫아놓으니 완벽에 가까울 정도로 단열이 잘된다.

그런데 미관상 효과는 기대 이상이다. 폴딩 도어를 설치하지 않았더라면 빨래나 널어놓는 공간이 되었을 베란다는 많은 손님을 맞기에도 부족함이 없는 멋진 다이닝 공간으로 재탄생했으니까 말이다.

마지막으로 여닫는 것이 불편하지 않을까, 하는 걱정은 접어두어도 괜찮다. 폴딩 도어를 여닫는 것은 일 년에 딱 두 번, 겨울이 올 때와 봄이 올 때뿐이니까.

타일 바닥

처음부터 가장 거센 반대에 부딪혔던 단연 모든 이들의 큰 관심사였던 타일 시공은 기대 이상의 성공을 거뒀다. 현관에 들어서자마자 뭔가 다르다고 느끼게 해주는 핵심 요소가 바로 이 타일 바닥이니 그 역할을 톡톡히 해냈다고 평가해야 할 것이다. 집에 방문하는 사람이라면 누구나 세련되고 묵직한 그 질감에 반하게 되는 것은 물론이다. 게다가 생각지도 못한 소득이 있었으니 바로 난방비가 절감된다는 것이다. 겨울철 보일러를 틀어놓으면 바닥이 금세 뜨끈해지니 찜질방처럼 등을 지질 수 있다. 또 여름에는 피부에 닿는 면이 늘 시원하고 쾌적해 마룻바닥의 끈끈함과는 확연하게 비교가 된다.

하지만 어떤 것으로도 상쇄되지 않는 치명적인 단점이 하나 있으니 타일 바닥에 떨어지면 무엇이든 잘 깨진다는 것이다. 정말 잘 깨진다. 새로 산 유리잔을 몇 개 깨고 나니 정말 울고 싶었다. 하지만 이것마저도 긍정적으로 받아들이기로 마음먹었다. 그깟 유리잔 일 년에 깨봐야 몇 개 깨겠어? 난 내가 그토록 원하던 드림 하우스에 살고 있는데 말이야!

PART 4

셀프
홈 스타일링
개척기

북유럽 여행에서 영감을 얻어 시작한 14일간의 좌충우돌 셀프 리모델링이 모두 끝났다. 썰매를 끌고 탐험에 나선 아문센이 드디어 북극에 당도한 셈이다. 하지만 지금까지의 과정은 북극 어딘가에 중간 깃발을 꽂은 것 정도에 불과하다. 정상을 밟기 위해서는 다시 새로운 여정에 나서야 한다. 그간의 리모델링으로 아파트를 북유럽 스타일로 바꾸기 위한 바탕을 만들었다면 이제는 아이템을 채울 차례. '홈 스타일링'은 바탕이 되는 공간에 가구와 패브릭, 소품을 배치하고, 자신만의 취향으로 다듬어나가는 과정인 것이다. 이쯤 되면 더 이상은 못하겠다며 줄행랑치고 싶어질지도 모르지만 리모델링을 밀어붙인 강한 의지로 조금 더 힘을 내야 한다. 다행히 홈 스타일링은 리모델링에 비한다면 식은 죽 먹기라고 할 만큼 쉽고 재미난 과정이다.

셀프 리모델링 파트에서는 시간의 흐름, 즉 날짜순으로 설명했지만 홈 스타일링은 아이템별로 나누어 각각의 가구와 소품을 선택하는 과정을 이해하기 쉽도록 구성했다. 엄밀히 말하면 홈 스타일링에 순서는 필요 없다. 셀프 리모델링의 모든 과정은 유기적으로 엮여 있지만, 셀프 스타일링은 각각의 과정이 독립적으로 진행된다. 또 리모델링에 비해 홈 스타일링은 교체나 변경이 얼마든지 가능하는 점에서도 부담이 없다. 지금 당장 꼭 필요한 아이템만 취사선택해도 되고, 예산이 부족하다면 하나씩 구입해도 좋다. 긴장감을 잠시 내려놓고 가볍고 즐거운 마음으로 홈 스타일링의 여정에 동참해보자. 준비할 것이라곤 예쁜 옷 한 벌 구경하러 나가는 정도의 설레는 마음, 평소 연마해온 인테리어 센스 정도면 충분하다.

home
styling

성공적인 셀프 홈 스타일링을 위한 준비

일관된 톤 & 매너를 유지해주는
'그레이'

트렌디한 각종 아이템을 잔뜩 모아놓았는데, 우리 집은 잡지에 나오는 그 집 같지 않았다. 이케아에서 가장 인기 있는 하늘색 소파, 코즈니에서 구입한 최신 트렌드 쿠션, 모던 디자인의 선두 주자인 블랙 패턴 벽지를 매치했지만 여전히 산만하고 아마추어 같은 느낌을 지울 수 없었다. 대체 왜? 수많은 인테리어 사진과 잡지를 스크랩하면서 10여 년 동안 풀리지 않던 궁금증에 대한 답을 얻을 수 있었다. 바로 일관된 콘셉트가 없기 때문이었다. 각각이 모두 훌륭한 인테리어 소재지만 서로 시너지를 내지 못한다면 조화를 이룰 수 없다. 조연은 조연답게, 주인공의 매력과 개성은 더욱 눈에 띄게. 스타일링에서도 이 같은 전략적인 작전이 필요하다. 주인공이 되는 가구나 스타일링에 대한 정확한 콘셉트를 결정하고 그것을 유지해나갈 때 집중력 있고 세련된 인테리를 완성할 수 있다.

하지만 인테리어 전문가가 아닌 보통 사람들이 '일관된 콘셉트'를 정하고 그것을 지켜나가기란 그리 쉬운 일이 아니다. 그래서 가장 기초적이고 쉬운 방법으로 '컬러 콘셉트'를 잡고 가구부터 스타일링 계획을 세우는 방법을 추천하고 싶다. 우선 전체 인테리어에 적용할 주조색을 정해보자. 손님들이 우리 집 현관을 열고 들어왔을 때 처음으로 '어떤 색깔'을 떠올렸으면 하는지 상상해보면 더 쉽다. 메인 색상을 결정하면, 거기에 어울리는 서브 컬러를 2~3개 선정한다. 이 작업이 끝나면 스타일링하기가 훨씬 쉬워진다. 가구, 패브릭, 소소한 소품에 이르기까지, 주인공이 되는 컬러 톤을 맞추는 것만으로도 기본적인 스타일링의 반은 해결된다.

섹시하고 따뜻한 레드, 시원하면서도 보이시한 느낌을 주는 블루, 여성스럽고 사랑스러운 핑크나 상큼한 민트색 역시 트렌디한 색감이다. 심플하고 모던한 스타일을 추구한다면 블랙만 한 것이 없고, 내추럴 스타일로 연출하고 싶다면 올 화이트를 메인 컬러로 추천하고 싶다. 물론 메인 컬러를 단 하나만 정하는 것은 쉬운 일이 아니다. 특히 죽 끓듯 변덕이 심한 내 성격 덕분에 더 신중하게 질리지 않는 컬러를 결정하기 위해 노력했다.

그러다 다음과 같은 결론에 이르렀다. 레드, 핑크, 민트, 블랙, 화이트 등의 색상과 어울리는 색상을 메인으로 하면 되지 않을까? 끊임없는 고민 끝에 내린 결론은 바로 '그레이'였다. 신기하게도 그레이 컬러는 어떤 색과 함께해도 조화롭고 세련된 분위기를 연출한다. 다소 촌스러워 보일 수 있는 옐로나 지나치게 소녀풍인 핑크도 그레이와 함께라면 시크한 멋을 풍긴다. 또 인테리어 필름, 페인트, 가구, 패브릭, 소품까지, 그레이는 모든 제품군에 꼭 있는 컬러다. 그래서 셀프 리모델링에서 중문, 폴딩 도어, 인테리어 필름, 타일에 이르기까지 집 안 전체의 프레임이 되는 요소는 모두 그레이 컬러로 선택했다.

이제부터 시작할 홈 스타일링의 주인공 역시 '그레이'다. 거기에 포인트 컬러 몇 가지로 온화하면서도 세련된 분위기를 더했다. 포인트 컬러는 계절과 상황에 따라 바꿀 수 있기에 비교적 자유롭게 선택했다. 컬러는 '그레이', 스타일링은 '북유럽'에서 영감을 얻었으니 우리 집 스타일링의 콘셉트는 '그레이 덕후의 북유럽 하우스'쯤 되겠다.

**실패는 성공의 어머니,
모방은 창조의 어머니**

홈 스타일링 초보자가 반드시 기억해야 할 것 중 하나는 새로운 발상과 영감이 떠오르더라도 완전히 새로운 스타일을 시도하기보다는 보편타당한 디자인이나 콘셉트에서 크게 벗어나지 말아야 한다는 것이다. 하드드라이브에 차곡차곡 쌓인 예쁜 집 사진을 꼼꼼히 분석해 따라 해보는 것 정도로도 멋진 결과물을 얻을 수 있다. 언론 고시를 준비하던 시절, 선배들은 '필력을 기르는 가장 좋은 방법'은 좋아하는 책을 필사하는 것이라고 했다. 자의 아닌 타의로 내 인테리어 멘토가 된 D 선배도 비슷한 조언을 했다. 좋아하는 스타일의 인테리어 사진을 매일 보면서 색부터 아이템 하나하나까지 찬찬히 뜯어보라고.

어떤 날은 나머지 부분은 제외하고 천장만 유심히 살펴보고, 또 다른 날은 바닥재만 살펴보는 식으로 사진 속 요소를 하나하나 분석하면서 그것들을 어떻게 적용할지 고민해보라는 것이다. 마치 책을 읽듯 사진을 살펴나가다 보면, '이 사람은 레드 컬러 블랭킷에 쿠션은 그레이를 선택했구나', '블랙 식탁에 화이트 의자와 옐로 컬러 쿠션을 놓으니 느낌이 무척 경쾌하구나' 등의 평가를 내릴 수 있게 된다.

마음에 드는 인테리어 사진을 구할 수 없다고? 만약 메인 컬러를 결정했다면 당장 구글에서 이미지를 검색해보길 바란다. 나의 경우 '그레이 콘셉트(grey concept)'를 서칭해 인테리어 사진을 찾아 추려냈다. 이 방법은 가장 쉽고 빠르게 인테리어 감각을 기르는 데 도움이 되는 방법이다. 특히 이런 습관을 기르면 레스토랑이나 카페에 가서도 자동적으로 내장재나 가구, 소품을 뜯어보게 될 것이다. 인테리어에 관심을 가지기 시작한 인테리어 초보자에게 이것만큼 좋은 훈련 방법은 없다. 이렇게 분석한 사진을 집 구조에 맞게 조합하면 나만의 멋진 인테리어 콘셉트를 결정할 수 있다. 이마저도 귀찮고 자신이 없다면 그냥 색부터 소재까지 다 따라 해라! 원작자(?)에게는 미안한 일이지만 똑같이 모방하는 것단으로 감각적인 스타일링을 할 수 있다고 확신한다. 당신이 클릭한 그 사진 속 집은 인테리어 디자이너와 집주인이 고민을 거듭해 만들어낸 결과물일 테니까.

칼슘 list

북유럽 현지에서 활동하는
인테리어 대표 블로그 TOP 5

여기 소개하는 사이트는 꼭 둘러보자. 인터넷의 바다에서 쏙쏙 골라낸 귀한 북유럽 인테리어 블로그를 모았다. 잡지보다 현실적이라 실생활에 바로 적용할 수 있는 이미지로 가득하다. 외국어를 몰라도 좋다. 해외 잡지에 실린 화보처럼 만족할 만한 멋진 이미지를 잔뜩 구경할 수 있다.(출처 : werecommend. com.au).

마이 스칸디나비안홈(My Scandinavianhome)
북유럽 인테리어에 푹 빠진 런던녀가 운영하는 블로그. 현재 스웨덴에 거주하는 니키가 북유럽 인들이 실제 생활하고 있는 아파트를 직접 취재해 매주 소개한다.
myscandinavianhome.blogspo.kr

엠마스 디자인 블로그(Emmas Designblogg)
스칸디나비아 디자인 블로그 중에서 가장 오랫동안 사랑받은 블로그다. 인테리어 스타일리스트 엠마가 2005년부터 포스팅을 시작했는데, 현재는 최고의 실력을 갖춘 사진작가나 스타일리스트 등이 팀을 이루어 취재에 나선다고 한다. emmas.blogg.se

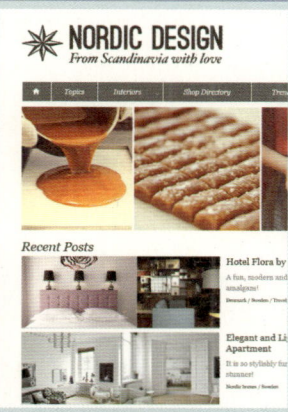

프롬 스칸디나비아 위드 러브(From Scandinavia with Love)
스톡홀름에 사는 블로거인 타이거가 운영한다. 스칸디나비안 스타일리스트와 포토그래퍼의 인테리어 사진과 북유럽 현지에서 잇 아이템으로 떠오른 다양한 가구, 소품 리스트를 업로드한다. fromscandinaviawithlove.com

노르딕 디자인(Nordic Design)
블로그라기보다는 온라인 매거진에 가깝다. 인테리어뿐 아니라 라이프스타일, 여행에 이르기까지 북유럽과 관련된 다양한 이슈를 공유한다. 북유럽 브랜드의 시즌별 신상품, 덴마크에 새로 생긴 디자인 호텔, 현지인 아파트 탐방 등의 정보를 구할 수 있다.
nordicdesign.ca/blog

러브 노르딕(Love Nordic)
인테리어 디자이너 사만다가 운영하는 블로그. 트렌디한 스타일보다는 좀 더 클래식한 북유럽 디자인을 볼 수 있다. 사만다는 북유럽 소품 숍 '스토리노스(Storynorth)'를 운영하고 있기도 하다. lovenordic.blogspot.com.au

**CAD, 3D MAX 대신
오직 '그림판'을 활용하자**

　　　　　　페인트 컬러, 가구와 소품의 조합만으로 완성된 인테리어를 예상하기란 쉬운 일이 아니다. 옷 한 벌 코디할 때도 거울 앞에서 몇 시간을 보내는데, 집 전체 인테리어를 결정하는 것은 오죽할까. 환불할 수도 없고 재시공하기도 어려운 만큼 인테리어 초보자가 결정 장애를 겪는 것은 너무 당연한 일이다. 나 역시 리모델링 과정에서 마감재를 선택하는 것을 시작으로 소파나 식탁을 고르거나 소품을 구입할 때도 선택에 대한 부담에 시달렸다. 더군다나 예쁜 가구와 소품은 무궁무진하다. 여기에서 보면 이것이 예뻐 보이고, 또 다른 곳에서는 저것이 예뻐 보인다.

　　　　　　처음에는 갖고 싶은 가구과 소품 리스트를 만들고 사진을 오려 붙여 스크랩북을 만들었다. 나중에는 가위질과 풀질하는 일조차 번거로웠고, 사진이나 잡지보다는 인터넷에서 정보를 더 많이 수집했기 때문에 스크랩북은 큰 의미가 없었다. 그런데 어느 날, 컴퓨터 초보자라도 쉽게 사용할 수 있는 마법 같은 툴을 발견했다.

　　　　　　그것은 CAD도 3D MAX도 아닌, 누구나 다 아는 '그림판'이다. 윈도우 최신 버전에 아직 존재하고 있나 싶을 정도로 정겨운 느낌마저 드는 이 툴은 나에게 든든한 지원군이 되어주었다. 사용법은 간단하다. 먼저 마음에 드는 사진을 마구마구 캡처한다. 그리고 그림판 크기를 아주 크게 키운 뒤 사진 불러오기를 누른다. 이렇게 먼저 불러온 사진에 하나씩 아이템을 추가한다. 갖고 싶은 후보가 많을 때는 후보를 바꿔가며 나만의 시안을 만들어 비교해본다.

　　　　　　의자 하나 바꾸면서 굳이 그렇게까지 해야 하냐고 의아해할 수 있지만 그 효과는 굉장하다. 가구 하나만 놓고 보았을 때와 그 제품이 공간에 놓였을 때의 느낌은 완전히 다르다. 그림이 하나씩 완성되면 그 위에 패브릭이며 액자를 얹어가며 조금씩 업그레이드 버전을 만드는 재미도 쏠쏠하다. 이렇게 완성한 그림판 이미지는 전체를 캡처해 파일로 저장해둔다. PC 카톡으로 시안을 마구 뿌리며 본의 아니게 주변 사람들을 힘들게 했는데, 그렇게 많은 의견을 수렴한 덕에 최상의 시안을 만들 수 있었다.

그림판으로 일일이 잘라 붙인 나만의 포트폴리오.
거실 그림판만 해도 수십 가지 버전이 있을 정도로 디테일에 집착(?)했다.
그림판 시뮬레이션 덕분에 실패 없는 거실 스타일링이 가능했다.

furniture

가구
고르기

집 안의 주연배우인 가구, 어떤 것으로 고를까?

지금부터는 가장 큰 비용이 지출될 뿐 아니라 집 안 분위기를 좌우하는 가구를 결정하는 과정을 살펴본다. 신혼 때는 매트리스와 시스템 옷장 외에는 제대로 된 가구를 구입하지 않았기 때문에 침대, 소파, 식탁을 비롯한 대부분의 가구를 새로 구입해야 했다.

셀프 홈 스타일링에 잡은 예산 1000만 원 중 70%를 가구 구입비, 20%를 패브릭 구입비, 10%를 소품 구입비로 배분했다. 소품이나 패브릭은 살면서 충분히 교체할 수 있기 때문에 공간의 중심이 될 가구 구입에 집중하기로 했다. 가구 구입비로 책정한 700만 원은 적은 돈이 아니지만, 가구와 가전제품을 포함한 혼수가 1000만 원을 훌쩍 넘는 요즘 물가를 감안하면 합리적인 예산 계획이 필요했다. 개인적으로 10년 넘게 이케아로 점철된 저가 가구 구입에 지쳐서 이번에는 오래 쓸 수 있는 가구를 사고 싶다는 욕망이 타올랐다. 이사할 때마다 처분하는 일회성 가구가 아닌, 10년을 써도 만족스러운, 세월의 흔적으로 더욱 멋스러워지는 가구를 찾고 싶었다. 우선 신혼 가구를 네이버 카페 '중고나라'에 모두 내놓았다. 침대, 식탁, 소파, AV장을 한꺼번에 구입하고 싶다는 싱글 남성에게 구입가의 30% 가격으로 가구 일체를 넘겼다. 가구를 모두 처분한 후 도면을 펴놓고 공간별로 구입해야 할 가구를 정리해보았다. 침실 - 침대·협탁, 거실 - 소파·AV장·테이블, 베란다 다이닝 룸 6~8인용 식탁과 의자, 부엌-식탁과 수납함, 서재 - 책장·책상·의자가 필요했다. 북유럽 브랜드 소파 하나만도 500만 원이 훌쩍 넘는데, 700만 원으로 오리지널 가구를 사는 것은 불가능할 듯 보였다. 정말 갖고 싶은 아이템 딱 세 가지는 오리지널 북유럽 브랜드에서 구입하고, 나머지는 국내 브랜드에서 찾아보기로 했다. 요즘은 국내 브랜드에서도 북유럽 스타일을 표방한 디자인의 제품을 다수 출시하고 있다. 톤 & 매너를 잘 맞추면 이들도 잘 어우러질 거라는 생각이 들었다. 북유럽 오리지널 브랜드로 구입하고 싶은 아이템은 소파, 식탁, 그리고 의자였다. 침대, AV장, 책장, 책상 등은 남은 예산에 맞춰 국내 브랜드와 을지로 가구 거리에서 찾아보기로 했다.

북유럽 오리지널 브랜드에서 찾은 패브릭 소파

신혼집의 로망을 대표하는 가구를 들라고 한다면 침대나 소파를 꼽지 않을까. 여자라면 한나절 내내 낮잠을 자도 편안한 널찍하고 폭신한 소파, 사각사각한 호텔 침구로 꾸민 아늑한 침대를 꿈꿔보았을 테니까. 처음 소파를 구입했을 당시의 설렘이 아직도 생생하다. 당시 베스트셀러였던 이케아의 30만 원짜리 하늘색 패브릭 소파를 구입했는데, 한 달도 못 가 싫증이 났다. 패브릭 소파의 한계를 뛰어넘지 못했다. 물이나 음식을 쏟았다가는 되돌릴 수 없는 지저분한 얼룩이 남기 일쑤고, 애완동물을 키운다면 털로 뒤덮여 청소하기 어렵다는 점 때문이었다.

패브릭 소파에 대한 좋지 않은 기억 탓에 세 번째는 북유럽 스타일 디자인을 가미한 브라운 컬러 가죽 소파를 구입했다. 진한 고동색 천연 가죽과 세련된 북유럽 스타일의 다리 디자인을 보고 이거다, 싶었다. 실제 가죽 소파를 사용해보니 어떤 쿠션을 매치해도 잘 어울린다는 점이 좋았다. 단점이라면 중후하고 클래식한 느낌 때문에 집 안 분위기가 다소 무거워진다는 것. 캐주얼하면서도 내추럴한 패브릭 소파의 멋스러움과는 느낌이 조금 달랐다.

이렇게 각각 장단점이 뚜렷한 가죽 소파와 패브릭 소파를 두고 앞에서 말한 방법대로 그림판 시뮬레이션 신공을 여러 번 펼쳐보았다. 그레이 타일 바닥에 가죽 소파를 올려보니 클래식한 분위기가 났고, 패브릭 소파를 대입해보니 한결 가볍고 자연스러운 느낌이 들었다. 소파 하나로 거실 분위기가 완전히 달라진다는 사실을 여실히 느끼고는 더 신중하게 소파 정보를 수집했다. 일단 북유럽 오리지널 브랜드를 중심으로 살펴보았다. 일룸스 볼리거스에서 본 프리츠 한센 디자인의 브라운 가죽 소파는 눈물이 핑 돌 정도로 근사한 디자인이 정말 마음에 들었다. 하지만 1000만 원이 훌쩍 넘는 가격에 일찌감치 포기할 수밖에 없었다. 몇 가지 제품을 더 살펴보았지만 북유럽 오리지널 브랜드에서 가죽 소파를 구입하는 것은 불가능한 일이라는 결론을 내렸다.

다음에 눈에 들어온 것들은 헤이와 무토의 그레이 컬러 패브릭 소파였다. 코펜하겐 여행에서도 눈여겨본 디자인이었는데, 가격은 300만~500만 원대였다. 이탈리아 소파가 1000만 원을 호가한다는 것을 감안하면 수입 제품으로서는 비교적 괜찮은 가격이었다. 하지만 소파 하나에 가구 예산의 절반 이상을 지출할 수는 없으니 눈을 더 낮춰야 했다. 오리지널 브랜드 제품이지만 300만 원 이하로 살 수 있는 소파. 과연 찾을 수 있을까?

그런 와중에 마음에 쏙 드는 소파를 발견했다. 그 사랑스러운 소파는 거스(GUS) 제품이었다. 엄밀히 말하면 거스는 스칸디나비안 디자인을 표방하는 캐나다 브랜드로, 국내보다는 외국 블로거들 사이에서 인기가 많았다. 특히 '토템 스톤'과 '어번 트위드 잉크'라는 세련되고 트렌디한 그레이 컬러 제품은 우리 집 톤 & 매너와 잘 맞아떨어졌다. 패브릭 소파 특유의 캐주얼한 느낌에 버튼 장식과 월넛 다리로 클래식한 느낌을 더한다. 디자인도 좋았지만 3인용 기준 280만 원이라는 가격이 마음에 들었다. 국내에서는 덴스크와 드로잉엣홈에서 수입·판매한다는 사실을 확인할 수 있었다.

주연배우 역할을 톡톡히 해내는
내사랑 '거스 소파'

"천 쪼가리로 만든 소파를
280만 원 주고 사겠단 말이야?"

그동안 협조적이었던 남편마저도 국내 브랜드에서 판매하는 질 좋은 가죽 소파를 사자며 반기를 들었다. 물론 내 고집을 꺾을 수는 없었다. 그레이 컬러의 거스 소파를 중심으로 연출한 그림판 시뮬레이션은 너무나 만족스러웠고, 어떤 색상을 매치해도 시크했다. 마음을 굳힌 나는 거스의 공식 판매처인 단스크 블로그를 즐겨찾기 하고 몇날 며칠을 드나들었다. 보고 또 보고, 그림판을 열어 패브릭이나 소품을 매치해보았다. 그런데 우연찮게도 딱 그 시기에 백화점 팝업 스토어에서 프로모션을 진행한다는 소식이 들렸다. 직접 방문해 물건을 확인하니 더 튼튼해 보였고, 모니터로 본 것보다 널찍한 크기도 마음에 들었다.

또 점원에게 먼지가 많고 쉽게 오염되는 등 패브릭 소파의 단점에 대해 묻고 답을 들었다. 우선 거스 소파는 고밀도 폴리우레탄 폼을 쿠션 내장재로 쓰는데, 특수 처리한 합성섬유로 마감해 미세 먼지가 침착되는 것을 막아준다고 했다. 물을 흘리더라도 바로 닦으면 쿠션 솜까지 스며들지는 않는다는 설명도 들을 수 있었다. 배송받기까지 두 달은 기다려야 했지만 그 정도야 얼마든지 감수할 수 있다며 기쁜 마음으로 결제를 마쳤다.

이사하고 나서 한참이 지난 후에야 거스 소파를 품에 안을 수 있었다. 물론 기다린 시간이 아깝지 않을 정도로 거실의 주연배우 역할을 톡톡히 하고 있다. 가끔 칠칠치 못한 남편이 물을 흘릴 때는 등골이 서늘해지긴 한다. 하지만 점원의 설명처럼 티슈로 쓱쓱 문지르면 표시가 전혀 나지 않는다. 평상시에는 색색의 블랭킷을 소파 시트나 등받이에 깔아놓는다. 그때그때 분위기를 바꿀 수 있고 오염 걱정을 덜 수 있어 좋다. 관리에만 더 신경 쓴다면 10년은 거뜬히 쓸 수 있을 듯하다.

큰맘 먹고 구입한 북유럽 오리지널 제품 1
그레이 인테리어의 중심을 담당할 거스 소파.
각이 잡힌 외형과 묵직한 월넛 다리가 집 안 전체의 분위기를 살려준다.

칼슘 list

오리지널 브랜드의
그레이 소파 추천 리스트

북유럽 젊은이들의 집에는 대부분 가죽 소파가 아닌 패브릭 소파를 둔다. 패브릭 소파 특유의 내추럴하고 코지한 스타일은 참 멋스럽다. 늘어져서 TV를 볼 수 있는 미국식 소파보다 훨씬 여성스럽고 우아하고 때로는 아름답기까지 하니 어떻게 거부할 수 있겠는가? 물론 지극히 개인적인 생각이지만 말이다. 가격과 기타 사항을 모두 고려해 거스 소파를 선택했지만 마지막까지 나를 괴롭힌 최고의 그레이 소파 리스트를 공유해본다. 우리나라에서 수입·판매하는, 실제로 구입 가능한 제품만 뽑았다.

무토-'레스트 소파(Rest Sofa)'
휴식이라는 뜻의 이름처럼 보는 것만으로도 앉아서 쉬고 싶어진다. 무토의 대표 소파로, 몽글몽글 피어오른 솜사탕을 닮았다. 깃털로 채워져 있어 앉았을 때 푹신하고, 일어났을 때 금세 원래 형태를 찾는다고 한다. 북유럽 오리지널 브랜드 소파 중 최고의 워너비 소파다. 순전히 가격 때문에 포기했지만, 언젠가 기회가 되면 구입하고 싶다. 3인용 기준 570만 원부터.

헤이-'매그 소파 모듈(MAGS Sofa Module)'
무토의 대표 소파가 레스트 소파라면, 헤이에는 매그 소파가 있다. 코펜하겐의 헤이 매장에서 가장 메인 자리에 당당하게 놓여 있던 매그 소파 역시 그레이 컬러의 매력을 고스란히 뿜어낸다. 모듈 형태로 구성할 수 있어 취향과 기능에 따라 형태를 결정하면 된다. 2~3개월간 기다릴 의향이 있다면 패브릭 색상과 질감까지 맞춤 제작이 가능하다. 3인용 기준 350만 원부터.

웬델보-'앤더스 소파(Anders 3seater)'
웬델보는 국내에서는 생소한 브랜드지만 덴마크에서는 매우 유명한 가구 브랜드다. 이미 소파를 주문한 후 알게 된 브랜드라 아쉬움이 크다. 가격 대비 디자인이 무척 훌륭한데, 특히 독특한 패브릭의 질감, 블랙 스테인 우드로 제작한 다리가 매력적이다. 3인용 기준 230만 원부터.

거스-'제인 비-섹셔널 소파(Jane Bi-sectional Sofa)'
거스에서 눈여겨본 다른 모델. 앳우드만큼이나 널리 알려진 디자인이다. 3인용 사이즈에 카우치까지 더해 'ㄱ'자 형태를 이루므로 거실을 더 아늑하고 편안하게 연출할 수 있다. 40평대 이상의 대형 평수라면 너무나 멋지게 어울릴 디자인이다.
3인용+카우치 기준 450만 원대.

앤드트래디션-'플라이 소파(Fly Sofa -SC3)'
좀 더 클래식한 느낌을 강조한 북유럽 디자인을 선호한다면 앤드트래디션을 추천한다. 네오 노르딕 브랜드지만, 1960~1970년대 북유럽 디자인에 가까운 중후한 멋을 추구한다. 조형미가 뛰어난 소파 디자인은 트렌디하지만 기품을 잃지 않는다.
3인용 기준 560만 원부터.

베란다 다이닝 룸을 완성해준
시크한 6인용 식탁

베란다에 음주가무가 가능한 메인 다이닝 룸을 만들겠다는 계획을 실현하기 위해 가장 오랫동안 고심해 고른 가구가 바로 식탁이다. 손님들이 한꺼번에 앉으려면 최소 6~8인용은 필요하다고 생각했다. 마침 북유럽 가구는 모두 원목 소재라고 생각했던 나의 고정관념을 완전히 깨뜨린, 크리스티안의 아파트에서 인상 깊게 본 블랙 식탁이 떠올랐다.

"그래, 결정했어! 6인용 이상의 널찍한 블랙 컬러 식탁을 샅샅이 찾아보겠어!"

하지만 이런 나의 결심이 무색할 정도로 6인용 이상이면서 블랙 컬러인 식탁은 찾을 수 없었다. 우선 까사미아를 비롯해 국내 유명 브랜드를 모두 뒤졌고, 대형 식탁을 전문으로 한다는 디자이너 브랜드의 원목 식탁까지 섭렵했다. 북유럽 스타일의 유행을 증명이라도 하듯 각 브랜드에서는 북유럽 디자인을 표방하는 다양한 식탁이 출시되어 있었다.

하지만 6인용 식탁은 선택할 수 있는 디자인이 매우 한정적이었고, 블랙 식탁은 아예 찾을 수 없었다. 물론 사모님들이 좋아할 법한 대리석 식탁이나 무늬가 요란한 앤티크 식탁은 있었다. 네이버 지식쇼핑을 샅샅이 뒤지다가 결국 업소에서 사용하는 블랙 식탁 판매 업체의 문까지 두드렸다. 그러나 분식집에서나 사용할 법한 싸구려 블랙 식탁이 전부였다. 크리스티안의 아파트에서 본, 시크하면서도 유니크한 블랙 식탁은 현란한 검색 신공에도 도통 발견할 수 없었다. 그러다 논현동의 한 가구 숍에서 블랙 식탁을 제작해준다는 정보를 입수하고 단번에 출동했지만, 애시목에 검은색 매직을 칠해놓은 것 같은 어설픈 마감에 실망만 하고 돌아왔다.

결국 적당한 가격의 국내 디자인 식탁은 아예 포기하고, 북유럽 오리지널 제품으로 눈을 돌렸다. 우선 이노메싸나 루밍 같은 북유럽 가구 편집 숍과 소품을 파는 온라인 숍을 검색했다. 반갑게도 헤이와 무토에서는 블랙 식탁을 주력으로 출시하고 있었다. 나무에 리놀륨이나 라미네이트 같은 특수 코팅으로 색을 입혀 내구성이 무척 강하고, 물이나 음식물을 흘려도 닦으면 그만이다. 신혼 가구로 유행했던 티크 식탁을 '상전 모시듯' 사용해본 사람은 모두 알 것이다. 국물 한 방울 튀는 것이 무서워 앉은뱅이 상을 펴고 라면을 끓여 먹어야 하는 슬픈 현실을. 그에 비하면 이들 식탁은 관리하기도 참 쉽다.

크기 또한 만족스러웠다. 길이 2m에 2m 50cm에 이르는 대형 사이즈도 있다. D선배의 설명에 따르면 6~8인용 대형 식탁은 내구성이나 설계에 기술력이 중요해 국내에서는 제작 자체가 불가능한 경우가 많다고 했다. 고심 끝에 최종 선택한 식탁은 헤이의 '루프 스탠드 테이블(Loop Stand Table)'이다. 세 개의 다리가 유니크한 형태로 자리한 디자인이 특히 마음에 들었고, 다른 제품에 비해 가격도 적당했다. 2m 기준으로 110만 원대. 헤이의 카탈로그에서는 주로 책상으로 연출되어 있었는데, 우리 집에서는 메인 식탁으로 사용하기로 했다.

 칼슘 list

네오 노르딕 스타일의
블랙 식탁 리스트

질감이 따뜻한 원목 테이블도 나름대로 매력이 있지만, 좀 더 남다른 식탁을 원한다면 블랙 식탁을 살펴보는 것도 좋겠다. 특히 실용성을 중요하게 생각하고 대형 식탁을 선호하는 사람들에게 안성맞춤인 북유럽 브랜드의 블랙 식탁 리스트를 공개한다. 최종적으로 선택한 헤이의 루프 스탠드 테이블은 물론 견고하고 실용적이며 크기까지 만족스러워 마지막까지 최종 후보에 오른 시크한 블랙 식탁 리스트는 다음과 같다.

헤이-'루프 스탠드 테이블(Loop Stand Table)'
엇갈려 달린 유니크한 세 개의 다리 디자인이 개성 넘친다. 테이블 상판 재질은 리놀륨 코팅한 애시목이어서 내구성이 뛰어나다. 98만 원(180cm), 110만 원대(200cm), 130만 원(250cm).

무토-'70/70 테이블(70/70 Tables)'
무토의 카탈로그에서 보고 한눈에 반해버린 블랙 식탁. 예산이 부족해 어쩔 수 없이 포기했다. 알루미늄 프레임, 원목 상판, 라미네이트 코팅으로 제작했다. 그린 색상도 무척 매력적이다. 280만 원대(225cm).

앤드트레디션–'래프트 테이블(Raft Table_ NA2)'
북유럽 클래식 디자인을 재해석해 '미래의 클래식'으로 불리는 앤드트래디션의 대표적인 식탁. 고재의 거친 표면이 그대로 살아 있으며 마치 밧줄을 꼬아놓은 듯한 여섯 개의 다리가 매우 인상적이다. 290만 원대(200cm).

구비–'다이닝 테이블(Dining Table Rectangular Black)'
구비 체어와 환상적인 궁합을 자랑하는 다이닝 테이블. 애시목에 블랙 컬러로 도장해 원목의 질감을 자연스럽게 살렸다. 디자인이 너무 마음에 들어 디자인 카피를 요청했지만 대부분의 업체에서 다리의 곡선 디자인을 그대로 재현하기 어렵다는 답변을 받았다. 320만 원대(200cm).

명품 백보다 아름답다,
족보 있는 북유럽 의자 컬렉션

결혼한 후 '유부녀의 자존심은 백'이라는 요상한 사상에 물들어 기념일이면 샤넬 백이나 에르메스 백을 사달라는 말을 습관적으로 내뱉곤 했다(물론 사줘도 들고 다닐 데도 없다). 하지만 이러한 소유욕은 북유럽 여행 이후 완전히 사라져버렸다. 명품 백보다 소유하고 싶은 디자인 의자에 마음을 홀랑 빼앗겨버렸기 때문이다. 20대 시절, 카페에서 본 짝퉁 '임스' 체어를 사고 싶어 을지로 가구 거리를 누빈 적은 있지만 오리지널 디자인 의자를 보통 사람이 소유할 수 있다고 생각하지 않았다. 오리지널 디자인 의자는 그 당시 가장 핫했던 홍대 AA뮤지엄이나 미술관의 가구 특별전을 통해 접해왔던 터라 가격을 물어볼 엄두조차 못 냈다.

하지만 그렇게 접근하기 어려웠던 디자인 제품들이 코펜하겐에서는 대형 마트처럼 규모 큰 가구 숍에서 가격 태그를 달고 나란히 줄지어 있는 모습을 보니 결혼 후 가장 강력한 물욕이 일었다. 디자인에 대한 조예라고는 찾아보려야 찾아볼 수 없는 막눈인 내 눈에도 그 의자들은 너무 아름다웠다. 유려한 곡선미와 조형미에 감탄이 절로 났다. 혹자는 의자를 가장 완벽한 디자인 오브제라고 했다는데, 그 말의 의미를 진심으로 실감할 수 있었다. 그 순간 아무리 예산에 허덕이더라도 의자만큼은 '오리지널 제품'으로 구입하겠다고 다짐했다.

일룸스 볼리거스에서 눈과 마음으로 품은 의자는 대략 열 종류가 넘었다. 그중 우리 집에 들일 기념비적인 '생애 첫 오리지널 체어'는 어떤 것으로 골라야 할까? 먼저 우리 집의 톤 & 매너인 '그레이'와 어울리는 의자가 필요했다. 큰맘 먹고 구입하는 것인 만큼 10년을 써도 질리지 않는 '롱 라이프 디자인(잡지에서는 시대를 초월해 유행을 타지 않고 사랑받는 디자인을 이렇게 부른다)' 제품을 구입하고 싶었다. 물론 한눈에 반할 만큼 매력적인 색감과 디자인으로 사람들을 유혹하는 의자도 많다. 하지만 의자를 더 오래 쓰고 싶다면 선택은 달라질 수 있다. 예를 들어 첫인상은 수수하지만 볼수록 매력 있는 사람 같은 마성의 의자를 찾아내고 싶었다.

이렇게 집요한 기준을 만족시켜 영광의 첫 의자로 발탁된 제품은 구비의 '구비 5 체어'다. 구비의 대표적인 디자인 체어이며, 나무 다리와 플라스틱 상판의 조합은 언뜻 임스 체어를 떠오르게 한다. 하지만 구비만의 특별한 매력은 바로 톤 다운된 부드러운 컬러다. 그레이 색상도 '미스티 그레이'와 '미드나잇 그레이' 등 두 종류가 출시되어 있었다. 다리는 블랙, 월넛, 애시 중 고를 수 있다. 미스트 그레이와 미드나잇 그레이 컬러를 한 개씩 구입하기로 하고 다리는 소파 다리에 맞춰 월넛으로 통일했다.

이와 함께 헤이에서 'J77'이라는 모델의 그레이 컬러 의자 두 개를 구입했다. 구비가 클래식한 느낌에 가깝다면 헤이의 J77은 가볍고 캐주얼한 느낌을 주었다. 하지만 색상을 통일하니 마치 세트처럼 잘 어울렸다. 오리지널 체어 네 개의 총 가격은 160만 원. 배송비나 관세 등을 감안해도 현지 가격과 큰 차이가 없었다. 그런데 8인용 식탁에 왜 의자를 네 개만 두냐고? 대답은 간단하다. 예산이 부족해서. 손님들이 앉을 나머지 의자 네 개는 다시 이케아의 도움을 받았다. 구비 의자와 컬러가 비슷한, 개당 가격이 1만 7000원인 '애드 체어(ADDE Chair)' 여섯 개를 10만 원대에 구입했다. 베란다나 필요한 곳에 두었다가 손님들이 오면 식탁에 합체하곤 한다. 마치 원래부터 다른 의자들과 세트였다는 듯이 감쪽같이 변신하는 영민한 의자다.

큰맘 먹고 구입한 북유럽 오리지널 제품 2
코펜하겐에서 본 구비 의자를 드디어 우리 집에!
다소 심심해 보이지만 평생 쓸 수 있는 '클래식'한 디자인에 마음을 빼앗겨버렸다.

칼슘 list

샤넬 백보다 갖고 싶은
네오 노르딕 브랜드의 의자 리스트

가구에 힘을 주고 싶지만 예산이 모자라다면 단연 의자를 구입할 것을 추천한다. 마지막까지 순위를 다툰 훌륭한 디자인의 의자와 북유럽 햇살 아래서 마음을 앗아 갔던 캔디 컬러 의자를 모아보았다. 집 안 분위기를 완전히 바꿀 수 있는 오브제 작품 같은 의자도 있다. 기념일마다 백 대신 의자를 산다면 10년이나 20년 뒤에는 나만의 가구 컬렉션을 완성할 수 있을 것이다.

헤이-'어바웃어 체어(AAC Chair)'
코펜하겐 헤이 매장 한가운데에 당당히 서 있던 시그너처 체어. 동글동글 귀여운 디자인이 특히 매력적인데, 언뜻 보면 아르네 야콥센의 에그 체어가 떠오르기도 한다. 그레이, 머스터드, 레드, 네이비 색상이 있다.

헤이-'히 체어(Hee Chair)'
어디에 두든 잘 어울리는 전천후 의자. 첫인상은 다소 불편한 듯 보이지만 사용할수록 편하고 인테리어 효과도 뛰어나다. 포개 쌓을 수 있고, 표면이 코팅되어 아웃도어용으로도 사용할 수 있다. ㅂ 스툴 디자인도 있다.

무토-'비수 체어(Visu Chair)'
마지막까지 'GUBI5'와 치열한 경쟁을 벌인 무토의 제품. 'visu'는 핀란드 어로 '세심하다'라는 뜻이다. 디자이너 미카 톨바넨이 2년간의 프로젝트 끝에 완성했을 만큼 각 부분의 디테일이 뛰어나다. 하지만 무엇보다 가장 큰 매력은 다름 아닌 특유의 컬러 톤. 크리미하고 사랑스러운 핑크와 그린 컬러는 보는 것만으로 기분이 좋아지게 만든다.

무토-'너드 체어(Nerd Chair)'
'nerd(괴짜)'라는 이름에서도 알 수 있듯 독특한 느낌을 풍기는 의자. 유수의 디자인 어워드를 휩쓸었다는 디자인은 물론, 형태와 컬러 역시 평범하지 않다. 마치 액세서리처럼 의자 하나로 공간에 개성을 부여할 수 있다는 점이 너드 체어의 특징이다.

 칼슘 diary

오매불망 기다리던
북유럽 오리지널 가구 이사 오던 날!

덴마크 가구가 물 건너 상암동 아파트로 전입신고를 하던 날은 수학여행을 앞둔 중학생처럼 가슴이 두근거렸다. 조립한 식탁을 베란다에 놓고 의자를 줄 세워보았다. 그날 따라 상암동 햇살이 코펜하겐의 그것을 닮은 듯 보였다. 물욕을 만족시켰을 때 느껴지는 이 충만하고 셀레는 행복감. 명품 백을 도는 사람들을 이해할 수 있을 것 같다는 생각까지 들었다.

북유럽 가구를 환영하는 의대로 베란다 다이닝 룸에서 남편과 오붓하게 저녁을 먹기로 했다. 메뉴는 파스타에 와인, 스테이크를 생각하기도 했지만, 결국 짜장면과 탕수육을 시켜 먹었다. 늘 시간에 쫓기는 데다 요리에는 관심도 솜씨도 없는 우리 부부에게 딱 맞는 메뉴였다. 그래도 코펜하겐에서 느낀 그 기분을 내기 위해 이국적인 분위기의 꽃집 제인 패커에서 라눙쿨루스 몇 송이를 사다 장식해놓았다. 식탁 개시 첫날부터 중국요리라니, 남편에게 조금 미안한 마음이 들긴 했지만 이내 씩씩한 목소리로 당당하게 외쳤다.

"나 7000만 원짜리 인테리어 3000만 원에 한 여자야. 뭘 더 바라?"

그 후 6개월 동안 이 식탁 위에 '아내의 사랑과 정성이 듬뿍 담긴 요리'가 올라온 적은 단 한 번도 없었다. 배달 음식, 과자, 인스턴트식품으로 이루어진 메뉴가 올라오고, 가끔 술판이 벌어지는 다이닝 룸이지만 어찌하리, 그것만으로도 좋은걸!

잘만 고르면 수입 가구 못지않은
국산 가구 브랜드 제품

　　　　　　소파, 식탁 의자를 구입한 것만으로 이미 500만 원을 지출했으니 남은 예산으로 나머지 가구를 채우는 방법을 고민해야 했다. 부지런히 검색하고 찾아다니다 보니 가격 좋고 디자인 훌륭한 국산 가구 브랜드 제품이 눈에 띄었다. 침대, AV장, 서재 가구(책장, 책상)를 구입하는 데 쓴 돈은 170만 원. 북유럽 오리지널 브랜드 가구와 자연스럽게 어우러지고, 서로의 매력을 돋보이게 해주니, 최선의 선택이라 자부한다.

　　　　　　세트가 아닌 가구를, 게다가 국적까지 다른 가구를 하나의 세트처럼 연출한 비법은 역시 끝까지 일관된 콘셉트를 유지하기 위해 노력한 것이었다. '색상은 그레이, 나무 소재는 월넛'이라는 문장을 끝까지 지키려 했다. 소파와 의자 다리를 모두 월넛으로 통일했으니, AV장과 서재 가구 역시 월넛으로 선택해 통일감을 주었다. 북유럽 오리지널 브랜드 제품과 색상, 소재의 톤을 통일하니 가격 착한 국산 브랜드 제품마저 수입 가구처럼 보이는 놀라운 착시 효과를 냈다. 블로그 사진으로 우리 집을 본 사람들은 특히 아무런 의심 없이 모든 가구가 수입 가구일 것이라고 믿는 듯했다. 물론 무척 뿌듯했다. 170만 원의 행복이니까.

　　　　　　만족도가 가장 높은 가구는 책장과 책상이다. 포인트 컬러로 칠한 청록색 벽에 책장을 붙이고 책상이 전면을 바라보게 배치한 후 비스듬히 두었더니 잡지에 나오는 서재처럼 멋졌다. 가구를 연출하는 과정 중 국산 브랜드 가구를 적절히 믹스한 것은 정말 잘한 일 중 하나라고 꼽고 싶다. 그렇다면 현명하고 실속 있게 국산 브랜드 가구 고르는 법을 자세히 알아보자.

헤드보드 없는
침대 찾아 삼 만 리

오랜 자취 기간 동안 이케아의 조립 침대를 사용하던 나는 허술한 마감과 디테일에 대한 불만이 쌓여 결혼할 때 거대한 평상형 침대를 구입했다. 가뜩이나 좁은 오피스텔에 꽉 찬 침대를 보며 다시 이사 가게 되면 공간에 자연스레 스미는, 아주 심플한 침대를 사겠다고 다짐했다. 창문을 헤드보드 삼아 매트리스만 놓여 있던 심플한 크리스티안의 침실을 보니 나의 다짐에 대한 확신이 생겼다. 아주 편한 매트리스만 놓고 희미한 조명 불빛 하나로 밝힌, 오직 수면을 위한 침실. 아주 심플하지만 편안한 침실을 연출하기 위해 그와 어울리는 침대를 찾아 헤맸다.

물론 쉽지 않았다. 국내에서 매트리스만 파는 곳, 특히 헤드보드 없는 침대를 파는 곳을 찾는 것은 불가능한 듯했다. 육중한 헤드보드와 프레임은 모두 매트리스와 한 세트로 구성되어 있었다. 그렇다고 바닥에 매트리스만 덩그러니 놓아둘 수도 없는 노릇이었다. 침대 매장 위주로 돌아보다가 혹시나 하는 마음에 창의력을 발휘해 인터넷에 '매트리스 지지대', '매트리스 다리'라는 키워드를 검색해보았다. 그러다 우연히 알게 된 브랜드가 '식스티세컨즈'다. 인터넷 쇼핑몰을 둘러보니 이제 갓 문을 연 매트리스 전문 브랜드였다. 가구 회사에서 일하던 대표는 '메이드 인 코리아', 즉 국내에서 만드는 튼튼한 매트리스를 전문으로 취급하고 있었다. 이곳에서 내가 원하는 매트리스 지지대를 발견했다. 몸체는 그레이 컬러인 데다가 다리는 원목이고, 가격은 40만 원(2015년 1월부터 56만 원으로 인상). 내가 가지고 있던 한샘 매트리스와도 호환할 수 있다고 하니 더 이상 망설일 이유가 없었다.

기품 넘치는 1960~1970년대
빈티지 데니시 AV장

　　　　　　소파와 함께 거실의 무드를 좌우하는 핵심 가구인 AV장은 매우 다양한 소재와 디자인으로 출시되어 있어 선택의 폭이 넓었다. 특히 북유럽 스타일의 AV장은 어딜 가나 인기 품목이었다. 하지만 북유럽 스타일을 어쭙잖게 흉내 낸 디자인이 대부분이었다. 몇 년 전 북유럽 스타일의 유행에 휩쓸려 물푸레나무로 만든 수납장을 구입한 적이 있다. 하지만 북유럽 여행을 다녀오고 난 후 그것이 북유럽에서는 볼 수 없는 가구라는 사실을 알았다. 진짜 북유럽 가구를 찾겠다는 각오로 북유럽 빈티지 가구의 대표 가구 숍으로 통하는 모벨랩을 찾았다. 그곳에서 진짜 빈티지 덴마크 가구를 보고 북유럽 가구의 우아함에 마음을 빼앗겼다.

　　　　　　　모벨랩에서 판매하는 1960~1970년대 빈티지 가구는 최상급 목재를 사용해 기품이 넘치고 내구성 역시 훌륭하다는 설명을 들을 수 있었다. 게다가 세월의 흔적을 입고 반들반들한 윤기와 진한 색감까지 더한 월넛이나 애시목 가구는 말 그대로 너무 훌륭했다. 북유럽 디자인의 정수를 피부로 느끼는 순간이었다. 하지만 역시 비쌌다. AV 캐비닛의 경우 가장 저렴한 제품이 500만 원이고, 대부분 1000만 원을 훌쩍 넘는 AV장이 넘쳐났다. 언감생심이었다. 감히 넘볼 수 없는 아름다운 AV장을 뒤로하고 가구 숍을 나오는 발걸음은 무겁기만 했다.

까사미아에서 찾은
가성비 최고의 AV장

안목을 한껏 높인 후 국내 브랜드 가구 숍을 다시 찾았다. 첫 후보는 반포에 있는 인테리어 숍에서 발견했다. 진한 월넛 컬러로 마감한 대형 AV장은 회색 타일과도 궁합이 좋았지만 가격이 맞지 않았다. 게다가 마감은 훌륭했지만 원목이 아닌 MDF로 만든 것이 마음에 들지 않았다. 예산에 맞추려면 100만 원 이내의 AV장을 찾아야 했다.

그러다 처음 후보보다 조금 더 작은 AV장을 발견했다. 등잔 밑이 어둡다더니 몇 번이나 방문했던 까사미아에서 말이다. 가격은 80만 원대. 에누리닷컴에서 최저가를 찾아보니 같은 제품을 70만 원대에 구입할 수 있었다. 역시 MDF 소재이긴 했지만 디자인이 마음에 쏙 들었다.

한국에서 잘 팔리는 AV장은 좌식 생활에 어울리도록 높이가 낮은 것이 특징인데, 그 제품은 키가 크고 부피가 있어 인기 모델은 아니라고 했다. 까사미아에서 구입한 AV장 '헬싱키'는 블로그에 사진을 올린 뒤 문의가 가장 많았던 가구다. 대부분은 북유럽 수입 제품인 줄 알았다가 까사미아에서 구입한 제품에 가격이 80만 원대라고 하니 믿기지 않는다는 반응을 보였다.

'신혼 가구 준비할 때 몇 번이나 방문했던, 그 까사미아 말인가요? 분명히 몇 번을 가도 이런 가구는 본 적이 없는데요?' 하는 메시지를 받을 때면 뿌듯함을 느낀다. 진짜 덴마크 가구를 구경하면서 키운 안목, 손품과 발품을 팔아 부지런히 움직일 수 있는 체력과 인내심만 있다면 누구라도 가성비 최고의 물건을 골라낼 수 있을 것이다.

**100만 원으로
북유럽풍 서재 만들기**

　　　　　　남편들의 로망이라는 서재. 언젠가 결혼하면 나도 남편에게 아주 멋진 서재를 만들어주고 싶다는 생각을 했다. 하지만 서재에 배정된 예산은 100만 원. 북유럽 스타일 인테리어에 자주 등장하는 스트링 시스템으로 서재를 꾸민다고 하면 벽면의 반쪽을 채울까 말까 할 정도의 금액이다. 다시 국내 가구 브랜드를 뒤졌다. 먼저 2년 전 신혼 가구로 구입해 잘 쓰고 있는 리바트 이즈마인, 한샘 하우위즈, 까사온 by 까사미아 등을 중심으로 살펴보았다. 가격 대비 질은 괜찮았지만 대부분 애시목류의 밝은 톤이 주를 이뤘다. 진한 월넛 컬러로 통일감을 주어야 하는 우리 집 콘셉트와는 차이가 있었다.

　　　　　　국내 가구 브랜드에서 월넛 색상의 책장을 찾는 것은 숨은그림찾기처럼 어려웠다. 몇 년 전 베스트셀러 책장으로 크게 히트를 친 가구 숍 두닷의 신제품을 살펴보다가 다양한 신제품 책장을 발견했다. 디자인 콘셉트별로 종류가 열 가지가 넘었고 폭도 600cm, 800cm, 1200cm 등 다양하게 구성할 수 있었다. 직접 눈으로 확인하기 위해 남편과 함께 방배동에 있는 두닷 쇼룸으로 출동했다.

　　　　　　그곳에서 내 마음을 사로잡은 책장은 '예비크 시리즈'. 까사미아에서 구입한 헬싱키 AV장과 마찬가지로 인기 품목이 아니라 후기도 찾을 수 없었다. 월넛 컬러 몸체에 블랙 스틸 프레임으로 심플하게 디자인한 이 녀석의 가격은 20만 원대. 참으로 착한 가격이었다. 이와 함께 세트로 출시된, 1600cm에 이르는 널찍한 책상도 마음에 들었다. 게다가 가격은 믿을 수 없는 22만 원. 흙 속의 진주를 발견한 듯한 기분으로 책장과 책상, 그리고 미니 책상을 하나 더 구성해 서재 가구를 모두 구입했다. 총 가격은 82만 원. 거기다 세일 기간에 구입했더니 60만 원대에 서재 가구를 모두 마련할 수 있었다.

적재적소에서 제 역할을 다하는
맞춤 제작 가구

이렇게 북유럽 오리지널 브랜드와 국내 브랜드를 샅샅이 뒤져 예산에 맞는 가구를 채워 넣었다. 하지만 풀리지 않는 숙제가 두 가지 남아 있었다. 첫 번째는 '침실의 데드 스페이스를 어떻게 활용할 것이냐', 또 한 가지는 '다이닝 룸을 베란다에 만들었으니 부엌은 어떻게 꾸밀 것이냐'였다. 이 두 가지 숙제는 공간 활용도를 높일 수 있는 '맞춤 제작 가구'로 해결하기로 했다.

먼저 헤드보드를 없앤 침대를 놓고 보니 너무 썰렁한 듯한 침실을 꾸밀 가구가 필요하는 생각이 들었다. 그렇지만 뻔한 서랍장이나 화장대를 두고 싶진 않았다. 생각 끝에 내린 결론은 벽면형 선반이었다. 큰방 미닫이문과 똑같은 '켄달 차콜' 색상을 칠하면 심플하지만 멋스러울 것 같았다.

이사한 후 두 달이 지난 때였지만 슈퍼맨 목수 팀장님께 다시 SOS를 외쳤다. 목수 팀장님은 흔쾌히, 게다가 공짜로 선반을 제작해주었다. 내 블로그를 통해 문의자가 늘어 일이 많아졌다는 귀여운 불만도 토로했다. 대강 그린 스케치를 보낸 지 며칠 후 MDF 선반이 도착했고, 퍼티 작업부터 시작한 페인트 작업 후 나만의 모던한 벽면형 선반이 탄생했다.

지금부터는 부엌 가구 제작 과정을 살펴보자. 요리를 전혀 하지 않는 우리 부부에게 아일랜드 작업대나 넓은 수납장은 필요 없었다. 당시 카페에서 바 형태의 간편한 식탁을 발견해 목공사 중 그와 비슷한 형태로 칸막이를 제작했다. 그 칸막이에 타일을 붙여 장식하고 앞쪽에는 바 형태의 좁고 긴 2인용 식탁과 스툴을, 반대편에는 부엌 가전제품을 수납할 수 있는 장을 놓을 생각이었다. 타일 색상을 결정하지 못해 뒤늦게 윤현상재를 통해 크림색 타일을 구입했고, 소공인이라는 사이트에서 타일공을 섭외해 작업했다. 재료비와 일당까지 더하니 25만 원이 추가로 소요되었다.

심심한 침실에 재미를 선사해준 그레이 컬러 선반.
대형 액자를 걸쳐놓고 꽃병이나 책 같은 소품으로 변화를 주고 있다.

타일 칸막이를 완성한 후 을지로 가구 거리의 맞춤 제작 가구점을 찾아갔다. 우선 줄자를 꺼내 가구 치수를 대강 산출해 스케치를 했다. 그런 다음 그 스케치를 들고 을지로 가구 거리에 있는 디플랜가구에 제작을 의뢰했다. 전문가의 수정을 거쳐 형태가 결정되면 다양한 샘플 칩을 보고 상판 소재를 선택할 수 있다. 상판은 아몬드 월넛 색상으로, 프레임은 스틸로 최종 결정했다. 인접한 반대쪽 면에는 같은 소재와 색상으로 전자레인지를 넣을 수 있는 맞춤장을 짜 넣었다. 식탁은 17만 원, 레인지 장은 65만 원, 배송비까지 90만 원에 맞춤 가구를 제작했다.

품은 많이 들었지만,
부엌을 세상 어디에도 없는 나만의 공간으로 만들어 준 제작 가구들.

 칼슘 diary

식구들에게 비웃음을 산
칸막이를 추억하다

목공사 과정에서 만들어두고 '시상'이 떠오르지 않아 이러지도 저러지도 못하고 있던 칸막이. 이 육중한 칸막이는 공사가 끝난 후에도 한참 동안 제자리를 찾지 못했다. 집을 방문한 사람마다 도대체 어디에 쓰는 물건인지 물었고, 시간이 갈수록 혼란스럽기만 했다. 페인트를 칠할지, 타일을 붙일지, 또 타일을 붙인다면 어떤 종류로 선택할지 당시로서는 도저히 머릿속에 그려지지 않았다. 그렇게 야심 차게 준비한 칸막이는 눈엣가시가 되어버렸다. 못난 자식 같아 볼 때마다 마음이 무거웠다.

어느 날 장난기가 발동한 남편은 두루마리 휴지를 쭉 찢어 머리에 두르더니, 싱크대에서 큰 식칼을 꺼내 들었다. 그러고는 집에 놀러 온 친정엄마를 앞에 세워두고 이렇게 말했다.

"어머님, 여기 싱싱한 회 있어요.
지금 막 바다에서 잡은 거니 맛 좀 보고 가세요!"

일식 주방장 코스프레였다. 울화통 터지는 딸내미 속도 모르는 친정엄마는 이렇게 대답했다.

"어머, 이 일식집은 북유럽 스타일인가 봐요.
인테리어가 참 독특하네요."

기가 차서 피식 웃었지만 씁쓸했다. 그다음 날 나는 당장 윤현상재에 들러 타일을 샀고, 아일랜드 장을 맞추러 을지로로 갔다.

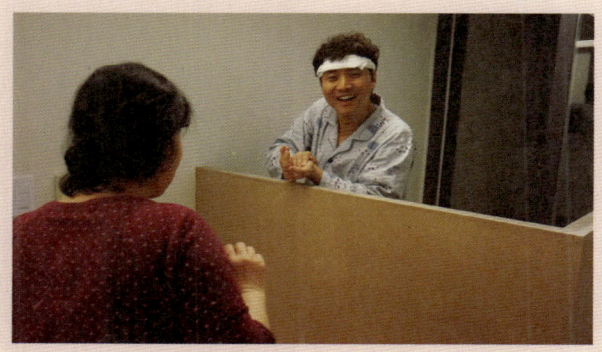

 칼슘 list

북유럽 오리지널 가구 숍
BEST 3

가구는 관세며 배송비를 따져봤을 때 한국에서 수입 판매하는 편집 숍의 가격과 큰 차이가 없다. 게다가 파손될 위험이 있고, A/S가 필요한 경우가 많기 때문에 가구만큼은 국내 숍을 이용하기를 추천하고 싶다. 헤이의 루프 스탠드 테이블은 조립해야 하는 제품이었는데, 구입처인 이노메싸에서 직원이 집에 방문해 직접 조립해주어 수고를 덜었다. 북유럽 가구 마니아라면 꼭 한번 들러 봐야 할 가구 숍을 추천한다.

비투프로젝트
덴마크 빈티지 가구에 관련된 사장님의 재미있는 포스팅을 읽는 재미에 빠져 알게 된 숍이다. 1층은 카페이고, 2층과 지하에는 북유럽 빈티지 가구를 전시하는 쇼룸이 있다. 빈티지 퍼니처에 대해 해박한 지식을 자랑하는 친절한 사장님의 설명을 듣고 있으면 시간 가는 줄 모른다. 가끔 깜짝 창고 세일을 하기도 하니 기회를 노려볼 것.
Tel. 02-6369-2900, www.b2project.co.kr

덴스크
거스 소파를 구입한 곳으로, 백화점과 제휴해 깜짝 팝업 스토어를 열기도 한다. 정보는 홈페이지나 블로그를 통해 공개한다. 덴스크 본점은 지하 1층, 지상 3층으로 이루어져 있는데, 특히 3층에서는 나의 위시 리스트인 몬타나 시스템 가구와 빈티지 가구를 볼 수 있다.
Tel. 02-592-6058, www.dansk.co.kr

이노메싸
가구, 조명, 리빙 소품, 그릇, 키즈용품까지, 가장 다양한 북유럽 브랜드 제품을 판매하는 북유럽 대표 가구 숍이다. 쇼룸은 양재동에 있는데, 지하부터 2층까지 다양한 제품이 전시되어 있어 전반적인 북유럽 가구와 스타일을 공부하기에도 좋다.
Tel. 02-3463-7752, www.nordicdesign.kr

 칼슘 list

을지로 가구 거리의
리프로덕트 가구 숍 BEST 3

카페나 레스토랑에서 본 예쁜 가구는 이곳에 다 모여 있다. 오리지널 가구에 비해 디테일이 떨어지지만, 가격 대비 꽤 괜찮은 제품도 많다. 중국산은 저렴하고, 한국산은 가격이 좀 더 비싸다. 의자는 10만 원 전후, 6인용 식탁은 100만 원대, 패브릭 소파는 3인용 기준 80만 원 전후이며, 100여 가지가 넘는 가죽과 패브릭 중 고를 수 있는 맞춤 소파도 인기가 있다. 지하철 2·5호선 을지로4가역 9·10번 출구에 20여 군데의 업체가 몰려 있다. 업체마다 특화된 분야가 다르니 여유를 가지고 천천히 둘러보면 보물 같은 가구를 구입할 수도 있다.

라움퍼니처
쇼룸부터 눈길을 끄는 유니크한 숍. 1, 2층으로 이루어진 널찍한 쇼룸에 다양한 제품이 전시되어 있어 구경하는 재미가 쏠쏠하다. 스타급 유명 인테리어 디자이너나 디자인 업체의 단골 숍이라고 하니 요즘 유행하는 가구 스타일을 추천받아도 좋을 듯하다. 특히 멋스러운 라운지 체어를 8만~9만 원대에 판매하니 의자를 쇼핑하고 싶다면 꼭 들러보길.
Tel. 02-2263-0577, www.laum.kr

파크퍼니처
맞춤 가구로 잘 알려진 가구인과 인접한 신생 가구 숍. 쇼룸은 작지만 품질 좋은 가구가 많다. 원하는 스타일이 있다면 이곳에 비치된 카탈로그에서 찾아 바로 주문 제작할 수 있다. 서재에 비트라 스타일의 의자를 두고 싶었는데 이곳 제품이 가격이 가장 저렴해 두 개를 구입했다.
Tel. 02-2267-7579, www.parkgagu.com

디플랜가구
을지로 가구 거리 가장 끄트머리에 위치한 가구 숍. 을지로 가구 거리를 몇 번이나 방문했는데도 구석에 있어 지나치기 일쑤였는데, 지인의 추천으로 맞춤 가구의 가격이 합리적이기로 입소문이 난 이곳을 알게 되었다. 디자인이 독특한 가구가 많은데, 소문대로 맞춤 가구 견적이 가장 저렴하다는 것이 강점이다.
Tel. 02-2269-5537, www.dplangagu.com

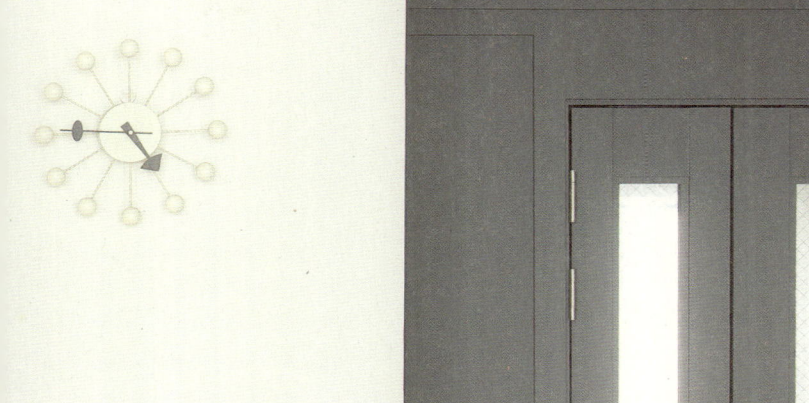

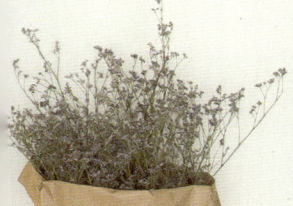

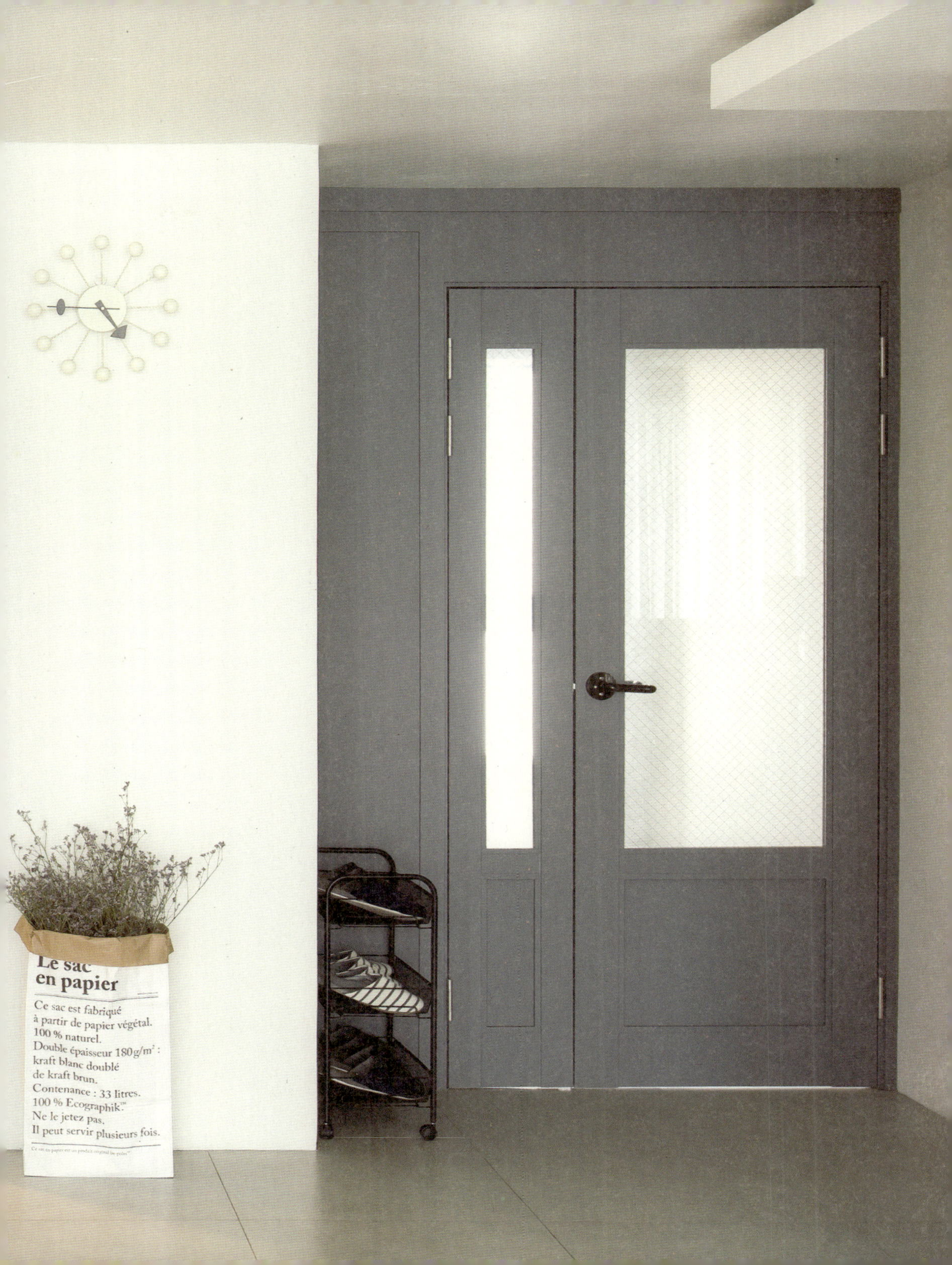
Le sac
en papier
Ce sac est fabriqué
à partir de papier végétal.
100 % naturel.
Double épaisseur 180g/m² :
kraft blanc doublé
de kraft brun.
Contenance : 33 litres.
100 % Ecographik™
Ne le jetez pas,
Il peut servir plusieurs fois.

fabric

패브릭 고르기

큰돈 들이지 않고 손쉽게 집 안 분위기를 바꿀 수 있는 방법은 무엇일까? 많은 인테리어 전문가들이 패브릭을 활용할 것을 권하곤 한다. 실제로 공사를 해보니 맞는 말이었다. 지금까지 마감재와 가구로 인테리어의 뼈대를 만들었다면 패브릭으로 완성도를 높이고 따스함을 불어넣을 차례다. 당시 우리 집은 집 안 전체가 그레이 컬러를 주조색으로 삼다 보니 다소 칙칙해 보이지 않을까, 하는 걱정이 들었던 것도 사실이다. 그런데 커튼이나 쿠션 등의 패브릭을 적절히 활용하니 이런 우려를 말끔히 해소할 수 있었다. 큰 노력이나 비용을 들이지 않고 철마다 인테리어에 변화를 주고 싶은 사람들에게 패브릭은 단연 최고의 인테리어 아이템일 것이다.

먼저 패브릭을 활용하는 부분은 크게 커튼, 침구, 러그, 쿠션으로 나눈다. 예산은 커튼 50만 원, 침구&패브릭 40만 원, 쿠션 20만 원, 러그 40만 원 등 총 150만 원으로 책정했다. 하지만 6개월간 생활하면서 더 다양한 스타일의 패브릭을 구입해 요리조리 연출해보았고, 이러한 경험을 바탕으로 이번 파트를 정리했다. 패브릭은 마치 음식의 고명처럼 인테리어를 돋보이게 하는 스타일링 재료가 되어준다. 매 시즌 위시 리스트를 만들어두고 여유 자금이 생길 때마다 하나씩 구입해보자. 계절마다 옷을 사는 대신 집의 옷을 갈아입히는 재미는 꽤 중독성이 있다. 지금부터 시행착오 끝에 터득한 패브릭 고르는 법과 합리적인 패브릭 쇼핑 노하우를 공개한다.

동대문 원단 시장에서 구입한
심플 커튼

커튼 역시 '북유럽 스타일'이 최고의 주가를 올리고 있었다. 그런데 국내에서 판매하는 '북유럽 스타일'은 아이들용 패턴처럼 밝고 선명한 컬러에 귀여운 디자인 일색이었다. 북유럽 여행에서 직접 경험한 것과는 전혀 달랐다. 유행하는 북유럽 스타일 패브릭을 찾는 대신 북유럽 현지인들이 직접 올린 사진을 찬찬히 살펴보았다. 공통점이 있었다. 그들의 집에는 무난한 컬러와 디자인의, 아주 심플한 커튼이 자리하고 있었다. 색은 모두 약속이나 한 듯 베이지, 화이트, 그레이였다.

인터넷 쇼핑몰을 중심으로 '심플 커튼'을 검색어로 입력했다. 기본형의 무지 커튼은 종류가 그리 많지 않은데 가격은 비쌌다. 거실을 예로 들면 두툼한 암막 커튼과 속지 커튼을 조합한 예산은 70만 원(4m 20cm 기준) 정도 나왔다. 집요한 검색 실력을 발휘해 최저가를 찾아보았지만 아무리 줄여도 거실, 서재, 안방까지 100만 원의 예산이 필요했다.

쇼핑몰 장바구니와 인터넷 결제 창에서 최종 결정을 망설이기를 여러 번, 마지막이라는 생각으로 동대문 원단 시장을 찾았다. 당시 아파트 공사와 가구 주문으로 이미 모든 기운이 빠져나간 상태였다. 원단을 떼다가 공임을 맡기는 일조차 귀찮았던 나는 완제품을 판매하는 커튼집을 방문했다. 동대문 종합상가 A동 1층에 들어서니 커튼집이 즐비했다. 2~3군데 들러보고 나서 상품이나 가격이 비슷하다는 사실을 깨달았다. 몇 군데 더 둘러보다 '삼삼커튼(동대문 종합시장 A동 1242호, 02-2279-4330)'에 자리를 잡았다. 그곳은 소매 판매도 하지만 유명 브랜드 커튼을 제작해 납품하는 가게였다. 원단 샘플인 스와치 샘플 북만 수백 개여서, 암막 커튼이나 속지 커튼이 많아 봐야 다섯 종류 전후였던 쇼핑몰에 비하면 선택의 폭이 훨씬 넓었다.

거실, 서재, 안방 등 공간별 용도에 따라 소재를 달리해 다섯 종류의 패브릭을 최종 선택했다. 소재는 다르지만 색상만은 그레이를 기본으로 하는 것을 잊지 않았다. 속지는 화이트로 통일하되 미묘하게 다른 소재와 무늬로 변화를 주었다.

커튼 원단을 고른 후에는 커튼을 어떤 스타일로 연출할지 결정해야 한다. 연출법에 따라 필요한 원단의 양과 제작 방법이 달라진다. 또 같은 패브릭도 제작 방법에 따라 완전히 다른 느낌을 내니 신중하게 살펴보아야 한다. 크게는 천장에 레일을 설치하는 방법과 커튼 봉을 설치하는 방법으로 나뉜다. 전자라면 '민자', '나비 주름' 스타일로, 후자라면 '아일렛', '봉집', '멜빵 주름' 스타일 중 다시 선택한다. 고민 끝에 안방 속지 커튼은 '레일+나비 주름'으로, 거실 암막 커튼은 '커튼 봉+아일렛', 속지 커튼은 '레일+나비 주름'으로, 서재는 '커튼 봉+멜빵 주름' 스타일로 결정했다.

커튼 제작비와 설치비, 그리고 부속품 비용까지 더한 총 견적은 65만 원이었다. 쇼핑몰 최저가 기준 거실 커튼 두 폭을 제작할 가격으로 안방과 서재까지 모두 해결한 셈이다. 어떤 카테고리를 막론하고 요즘은 인터넷이 제일 싸긴 하다. 하지만 커튼만큼은 원단 시장에 가보길 권한다. 훨씬 다양한 종류의 원단을 구비해 원하는 색과 질감을 직접 보고 결정할 수 있고, 가격까지 저렴하다. 게다가 배송은 물론 부자재 설치까지 원스톱으로 해결할 수 있으니 여러모로 최선의 선택이 아닐 수 없다.

 칼슘 tip

취향 따라 고르는
커튼 연출법

민자

커튼 제작에서 가장 기본형 연출법. 커튼의 윗단을 접어 튼튼하게 만들고 원하는 간격에 따라 S자 핀을 달아 천장에 설치된 레일에 걸어 설치한다. 가장 자연스러운 주름이 연출된다.

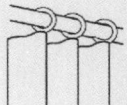

아일렛

커튼 상부에 일정한 간격으로 펀칭을 하고 금속 소재의 아일렛을 심어 커튼 봉에 끼울 수 있게 제작하는 스타일이다. 암막 커튼처럼 소재가 두껍고 무게가 나가는 재질에 주로 사용한다.

나비 주름

커튼 위쪽을 일정한 간격으로 주름을 잡아 봉재해 만든다. 인위적으로 주름을 만드는 연출법이며 커튼을 펼쳐도 주름이 잡혀 있다. 클래식한 스타일의 인테리어에 잘 어울리는 커튼 연출법이다.

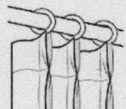

봉집

커튼 윗부분에 터널처럼 긴 구멍을 만들어 커튼 봉을 통째로 끼워 넣을 수 있게 제작한다. 아주 자연스러운 주름이 연출된다. 기장이 짧거나 소재가 얇은 속지 커튼에 적합한 스타일이다.

멜빵 주름

커튼 윗부분에 마치 멜빵처럼 고리를 만들어 커튼 봉을 끼울 수 있게 제작한다. 커튼 봉이 전혀 보이지 않는 봉집 스타일에 비해 시원한 느낌을 준다. 체크나 도트처럼 캐주얼한 패턴과 잘 어울린다.

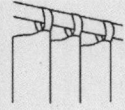

영국 존 루이스 백화점에서 득템한
호텔식 침구

　　　　　침구 선택 기준은 무엇일까? 디자인은 물론 매일 내 살과 맞닿는 것이니 촉감이나 소재가 매우 중요할 것이다. 그래서 어떤 품목보다 선택하기 까다로울 수밖에 없는 것이 사실이다. 오랜 자취 경력으로 텐바이텐에 입점한 팬시한 느낌의 브랜드부터 홈쇼핑 제품까지 다양한 침구를 섭렵했지만, 디자인과 사용감을 동시에 만족시키는 침구를 찾기는 힘들었다.

　　　　　우리 모두가 꿈꾸는 단 하나의 침구는 단연 '호텔식 침구'일 것이다. 바스락거리는 새하얀 커버와 온몸을 폭신하게 감싸 안아주는 거위털 이불은 신혼부부의 필수 혼수 품목으로 인기를 끌고 있다. 국산 제품 중에는 그런 느낌을 내는 것을 찾기 힘들어 수입 침구를 둘러보았지만, 역시 가격이 문제였다.

　　　　　그때 마침 영국 출장을 다녀온 동생에게 반가운 소식을 들었다. 런던 존 루이스 백화점 패브릭 코너에서 판개하는 침구가 꽤 괜찮아 보이니 홈페이지를 찾아보라는 것이었다. 홈페이지를 둘러보니 존 루이스 백화점에서는 자체 생산 브랜드(PB)로 가격대가 합리적인 생활용품을 판매하고 있었다. 우리나라로 치자면 이마트 자주쯤 될 것 같다. 화려한 꽃무늬 패턴의 전형적인 영국 스타일 침구가 주를 이뤘지만, 내가 찾던 심플한 그레이 침구도 꽤 많았다. 그중 아주 작은 도트 무늬 스티치로 장식한 화이트 침구 커버를 장바구니에 담았다.

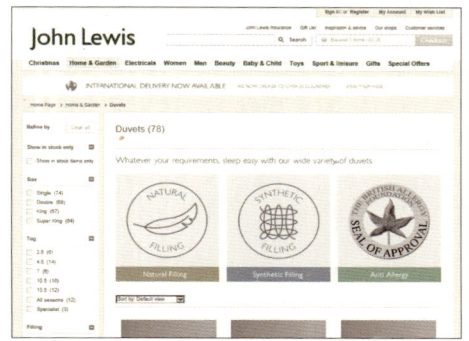

커버보다 더 반가운 상품은 이불솜이었다. 70여 가지가 넘는 다양한 종류의 이불솜이 출시되어 있었다. 10파운드대의 마이크로 파이버 이불솜부터 1000파운드를 호가하는 최고급 윈터 스노 구스다운까지, 가격대도 다양했다. 특히 눈길을 끈 것은 생전 처음 보는 '토그(Tog)'라는 단위였다. 이는 이불솜의 등급을 나타내는데, 구글에서 찾아보니 따뜻함의 정도를 나타내는 단위라고 했다. 4.5Tog는 여름용, 10.5Tog는 봄가을용, 13.5Tog는 겨울용으로, 이 중 내 마음에 쏙 든 제품은 '클래식 덕다운'이었다. 50만 원 전후 가격의 구스다운보다 한 등급 낮은 '클래식 덕다운'은 20만 원대에 구입할 수 있었다. 후기를 살펴보니 '클래식 덕다운'은 '구스다운'과 사용감에 큰 차이가 없고 가격 대비 매우 만족스럽다는 평이 대부분이었다. 주문을 마치니 몇 주 후 이불솜과 커버가 배달되었다. 결과는 말 그대로 대만족이었다.

 칼슘 tip

커버렛 교체만으로 새로운
침실 데커레이션

우리나라에서는 다소 생소한 개념이기도 한 커버렛(coverlet)은 북유럽 사람들에겐 필수 소품이다. 이불을 각종 먼지에서 보호하는 역할을 하기도 하고, 부부라도 싱글 사이즈 이불을 각자 쓰는 것이 보편화된 생활 습관 때문인지, 어느 집에나 커버렛이 이불과 세트로 연출되어 있었다. 우리 집은 그레이와 화이트 컬러를 주조색으로 침실을 꾸몄는데, 계절마다 다른 분위기를 내고 싶을 때 데커레이션에 확실한 포인트를 주는 커버렛을 활용한다. 이불 커버를 모두 교체하지 않고 커버렛 한 장 바꾸는 것만으로 분위기를 바꿀 수 있으니 부담이 없다.

칼슘 list

모노톤 침실에 생기를 더하는
커버렛 리스트

우리 집 침실은 그레이를 주조색으로 심플하게 연출했다. 인테리어에 변화를 주고 싶을 때는 주로 커버렛을 교체해 분위기를 바꿔본다. 커버렛은 컬러도 패턴도 개성 있고 과감한 디자인을 선택하는 편인데, 그레이 톤이 배경이 되니 한결 자유롭게 스타일을 연출할 수 있다. 코펜하겐에서 마음을 빼앗긴 예쁜 스카프 사 모으듯 갖고 싶은 매력 만점 커버렛 브랜드 리스트를 공개한다.

헤이 - 메가닷 헥사곤(Hay Mega Dot Hexagon)
펌리빙 - 애로 베드 커버(Ferm Living Arrow Bed Cover)
브리타 스웨덴 - 안나리스 블랭킷(Brita Sweden Annalisa Blanket)
오이오이 - 베드 커버(OYOY Bed Cover)
피아 발렌 - 크로스 블랭킷(Pia Wallen Cross Blanket)
노만 코펜하겐 - 스프링클 퀼트(Normann Copenhagen Springkle Quilt)

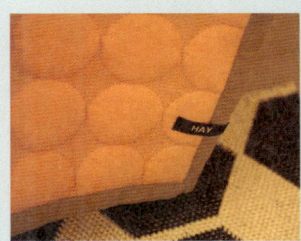

**오리지널 브랜드
꼭 하나만 고른다면?
단연 쿠션**

시중에 '북유럽 쿠션'이라는 상품명으로 판매되는 쿠션은 수만 개가 넘을 것이다. 하지만 스타일은 정말 제각각이다. 기하학적인 패턴이나 별 무늬, 각종 동물 캐릭터가 들어가면 모두 북유럽 스타일 쿠션이라는 설명이 붙는다. 하지만 북유럽 오리지널 브랜드에서 출시하는 쿠션을 보면 조금 생각이 달라진다.

북유럽 디자인 쿠션은 브랜드별로 디자인 아이덴티티가 고스란히 드러난다. 알록달록하고 패턴을 강조했다고 모두 북유럽 스타일 쿠션이 아니라는 얘기다. 반가운 사실은 쿠션 가격이 매우 현실적이라는 점이다. 물론 수백만 원을 호가하는 가구나 조명등에 비한다면 말이다. 북유럽 브랜드의 엔트리 모델로 이만한 것은 없다. 3만 원 전후인 국산 제품과 비교한다면 물론 비싸다. 하지만 10만 원 전후의 가격에 구입할 수 있는 북유럽 브랜드 쿠션 몇 개로 집 안 분위기가 살아나니 그만한 가치가 있다.

가장 먼저 추천하고 싶은 쿠션은 북유럽 대표 브랜드 '펌리빙'의 제품이다. 북유럽 스타일이라며 인기를 끄는 쿠션 중 대부분이 '펌리빙'의 디자인을 카피한 제품이니, 그 인기를 실감할 수 있다. 하지만 북유럽 감성을 담은 색감과 기하학 패턴으로 대표되는 펌리빙만의 디자인 아이덴티티는 오리지널 디자인에서 제대로 느낄 수 있다. 최근에는 유럽을 비롯해 미국에서도 큰 인기를 얻으며 승승장구하고 있다. 펌리빙의 쿠션을 가장 싸게 구입하는 방법은 직구다. 스칸디나비아 디자인센터를 이용하면 개당 7만~9만 원 선에서 구입할 수 있다. 내가 가장 먼저 구입한 쿠션은 펌리빙의 '닷쿠션'과 '스트라이프 쿠션'이다. 오렌지 컬러의 패턴이 그레이와 함께 연출하니 특히 매력적으로 느껴졌다. 이어서 구입한 '블랙 세미서클 쿠션'과 '블랙 미니 트라이앵글 쿠션' 역시 여러 스타일로 연출하기 좋은 디자인이다. 부엌의 바 스툴에 놓은 '스타 쿠션' 역시 펌리빙에서 구입했다.

두 번째로 추천하는 브랜드는 '헤이 닷 쿠션'이다. 덴스크 매장에서 거스 소파와 함께 디스플레이되어 있던 제품인데, 작년 파리 출장 때 들른 마레 지구의 인테리어 숍에서 보고 한눈에 반한 브랜드다. 덴마크의 명품 패브릭 브랜드인 크바르닷(Kvardat)의 원단을 사용한다는 헤이 닷 쿠션은 양면에 각기 다른 색의 단추를 매치해 때에 따라 다른 분위기를 연출할 수 있다. 거스 소파에 놓으니 마치 처음부터 한 세트였던 것처럼 참 잘 어울렸다.

마지막으로 추천하는 브랜드는 덴마크 젊은이들을 중심으로 인기를 끌고 있는 리빙 브랜드 '하우스닥터'다. '하우스닥터'라니 이름 한번 유쾌하고 재미있다. 그동안 소개한 브랜드보다 빈티지하면서도 인더스트리얼한 느낌을 풍기며 개성이 강한 것이 특징이다. 매 시즌 네온 색상이나 강렬한 패턴 등 과감하면서도 젊은 취향의 디자인을 발 빠르게 선보인다. 하지만 그 무엇보다 최고의 매력은 3만~6만원대의 가격이다. 북유럽 오리지널 브랜드 중에서 가장 저렴한 가격으로, 국산 쿠션 가격과 큰 차이가 없으니 꼭 눈여겨보자.

펌리빙과 헤이의 대표 쿠션들.
쇼핑욕을 옷 대신 소품구입으로 풀었더니,
어느새 '쿠션 부자'가 되어 있었다.

사계절 내내 쓰는
북유럽 스타일 돗자리, 러그

　　　　　　카펫이나 러그는 온돌 생활을 하는 우리나라 사람들의 라이프스타일에는 맞지 않는다. 하지만 바닥에 타일을 깐 우리 집에서는 카펫이나 러그가 필수다. 인터넷으로 다양한 스타일의 카펫이나 러그 제품을 찾다가 색다른 러그 제품을 발견했다. 파펠리나 러그는 불과 1~2년 사이 인기 블로거들의 쇼핑 리스트를 휩쓸었다. 이 브랜드에 열광하는 사람들을 보며 돗자리처럼 까슬까슬한 소재로 만든 러그가 뭐 그리 좋을까, 하는 생각이 들었다. 그런데 물건을 직접 보니 고개가 끄떡여졌다. 디자인이 세련된 것은 물론이거니와 PVC 소재의 질감은 예상보다 상당히 고급스러웠다. 촉감도 좋았다. 회색 타일 바닥과 매치해보니 모던한 디자인과 재질이 상당히 잘 어울렸다. 거실, 침실, 부엌에 이 제품을 두기로 결정하고 파펠리나를 비롯해 이와 유사한 브랜드까지 검색하기 시작했다. 그리고 국내에 유통되는 PVC 재질 러그 중 파펠리나, 브리타, 마린웨스트버그 등 세 가지 브랜드 제품으로 범위를 좁혔다.

　　　　　　내가 최종 선택한 러그는 마린웨스트버그의 '패딩턴(Paddington)', 브리타 스웨덴의 '애나(Anna)'였다. 마린웨스트버그는 북유럽 제품을 수입하는 국내 쇼핑몰에서, 브리타 스웨덴은 스칸디나비안 디자인센터의 할인 기간에 저렴하게 구입할 수 있었다. 사용감은 매우 만족스럽다. 특히 마린웨스트버그의 러그는 기분에 따라 블랙과 화이트 양면을 번갈아가면서 사용할 수 있어 활용도가 높다. 여름과 겨울 언제라도 사용할 수 있다는 점 역시 장점이다. 또 흐르는 물에 씻은 후 햇빛에 말리기만 하면 되니 관리하기도 무척 편하다.

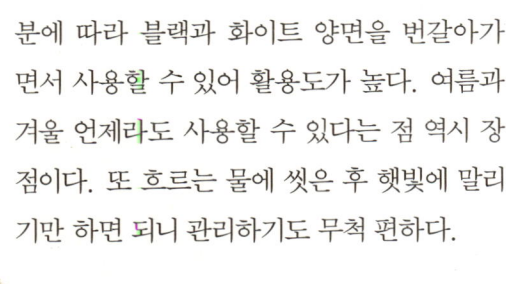

 칼슘 list

북유럽산 '돗자리 러그'의 대표 3인방

패브릭 러그에 비해 관리가 간편하고, 모던하고 세련된 패턴 덕분에 하나만으로도 인테리어 효과를 누릴 수 있는 파펠리나, 브리타 스웨덴, 마린웨스트버그의 러그는 국내에서도 쉽게 접할 수 있다. 세 가지 브랜드의 대표적인 디자인을 살펴보고 우리 집 인테리어에 적용해보자.

파펠리나 Vivi/Honey/Linn/Eira/Owen
브리타 스웨덴 Rita/Helmi/Ingrid/Gittan/Anna/Gunnel
마린웨스트버그 Paddington/Tokyo/Vanholm

 칼슘 list

패브릭과 소품을 구입하기 좋은
유럽 직구 사이트 BEST 3

배송에 제약이 많은 가구에 비해 패브릭은 직구에 도전하기 딱 좋은 품목이다. 가격이 크게 차이 나지 않더라도 여러 품목을 함께 구입하면 상당한 금액을 아낄 수 있다. 한국 직배송이 가능한 유럽 직구 사이트 세 곳을 소개한다.

노만 코펜하겐 www.normann-copenhagen.com
화려하진 않지만 보면 볼수록 매력적인 친구 같은 브랜드. 노만 코펜하겐에는 은근한 매력을 풍기는 물건이 가득하다. 최근 들어 공식 홈페이지에서 전 세계 배송 서비스를 시작했다. 게다가 200유로 이상을 구입하면, 한국까지 배송비는 무료다. 쇼핑몰 웹 페이지가 단순하면서도 이용하기 쉽게 디자인되어 타 글로벌 쇼핑몰에 비해 구입 방법이 한결 쉽다. 파손이 우려되는 가구는 추천하고 싶지는 않다. 하지만 패브릭이나 종이 조명 같은 소품은 시도해볼 만하다. 나의 첫 노만 코펜하겐 직구의 주인공은 베드 커버렛이었다. 2014년 F/W 시즌 신상품인 '스파클링(Sarkling)'을 잡지에서 보고, 공식 홈페이지를 통해 직구로 구매했다. 직구가 처음인 사람들을 위해 차근차근 단계를 설명해보겠다.

STEP 1 원하는 상품을 담는다.
STEP 2 시핑 어드레스(shipping address)난에 영어로 한국 주소를 넣는다.
발음에 따라 임의로 한국 주소를 적어도 배송에 큰 문제는 없다.
단, 우편번호는 정확하게 표기해야 한다.
STEP 3 비자나 마스터 카드로 결제한다.
STEP 4 결제가 완료된 후의 화면을 캡처해둔다.
주문 번호를 적는 것보다 화면 전체를 캡처하는 것이
오배송에 대처하기에 유리하다.
STEP 5 배송 기간은 7일 이내다. 배송 즉시 트래킹 넘버가 부여되고,
관세가 책정된다. 관세와 부가세는 각각 10%지만,
'Made in Denmark'를 증명하는 서류를 구비하면
EU 국가와의 관세 협정으로 관세가 면제된다.
STEP 6 UPS에서 전화가 오면 부가세를 입금한다.
보자기에 싸여 도착한 노만 코펜하겐 박스를 풀어
배송 제품이 맞는지 확인한다.

네스트 www.nest.co.uk

영국 최대의 인테리어 쇼핑몰. 웬만한 디자이너 브랜드는 이곳에 다 있다 해도 과언이 아닐 정도로 아이템이 방대하다. 영국의 쇼핑몰이지만 세계적으로 인기몰이 중인 헤이나 무토 같은 북유럽산 가구 브랜드가 다수 입점되어 있다. 비트라나 카르텔의 인기 제품도 취급한다. 한국 리테일가에 비해 가격이 30%가량 저렴하고 한국까지 직배송이 가능하다. 하지만 직배송비에 관세나 부가세를 합하면 한국에서 구입하는 것과 큰 차이는 없다. 그러나 한국에 들어온 모델이 아닌 희귀 아이템을 득템할 수 있고, 가끔 폭탄 세일하기 때문에 종종 애용한다. 보통 일 년에 두 번 정도 빅 세일을 하는데, 이때가 기회다. 장바구니에 담았던 물건이 세일 리스트에 있다면 훨씬 저렴하다. 세일 폭이 꽤 커서 이 기간을 이용해 비트라의 유텐실로를 한국 매장 가격보다 25%가량 저렴하게 구입할 수 있었다.

스칸디나비안 디자인센터 www.scandinaviandesigncenter.com

북유럽 직구 업계의 대부로 여겨지는 쇼핑몰. 스트링 포켓과 이딸라 제품을 가장 저렴하게 살 수 있다. 처음 접속하면 촌스럽고 엉성한 웹 디자인, 허술한 결제 시스템에 실망할지도 모른다. 그뿐 아니라 주문한 후 한 달을 넘게 함흥차사인 배송 시스템에 속이 뒤집어지기 일쑤다. 심지어 트래킹 넘버조차 부여되지 않는다. 하지만 이 느려터진 사이트를 끊을 수 없는 명백한 이유가 있다. 바로 제품 가격이 저렴해 북유럽 현지 가격 그대로 한국에서 살 수 있다는 것이다. 게다가 249달러 이상이면 무료 배송해준다. 한 달에 한 개의 브랜드를 선정해 게릴라 세일도 한다. 그러니 직구족에게는 한번 발을 들이면 절대 헤어 나올 수 없는 곳이다. 스트링포켓, 파펠리나, 브리타러그, 펌리빙, 디자인레터스 등의 브랜드가 있다.

유독 이 사이트에만 들어가면 정신을 차리지 못하는 내가 총 일곱 번 직구하며 얻은 교훈과 주의 사항을 전해본다. 첫째, 교환과 환불이 사실상 불가능하다. 화면과 다른 제품이 배송되어도 교환과 환불 절차가 까다로워 그냥 쓰기 일쑤다. 둘째, 배송 기간이 길다. 셋째, 일곱 번 주문 중 오배송된 것이 두 번이다. 디자인레터스에서 알파벳별로 된 목록 중 'jar'를 선택해 제품을 구입했는데 전혀 다른 제품이 배송되기도 했고, 색상이 완전히 다른 것이 오기도 했다. 오배송에 대한 메일을 주고받는 일 역시 번거로워 차라리 포기하기에 이른다. 그렇지만 이런 치명적인 단점에도 끊을 수 없는 마약 같은 사이트다. 2014년 가을부터 스칸디나비안 디자인센터의 한국 공식 블로그가 개설되었다고 하니 고객 서비스의 개선을 기대해본다.

storage

수납 가구와
소품 고르기

"백날 꾸미면 뭐 해? 몇 개월 생활하다 보면
그냥 평범한 집이 되어버리는데."

집 인테리어를 업체에 맡겼거나 가구나 스타일링 소품에 힘을 주며 집 꾸미기 열풍에 동참했던 선배들의 말이다. 바닥재를 바꾸고 가구나 패브릭 원단에 신경 썼건만 공간에 짐이 쌓이면 그다음부터는 답이 없다. 이미 '인테리어'나 '스타일링'이라는 단어는 저 멀리 달아나버린다. 소위 '생활의 짐'으로 점령당한 집은 그저 그런 아파트가 되어간다. 지금까지 고생이 수포로 돌아가는 일을 막는 데 가장 중요한 것은 수납 가구다. 못생긴 생활의 짐은 가려주고, 적재적소에서 수납과 정리를 도와주는 기능성은 물론 훌륭한 디자인적인 조형미까지 선사해준다면 금상첨화일 것이다. 그다음으로 중요한 역할을 하는 것은 작지만 주인의 감각 드러내는 소품이다. 슬리퍼, 유리컵, 꽃병 등 일상적인 작은 소품 하나에도 취향을 담아보자. 신중하게 소품을 구입하다 보면 집 안은 온전히 당신의 취향으로 가득할 것이다.

적재적소에 놓은 소가구로
스타일링 유지하기

"이 집에는 왜 이리 짐이 없어요?"

우리 집을 방문한 지인들이 자주 하는 말 중 하나다. 가구를 배치하고 선택하는 데 특정한 공식은 없다. 각자에게 필요한 가구를 사고, 없으면 없는 대로 살면 된다. 없으면 큰일 날 것처럼 여겨지는 소파 테이블이나 침실의 뻔한 화장대를 없앴지만 어색하지 않았다. 거실 하면 으레 떠올리는 그림은 커다란 소파 앞에 큰 테이블이 자리하고, 그 위에는 신문이나 잡지가 놓여 있으며, 옆에서 트레이에 놓은 과일을 깎으며 담소를 나누는 장면일 테다. 하지만 실상은 어떠한가? 거실 테이블 위는 늘 영수증 뭉치, 자동차 키, 먹다 남은 과자가 뒹군다. 청소 못하기로 유명한 나에게 거실 테이블은 늘 무언가 잔뜩 쌓인 곳이었다. 그래서 이를 정리하는 가장 좋은 방법으로 '짐을 올려둘 면적을 줄이는 것'이라는 방법을 생각해냈다. 즉, 짐을 없애려면 놓을 곳을 없애버리면 된다는 다소 단순 무식한 방법을 생각해낸 것이다.

침대 옆 가구도 마찬가지다. 액세서리, 화장품, 혹은 잠들기 전에 읽는 책 등을 놓아둔다는 명목하에 침대 옆에 협탁이나 장을 둔다. 게다가 침대는 꼭 세트 구성이다. 그러한 뻔한 가구 배치가 뻔한 공간을 만든다. 그래서 좀 다르게 생각 해보았다. 공식처럼 생각되는 가구 대신 언제든 이동할 수 있고 적재적소에서 활약하는 다기능 소가구를 알아보았다.

가장 먼저 소파 테이블. 정석대로라면 AV장과 같은 톤의 월넛 컬러 소파 테이블을 구입해야겠지만, 리모컨만 둘 수 있는 미니 사이즈 탁자면 충분하다는 생각이 들었다. 그렇게 선택한 것은 헤이의 디엘엠(DLM) 제품이다. '나를 떠나지 마요(don't leave me)'라는 의미를 담은 이 가구는 볼록 튀어나온 손잡이를 쥐면 어디든 이동할 수 있다. 소파 테이블뿐만 아니라. 침대 헤드보드 옆이나 서재 책상 옆에 사이드 테이블로 놓아도 잘 어울린다. 어디에 두든 어색함이 없는 전천후 디엘엠 테이블은 레몬, 스카이, 민트의 색상이 출시되어 있다. XL 사이즈와 S 사이즈를 믹스해서 스타일링하면 귀여운 느낌까지 든다.

다음으로 침대 테이블은 침실 미닫이문 색상인 '켄달 차콜'과 잘 어울리는 진한 그레이 컬러의 소가구를 찾고 싶었다. 그러던 차에 정말 색다른 디자인의 소가구를 발견했다. 병원에서 쓰는 왜건을 본뜬 것 같은 노만 코펜하겐의 '블록 테이블'. 진한 그레이 색상이 침실 미닫이문과 처음부터 세트였던 것처럼 싱크로율 100%를 자랑했다. 앙증맞은 바퀴 역시 위트가 있어 좋았다. 어떤 소품을 올려놓느냐에 따라 느낌이 완전히 달라졌다. 침실에 놓는 것도 좋지만 싫증 나면 부엌으로 옮겨 양념장이나 와인을 보관하는 용도로 활용할 수 있을 듯하다.

 칼슘 list

전천후 쓰임새를 자랑하는
감각파 소가구 리스트

국내 생산 가구 브랜드에서 취급하는 침대 협탁이나 거실 테이블 가격은 30만 원대다. 이 금액이면 북유럽 오리지널 브랜드 제품을 살 수 있다. 처음 봤을 때는 다소 작고 부실한 듯 느껴지지만, 막상 집 안에 놓으면 이만큼 스타일리시한 오브제가 또 있을까 싶다. 집 안 어디에서나 눈부시게 활약하는, 오브제처럼 예쁜 북유럽 브랜드 소가구 리스트를 소개한다.

헤이-디엘엠(DLM)
헤이-트레이 테이블(Tray Table)
무토-어라운드 테이블(Around Table)
펌리빙-와이어 바스켓(Wire Basket)
노만 코펜하겐-블록 테이블(Block Table)
디자인 하우스-스톡홀름 타블로 사이드 테이블(Stockholm Tablo Side Table Low)
카르텔-콤포니빌리 라운드 스토리지(Componibili Round Storage)

패션 액세서리처럼 감각을 높이는 스탠드 조명등

스탠드형 조명은 따로 설치할 필요가 없고 다양한 리프로덕트 제품을 시중에서 쉽게 살 수 있다. 디자인 원작자에게는 죄송스럽지만 주머니가 넉넉지 않은 셀프 리모델러들에게는 10분의 1 가격에 살 수 있는 카피 제품은 반갑기 그지없다. 게다가 가구에 비해 품질이 매우 높다.

먼저 간접조명과 펜던트 조명을 구입한 을지로 조명 상가에서 처음부터 찜한 제품이 있었는데, 바로 인더스트리얼 스타일 스탠드 조명의 대명사라고 할 수 있는 지엘드 관절 조명이다. 가로수길 카페나 의류 숍에서 볼 수 있는 이 녀석의 시중 가격은 40만 원대. 을지로 로하스조명에서 17만 원대에 구입할 수 있었다.

그리고 다음으로 갖고 싶었던 조명은 플로어 스탠드 조명 AJ. 북유럽 가정집에서 가장 많이 볼 수 있는 이 아름다운 조명은 코펜하겐 현지에서조차 100만 원이 훌쩍 넘는 가격에 나에게는 언감생심 꿈도 꾸지 못하는 '드림 조명' 같은 존재였다. 하지만 형태가 비슷한 을지로의 AJ 플로어 조명은 17만 원대. 블랙과 화이트 중 화이트 제품을 구입했다. 오리지널 디자인에 비해 얇고 몸통 부분이 살짝 휘었다는 아쉬움이 있었지만 데커레이션 효과가 커 꽤 만족스러웠다.

마지막 위시 리스트는 일룸스 볼리거스에서 보고 한눈에 반한 구비의 플로어 스탠드 램프였는데, 현지에서는 100만 원대, 한국의 수입 매장에서는 130만 원대에 판매되고 있었다. 이 또한 카피 제품을 찾아보았는데, 품질이 형편없었다. 특히 구비 램프 특유의 크리미한 색감을 전혀 재현하지 못했다. 며칠 동안 고민하는 동안 이 조명만은 오리지널을 사야겠다는 강한 의자가 솟구쳤다. 그래야 우리 집 거실 인테리어를 완성할 수 있을 거라는 생각이 들었다.

공사 시작 초반 약속했던 3000만 원이 초과되었기에 결국 몰래 모아놓은 용돈을 풀었다. 명품 백을 살 수 있는 가격을 지불하고 구비의 플로어 램프를 구입한 것이다. 처음에는 '이 돈이면 백을 사지 웬 조명이냐'라는 생각이 들었지만 퇴근길 현관문을 열면 마주치는 이 늠름한 녀석을 보면 그런 생각이 싹 사라진다.

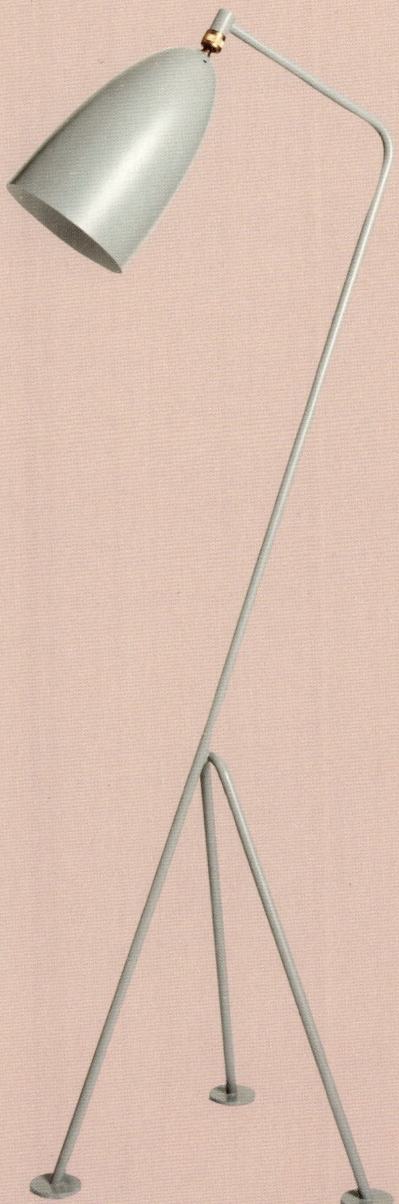

큰맘 먹고 구입한 북유럽 오리지널 제품 3
아무리 검색해봐도 오리지널의 느낌을 살린 카피 제품을 찾기 힘들었던 구비 조명.
눈 딱 감고! 큰맘 먹고! 지른 이 녀석은 내가 왜 망설였나 싶을 정도로 만족스럽다.
대대손손 물려줄 계획.

칼슘 list

존재 자체로 빛나는
대표 수납 가구 브랜드

수납은 곧 청소하기 싫은 것들을 처박아두는 행위와 다름없었다. 마트에서 파는 값싸고 투박한 수납 박스 몇 개면 잡동사니를 모두 쓸어 넣을 수 있으니 만사 오케이라는 생각은 코펜하겐의 아파트를 보면서 달라졌다. 그곳에는 짐을 해결하는 것이 아니라 그 자체로 아름다운 디자인이 되는 수납 가구들이 활약하고 있었다. 수납조차 스타일링 장치가 되는 감각파 수납 가구를 모았다.

스트링
스트링 포켓(String Pocket)
최근 2~3년 사이에 북유럽 인테리어의 유행과 함께 순식간에 국내에 퍼졌다. 디자인에 반해 스트링 포켓을 꼭 사야겠다고 결심했지만 너도나도 다 사는 바람에 식상하다는 생각이 들어 이를 대체할 수납 선반을 찾아 헤맸다. 그러나 결국 나는 백기를 들고 스트링 포켓 열풍에 동참하기로 했다.
북유럽 국민 선반이라 불리는 스트링 포켓(이제 대한민국 국민 선반에 등극할 지경이다)의 최대 강점은 색감이다. 크리미하면서도 사랑스러운 색감은 딱 북유럽스럽다. 크기도 적절해 부엌, 서재, 거실 어디든 설치할 수 있다는 점도 강점. 흰 벽에 눈을 사로잡을 수 있는 포인트 소품 몇 개로 연출할 수 있다. 구글에 'String Pocket'이라고 검색해보면 다양한 개성으로 스트링 포켓을 사용하는 전 세계 수만 명 유저들의 '올바른 스타일링의 예'를 볼 수 있다. 스칸디나비안 디자인센터나 이노메싸, 루밍 등의 북유럽 편집 숍에서 구입할 수 있다.

비트라
유텐실로(Utensilo)
독일 비트라에서 1969년에 출시한 유텐실로는 독어로 '용기, 살림 도구, 집기, 가정용 도구'라는 뜻을 지닌 유텐실(Utensil)에 'O'를 붙인 이름이다. '베스트셀러'라는 말보다는 오랫동안 변하지 않고 전 세계인들에게 사랑을 받는 '스테디셀러'라는 단어가 더 잘 어울리는 수납 가구다. 올록볼록 다양한 모양의 수납 상자가 결합된 유텐실로의 유니크하고 위트 있는 디자인은 사용자에 의해 비로소 완성된다. 취향이 담긴 소품으로 채운 유텐실로는 나만의 이야기가 담긴 유니크한 스토리보드가 되어줄 것이다. 한국 매장을 기준으로 가격은 크기에 따라 40만~60만 원대.

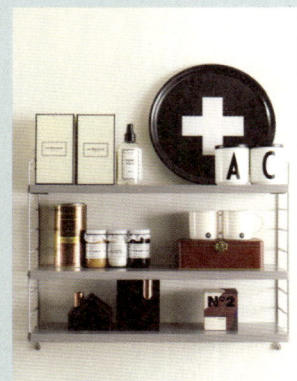

노만 코펜하겐
포켓 오거나이저 1(Pocket Organizer 1)
한눈에 반해버린 노만 코펜하겐에서 2014년 출시한 수납함. 유텐실로의 수납함을 하나씩 따온 것 같은 재미난 디자인이 눈길을 끈다. 형태가 각기 다른 오거나이저는 1~4호기로 나뉘고 각각의 형태마다 컬러가 다르다. 한 개만 벽에 걸어도 되고 모두 나란히 걸어도 된다. 수납할 것이 많다면 10~20개를 단체로 설치해도 좋다. 게다가 가격도 저렴하다. 1~4호기 세트로 10만 원대에 구입할 수 있다. 플라스틱 재질의 단순해 보이는 이 작은 수납함이 가져오는 변화는 어마어마하다. 안에 어떤 물건을 수납하느냐에 따라서도 분위기가 달라진다. 이 얼마나 창의적인 아이템인가.

비슬리
홈 멀티 서랍장(Home Multi Drawers)
영국 대표 사무 가구 브랜드 비슬리에서 출시한 홈 멀티 서랍장 역시 오랫동안 사랑받는 수납 가구다. 모던, 클래식, 빈티지를 막론하고 어떤 스타일과도 궁합이 좋은 수납장으로, 특히 컬러감이 뛰어나다. 화이트, 블랙, 카키, 오렌지, 옥스퍼드 블루, 핑크까지 유니클로의 티셔츠만큼이나 색상이 다양하다. 한국에서 판매하는 사이즈는 59cm, 32.5cm 두 가지다. 59cm 캐비닛은 6단과 10단 서랍으로, 32.5cm는 3단과 5단으로 출시된다.
방배동 '인디테일'이나 인터넷 사이트 '꿈의 공장'에서 정찰제로 판매한다. 59cm는 28만 9000원, 32.5cm는 16만 9000원. 현대카드 프리미아몰에서 M포인트를 활용하면 보다 저렴하게 구입할 수 있다. 독일 직구가 익숙한 사람이라면 독일 아마존을 이용하는 것이 가장 저렴하다.

 칼슘 diary

**구슬이 서 말이라도
꿰어야 보배다**

내가 선택한 첫 번째 수납 가구는 스트링 포켓이었다. 예산이 한정되어 있었기에 눈물을 머금고 하나만 선택할 수밖에 없었다. 하지만 나는 이미 욕망 아줌마가 되어 있었다. 결혼기념일, 생일, 집들이 등 선물이 필요한 순간에 다양한 선반 리스트를 들이밀었다. 심지어 남편의 생일 선물조차 우리 모두를 위한 것이라며 유텐실로 제품을 덜컥 구입했다. 그렇게 북유럽과 영국에서 반가운 택배가 쏟아졌다. 하지만 선반은 쓸 수 없었다. '선반 같은 건 남편이 목장갑 끼고, 드릴로 뚝딱뚝딱 달아주는 것 아닌가?'라는 생각은 과한 욕심이었다. 문과 출신 남편은 교련 시간에 못 박는 실습을 해본 것이 다라고 했다.

결국 북유럽에서 날아온 수납 가구와 선반은 배송 시간보다 더 오래 우리 집 베란다에서 인고의 시간을 견뎌야 했다. 결국 참다못해 '심부름 대행'을 하는 분을 불렀다. 참 편리한 세상이다. 드릴 못을 박거나 가구를 수리하는 등의 일을 해주시는 분이 있다니. 수고료는 시간당으로 계산하는데, 주중에는 1만 원, 주말에는 2만 원에 출장비 5000원이 붙는다.

덕분에 스트링 포켓, 유텐실로 제품, 오거나이저 타공판, 거울까지 총 다섯 가지 물건이 택배 상자에서 탈출해 빛을 보게 되었다. 아저씨들은 수평까지 정확하게 맞춰가며 모든 작업을 마무리해주었다. 이렇게 다섯 가지를 설치하는 데 소요된 시간은 두 시간 30분. 드릴에 익숙하지 않은 사람이라면 심부름 센터를 이용하는 것도 좋은 방법이다.

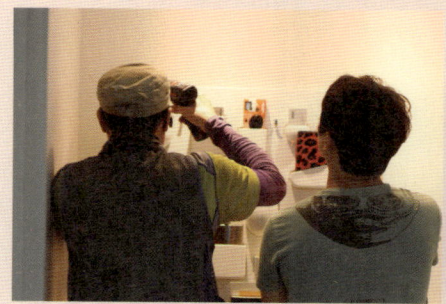

307

예술적 감수성을 더하는
아트 프린팅 액자

서재를 제외하고 모든 면을 모조리 새하얗게 칠한 데는 이유가 있었다. 그림이나 프린트 액자를 걸기 위해서다. 원하던 대로 벽 전체 페인팅을 끝낸 후에는 흰 벽을 채울 액자를 찾아 나섰다. 그런데 생각보다 쉽지 않았다. 그림은 너무 비싸고, 프린트 액자 역시 만만치 않은 가격에 딱히 마음에 드는 것도 없었기 때문이다. 그러다가 국내의 한 인테리어 숍에서 썩 마음에 드는 아트 프린팅 제품을 찾아냈다. 가까이서 보니 사진이었다. 미국의 사진작가 앨리스 달턴 브라운(Alice Dalton Brown)의 '블루스 컴 스루(Blues Come Through)'라는 작품이었다. 가로 1.5m에 이르는 압도적인 크기도 마음에 쏙 들었다. 가격은 40만 원대. 넉넉잡아 20만 원을 생각했던 터라 예산에 맞는 작품을 더 찾아보기로 하고 나의 특기인 구글링을 시작했다.

그곳에서 아직까지 국내에 전혀 알려지지 않은, 말 그대로 아름다운 온라인 사이트를 찾아냈다. 그곳의 이름은 아트닷컴(www.art.com). 미국에서 운영하는 아트 포스터 전문 쇼핑몰인데, 기적처럼 최근 한국 직배송 서비스를 시작했다고 한다. 두근거리는 가슴을 진정시키며 검색창에 찜해놨던 프린트를 검색했다. 앨리스 달턴 브라운의 대형 포스터가 있었다! 크기도 똑같고 재질도 똑같았다. 그래, 이거야! 그 순간의 환희를 어찌 말로 표현할까. 가격을 보고는 다시 환호할 수밖에 없었다. 40만 원인 그 포스터의 원가는 84달러. 장바구니에 담아보니 배송료는 19.99달러. 100달러가 채 되지 않으니 관세와 부가세는 무료다. 결제 방법 또한 어렵지 않았다. 앞뒤 볼 것 없이 바로 '결제'를 누르고, 포스터가 오기만 오매불망 기다렸다.

하지만 무작정 구입하고 나니 걱정이 생겼다. 대형 포스트 액자를 어디서 찾아야 하지? 검색 실력은 누구에게도 뒤지지 않을 자신이 있지만 액자는 찾기가 쉽지 않았다. 그러고 보니 이렇게 대형 사이즈라면 배송도 문제가 될 듯했다. 그러다 상수역 근처에서 '표구'라는 간판을 보고 들어가 다짜고짜 사장님께 여쭤보았다.

"제가 미국에서 아주 큰 포스터를 샀는데 이걸 액자로 만들 수 있을까요?"

사장님은 당연한 걸 왜 묻느냐는 표정으로 할 수 있다고 짧게 대답했다. 가격은 15만 원. 제작 기간은 3~4일 정도면 충분하다고 한다. 이렇게 해서 총 25만 원에 군침만 흘리던 아트 프린팅 액자를 완성했다.

2주 정도 기다려 받은 아트 프린트를 표구해 레일에 걸어놓으니 마치 갤러리 같은 분위기를 냈다. 함께 구입한 몽환적인 돌고래 그림은 블랙 프레임 액자에 넣어 침실에 놓았다. 벽에 거는 것 외에 선반이나 바닥에 비스듬히 세워두는 것도 독특한 멋이 난다.

작년 영국 여행을 떠났을 당시 테이트 모던 갤러리에서 선물용 포스터를 잔뜩 사두었는데, 표구를 했더니 스타일링에 유용하게 쓸 수 있었다. 'Make Art Not War'라는 타이포로만 이루어진 포스터는 현관에, 테이트 모던의 리미티드 에디션 빈티지 포스터는 거실에 놓아두었다. 앞으로 여행을 가서 미술관을 방문하면 반드시 기념품 숍에 들러 아트 포스터를 구입할 계획이다.

 칼슘 list

어떤 프레임도 제작 가능한
표구사 은화방

은화방은 미대가 있는 대학가라면 어디서든 찾아볼 수 있는 표구사다. 지통에 포스터를 담아들고 찾아가면 어울리는 프레임 방법을 추천해준다. 가장 심플한 블랙과 화이트 프레임을 비롯해 실버, 골드, 갠티크까지 프레임 종류만 해도 100여 가지가 넘는다. 조금 품질을 높이고 싶다면 스틸 소재를 추천한다. 프레임 두께에 따라서도 그림의 느낌이 달라지는데 1.5cm의 얇은 프레임에서 5cm까지, 취향에 맞게 선택할 수 있다. 가격은 액자를 인터넷으로 따로 구입하는 것보다 저렴하고, 유리를 제작하지 않는다면 1만~2만 원 더 저렴해진다. 다양한 아트 포스터를 다양한 형태로 제작해본 결과, 내가 가장 만족스러웠던 것은 블랙 스틸 프레임에 유리 대신 알루미늄으로 제작하는 것이니 참고하시길.
Tel. 02-323-0843

 칼슘 list

최저가 아트 프린팅 직구 사이트
아트닷컴

아트 프린팅을 구입할 수 있는 미국 최대의 사이트. 샤갈이나 모네와 같은 작가의 작품을 비롯해 파블로 피카소의 추상화는 물론이고, 신진 아티스트들의 그래픽 일러스트까지, 아트 프린트라면 뭐든지 구할 수 있다. 어떤 그림을 사야 할지 감이 잡히지 않더라도 고민할 필요 없다. 마치 음원 사이트에서 음악을 골라주는 DJ처럼 자체적으로 분류한 카테고리에 따라 원하는 테마를 선택한다면 취향에 맞는 그림을 찾아준다.

시작은 앨리스 달턴 브라운의 그림이었는데, 이리저리 구경하다 보니 소장하고 싶은 멋진 프린팅을 다수 찾았다. 첫 번째는 그레고리 콜베트(Gregory Colbert)의 'Ashes and Snow' 포스트. 그레이 톤에 걸맞은 멋진 대형 블랙 포스터를 찾던 나에게 찾아온 이 포스터는 몽환적인 느낌이 특히 마음에 들었다. 두 번째는 핑크 톤이 마음을 사로잡는 마리오 웨그너(Mario Wagner)의 일러스트. 태어나서 생전처음 들어보는 아티스트들의 작품이지만, 그 어느 곳에서도 찾아볼 수 없었던 나만의 진주를 발견한 것 같아 더 특별하게 느껴지는 작품들이다. 또 하나 반가운 사실은 통큰 세일을 지향하는 미국답게 25%는 기본이고 운이 좋으면 40%까지 세일을 한다. 메일링 리스트에 등록해놓으면 한국에서 판매하는 제품의 반의 반값에 구입할 수 있는 달콤한 기회를 얻을 수 있을 것이다.

www.art.com

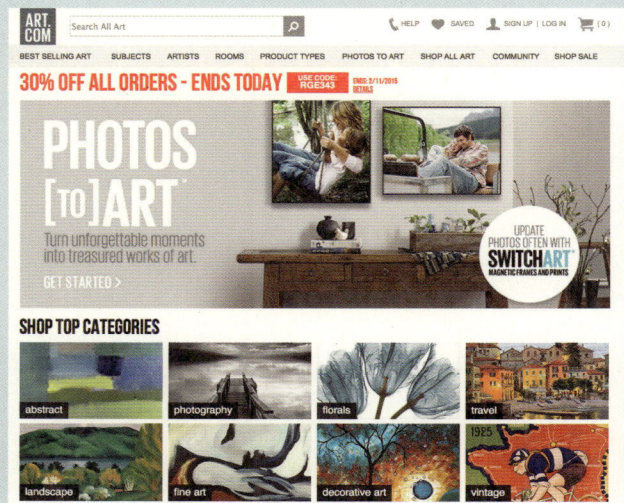

 칼슘 list

인스타그램에서 지금 가장 핫한 북유럽 브랜드

방송 일을 하다 보니 새로운 SNS가 나오면 꼭 한 번쯤은 써본다. 싸이월드에서 페이스북, 카카오스토리, 블로그에 이르기까지. 최근 들어 푹 빠진 SNS는 바로 인스타그램이다. 다른 SNS와 다른 인스타그램만의 차별점은 '해시태그' 기능이다. 본문 내용에 '#(해시태그)'를 달면 해당 키워드의 사진을 한꺼번에 모아서 볼 수 있다. 예를 들어 '#GUBI'를 검색하면 구비라는 브랜드를 해시태그한 전 세계인들의 이미지를 실시간으로 확인할 수 있다.

잡지나 책보다 훨씬 더 생생하고 생활 밀착형 이미지라는 점이 강점이다. 이것뿐만이 아니다. '#nordicdesign', '#scandinaviandesign' 등 영문 해시태그를 검색하면 북유럽 현지인들의 사진을 구경할 수 있다. 또 '#normanncopenhagen', '#muuto' 등 브랜드를 검색하면 같은 아이템을 어떻게 스타일링했는지 보고 아이디어를 얻을 수 있다. 해시태그 검색 건수가 많을수록 인스타 사용자들에게 사랑받는 아이템이라고 할 수 있다. 즉 지금 현재 북유럽에서 '진짜' 유행하는 인테리어용품이 무엇인지 가늠해볼 수 있는 바로미터인 셈이다.

플레이타입 www.playtype.dk
길이 1m, 넓이 70cm인 거대한 포스터. 그 안에는 알파벳 단 하나만 쓰여 있다. 해시태그로 'playtype'을 검색해보면, 이 단순한 포스터 한 장에 열광하는 젊은이가 많은데 실감할 것이다. 포스터인 듯 포스터 같지 않은 이 거대한 문자의 인테리어 효과는 기대 이상이었다. 아무것도 아닌 것 같았던 알파벳 하나가 집 안 분위기를 이렇게 바꿔줄 줄이야. 그때부터 나는 플레이타입 마니아를 자처하게 되었고, 알파벳을 모으기 시작했다. G는 Great도 되고 Grace도 된다. 그건 중요한 것이 아니다. 아무 의미 없지만 즐거우면 된다. 스래그(swag)한 문화 현상을 담은 포스터라고 하면 지나친 비약일까. 가격대는 6만 5000원. 지관 통에 담아 배송되는데 액자는 표구사에서 별도로 맞추는 것이 안전하고 저렴하다.

Concept Store — Poster

GREY Poster Collection

Concept Store — Poster

ABCD Poster Collection

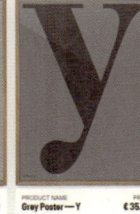

하우스닥터 www.housedoctor.dk
하우스닥터는 2001년 덴마크의 세 남매가 설립한 리빙 디자인 전문 브랜드. 마치 의사가 처방해주듯이 아름다운 공간에 대한 솔루션을 진단해주겠다는 모토를 담아 집에 'doctor'라는 이름을 붙였다. 일 년에 두 번 출시되는 하우스닥터의 카탈로그는 마지막 장까지 버릴 것이 없을 정도로 눈이 호강하는 아이템으로 가득 차 있다. 기존의 따스한 북유럽 무드에 인더스트리얼한 분위기를 가미했으며, 실생활에 꼭 필요한 제품으로 구성되었다. 러블리한 듯하면서도, 시크한 요즘 북유럽 인테리어를 구현하고자 한다면 놓치지 말아야 할 브랜드다. 또 북유럽 인테리어 참고 사진에서 볼 수 있는, 한국에서는 절대 구할 수 없는 촛대나 런드리 백과 같은 아이템을 합리적인 가격에 구입할 수 있으니, 반가운 브랜드가 아닐 수 없다. 런드리 백, 러그, 촛대, 쿠션, 러그에 이르기까지 10만 원 안쪽에 제품을 구입할 수 있으니 집들이 선물로 부탁해도 좋다.

피아발렌 www.piawallen.se
스웨덴의 작은 스튜디오에서 생산을 하는 피아발렌은 페루에서 생산한 오가닉 코튼으로 제품을 만든다. 그 때문에 외국 블로거들 사이에서는 '베이비 블랭킷'으로 인기가 높다. 북유럽에서는 희망을 상징하는 오브제인 십자가 문양을 더한 블랭킷이다. 블랙, 그레이, 오렌지 세 종류로 출시되며, 뒷면은 모두 오프 화이트 색상이라 양면으로 쓸 수 있다. 지금은 '피아발렌'이라는 이름을 알게 되었지만 십자가 블랭킷의 정체를 알아내기 위해 수많은 검색을 거듭했다. 저장해놓은 예쁜 집 사진에 한 집 건너 하나꼴로 이 담요를 발견했으니 '북유럽 국민 담요'라 할 만한데, 아쉽게도 국내에서는 정보를 찾기 힘들었다.

이르마홈 www.irmahome.co.kr

멋진 북유럽 브랜드 제품을 국내에서 쉽게 구입하고 싶다는 나의 열망은 16년지기 친구의 삶을 바꿔놓기에 이르렀다. 일상과 취향을 매일 카톡으로 공유하던 친구라 북유럽 소품에 대한 나의 간절한 바람과 아쉬움을 누구보다 잘 알고 있었다. 그녀 역시도 북유럽 브랜드 제품을 판매하는 한국의 쇼핑몰이 지나치게 고급화되어 있다는 점에 격하게 공감했다. 그러고는 "그럼 내가 친근한 쇼핑몰을 한번 만들어볼까?"라며 이르마홈을 열었다.

오지랖 넓고 일 벌이기 좋아하는 나로서는 "무조건 오케이!"를 외쳤고, 추진력 있기로 둘째가라면 서러운 그녀는 그다음 주 사표를 쓰고 사업자 신고를 했다. 그리하여 탄생한 이르마홈의 첫 상품은 다름 아닌 피아발렌 제품이다. 얼떨결에 임시 MD가 된 나는 신이 나서 내가 갖고 싶은 브랜드 제품을 입고해달라고 요청했다.

이후 몇 개월 사이에 회원 수가 5000명이 넘는 쇼핑몰로 성장했다. 이르마홈의 가장 큰 장점은 마치 친구와 대화하듯 쇼핑몰 주인과 소통하며 원하는 북유럽 소품을 구입할 수 있다는 것이다. 카톡이나 인스타그램, 그리고 블로그를 통해 실시간으로 입고 요청을 할 수도 있다. 게다가 피아발렌, 플레이타입, 하우스닥터와 같은 인기 높은 브랜드 제품을 그 어느 쇼핑몰보다 저렴한 현지가로 구입할 수 있다.

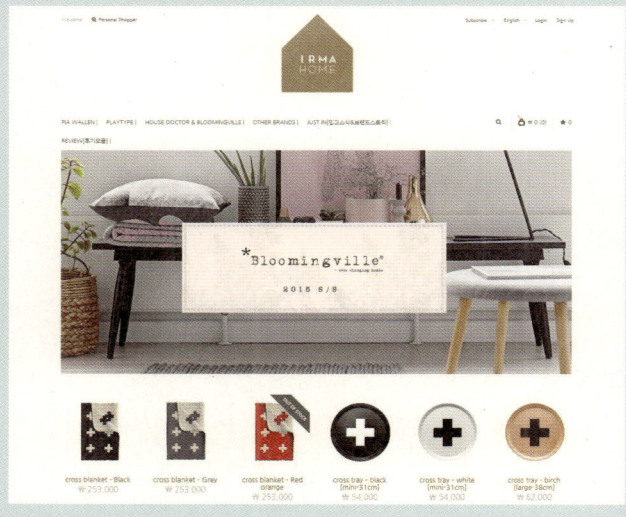

꽃과 화분이 있어야
리얼 북유럽 스타일

　　　　　　가구에 패브릭에 소품까지. 정성 들여 스타일링을 했는데 왠지 사람 사는 집 같지 않은 인위적인 느낌이 든다면 당장 꽃 시장으로 달려가자. 꽃과 화분이 당신의 집에 자연스러운 생기를 불어넣어줄 것이다. 식물을 키워가며 느끼는 뿌듯함은 덤이다.

　　　　　　식물에도 유행이 있다는 표현이 우습게 들리지만, '요즘 꽃'이라고 지칭할 만한 유행 스타일은 분명히 존재한다. 마지막까지 시크한 집을 연출하기 위해서는 화분 하나도 허투루 놓아서는 안 된다. 집 안 전체 분위기와 통일된 화분 스타일링이 필요하다. 아무리 북유럽 아파트라도 베란다에 행운목이 있다면, 언밸런스로 끝날 수 있기 때문. 카페 인테리어가 유행하던 몇 년 전에는 알로카시아가 화분계를 휩쓸었는데, 요즘엔 다소 시들해진 눈치라 북유럽 인테리어를 완성해줄 화분을 고르기 위해 화훼 시장 몇 군데와 유명 플라워 숍을 돌아다녔다. 화훼 시장의 화분은 어딘가 촌스러운 구석이 있었고, 플라워 숍의 화분은 개당 30만 원대로 비싸도 너무 비쌌다. 그러다 꽃을 구입하러 들른 양재동 aT화훼공판장에서 멋진 화분을 잔뜩 만날 수 있었다. 출입구 기준으로 왼쪽이 꽃 시장이고 오른쪽이 분화 매장이다. 이곳에서는 유명 플라워 숍에서 수십만 원에 판매하는 화분을 10만 원대에 구입했다. 게다가 화분의 분위기를 좌우하는 화기 역시 유명 숍들과 똑같은 제품을 사용하기에 조금만 발품을 팔면 수십만 원을 절약할 수 있다. 여타 화훼 시장에서는 찾아보기 힘든 세련된 화분을 보니, 식물에 관심이 없는 나도 쇼핑욕이 마구 치솟았다. 가격이 평준화되어 있어 어느 곳을 가도 가격 차이가 크지 않으니, 가격을 깎는 데 집중하기보다는 마음에 드는 식물을 찾자.

 칼숨 list

양재동 윤플라워 대표님이 추천하는
지금 가장 사랑받는 모던한 화분 BEST 5

같은 종의 식물이라도 키, 몸매, 색감 등이 제각각이다. 먼발치에서 한 번 보고, 가까이에서도 한 번 더 보자. 분명 나와 느낌이 통하는 화분이 나타날 것이다. 참고로 가격 가이드라인을 제시한다면, 50cm 크기의 화분은 7만 원 전후, 1m~1.5m 크기의 화분은 12만 원 전후다. 이보다 더 크거나 특이한 품종은 20만 원을 넘기도 한다. 시멘트 화분이라 불리는 RF 화분을 기준으로 한 가격이고, 토기를 구워 실버나 그레이로 도색한 토기 화분은 5000원에서 1만 원이 추가된다. 배송비는 제외된 가격인데, 두 개 이상 사면 무료 배송해주는 곳도 많으니 사장님과 상담해볼 것. 나와 느낌이 통하는 화분이 있던 곳은 화원점포 33에 위치한 윤플라워(02-573-4455). 시크한 화분에 지름신이 내린 탓에 이날 화분을 세 개나 구입했고, 그 덕에 상암동까지 무료 배송받았다.

스투키
미국 나사에서 실내 공기 정화 1등 식물로 꼽은 스투키. 산세비에리아의 한 품종인 스투키는 산세비에리아보다 세 배 많은 음이온을 발생시키고, 전자파 차단에도 탁월한 효과가 있다고. 언뜻 보면 대파를 몇 개 꽂아놓은 것 같은 위트 있는 생김새가 포인트다. 무엇보다 15일에 한 번 물을 주면 되는 놀라운 생명력을 자랑하기 때문에 게으른 사람을 위한 맞춤형 식물이 아닐 수 없다.

아가베 아테누아타
열대 식물처럼 보이는 아가베 아테누아타는 긴 목대에 초록색 잎이 멋스럽게 늘어진 식물. 선인장과인 다육식물이지만 잎이 넓은 편이라 시원한 느낌을 준다.

크루시아
네덜란드에서 온 대표적인 공기 정화 식물. 선명한 초록색을 뿜어내는 도톰한 잎은 한눈에도 싱싱해 보인다. 가로가 넓고 세로가 낮은 화기에 나란히 심어놓으면 세련된 연출이 가능하다. 단, 추위에 매우 약한 단점이 있다고.

콤펙타
가로수길의 멋진 카페에서 처음 만난 콤팩타. 우리 집에 꼭 들여놓고 싶어 사진을 찍어놨다. 원산지가 아프리카인 이 녀석은 금방이라도 파인애플이 자랄 것처럼 싱싱한 생김새를 자랑한다. 초록빛이 더 진해져 청록을 자랑하는 탱탱한 잎을 바라보고 있으면, 아프리카 한가운데에 온 것 같은 느낌이 들기도 한다. 또 아프리카에서 자란 탓에 햇빛이 부족하거나 건조한 곳에서도 잘 견딘다. 내가 가장 사랑하는 이 화분은 침대 바로 앞에 놔두었다.

떡갈고무나무
떡갈나무는 참나무과 식물 중에서 잎이 가장 넓은 식물. 그만큼 높은 공기 정화 기능을 자랑한다. 다른 식물에 비해 잎이 넓어서 집 안 가득 초록빛을 불어넣어주는 화분이기도 하다. 단, 7일에 한 번 물을 주어야 하고, 다육식물에 비해 관리하기 까다롭다는 단점이 있다.

화훼 시장계의 셀렉트 숍,
고속버스터미널 꽃 시장 탐방

토요일에 화훼 시장에 들러본 경험이 있는 사람이라면, 그 재미를 잊을 수 없을 것이다. 싱싱한 꽃이 그득 진열된 모습을 보고 있자면, 꽃꽂이를 잘 모르는 사람도 의욕이 불끈불끈 솟아오를 것이다. 꽃꽂이 실력이 뛰어나다면 좋겠지만, 레슨을 받지 않았더라도 외국의 플라워 어레인지먼트 사진을 참고해 이것저것 꽂아보면 얼추 잘 어울린다. 꽃은 자체만으로도 예쁘니 겁내지 말고 도전 정신을 발휘해보자.

강북에서는 남대문 대도상가, 서소문 화훼센터가, 강남에서는 강남고속버스터미널 꽃 시장, 양재동 aT화훼공판장이 유명하다. 하나를 꼽자면 강남고속버스터미널 꽃 시장을 추천한다. 양재동 aT화훼공판장이 규모도 제일 크고 종류도 다양하지만, 유행을 알고 싶다면 고속터미널이 좋다. 의류로 치자면 셀렉트 숍 같은 곳이랄까. 강남 신세계백화점을 바라보고 왼쪽에 있는 경부선 고속터미널 2층에 위치한다. 가격은 양재동과 비교했을 때 큰 차이는 없다. 현금 결제만 되는 곳이 많으니 미리 현금을 찾아가는 것이 좋다. 비싼 수입 꽃이 한 다발에 1만 원 전후이고, 대개는 3000~5000원이니, 3만 원어치만 구입하더라도 가슴에 꽃다발을 한아름 안고 올 수 있다. 꽃에 대해 전문 지식을 갖추었다면 더할 나위 없이 좋겠지만, 꽃을 몇 다발 구입한 후 사장님께 관리법을 물어보아도 된다. 생화 판매 옆 코너에서 꽃 손질 전용 가위나 노끈 등을 판매하니 미리 구비해놓는 것도 좋다. 이렇게 구입한 꽃들을 아름다운 꽃병에 꽂아놓으면 최소 일주일은 꽃향기 속에서 아침을 맞이할 수 있다. 남는 꽃은 예쁘게 묶어 주변에 선물을 하는 것도 로맨틱하다.

칼슘 list

북유럽 사람들이 사랑하는
꽃병 리스트

꽃을 사랑하는 북유럽 사람들에게 꽃병은 인테리어 필수품이 된 지 오래. 대부분의 브랜드에서는 화분(vase)을 출시하고 있고, 꽃병을 전문적으로 출시하는 브랜드도 있다. 노만 코펜하겐의 'Agnes Vase'처럼 브랜드의 아이덴티티를 나타내는 독특한 디자인도 눈길을 끈다. 꽃을 꽂으면 아름다움을 배가해주고, 꽃이 없을 때도 인테리어 효과를 내는 북유럽산 꽃병 리스트를 소개한다.

케흘러-Omaggio
링비-The Lyngby Vase
무토-Elevated Vase
노만 코펜하겐-Agnes Vase
펌리빙-Geometry
하우스닥터-Grey Vases

위트와 재미를 더하는
소소한 소품

여기까지 단계를 밟아왔다면 홈 스타일링은 완성된 것이나 다름없다. 하지만 우리 집만의 독특한 분위기를 뿜어내기 위해서는 개성을 더할 소품이 필요하다. 구태여 큰돈을 들일 필요도 없고, 열혈 검색으로 베스트 제품을 찾을 필요도 없다. 셀프 리모델링과 홈 스타일링을 끝낸 후라면 자연스럽게 우리 집에 놔두면 좋겠다 싶은 인테리어 제품을 사는 습관이 배어 있을 것이다.

친구들을 만나다가 문득 들른 가로수길의 숍도 좋고, 여름휴가로 떠난 유럽의 상점도 좋다. 집주인의 취향을 듬뿍 담은, '우리 집에서만 찾을 수 있는' 독특한 소품, 우리만의 이야기가 담긴 재미있는 물건들로 집 안에 생기를 불어넣어보자. 우리 집을 채운 소품 중에는 북유럽 아파트에서 6개월간 생활하면서 하나하나 구입한 제품도 있고, 지인들이 집들이 선물로 사준 제품도 있다.

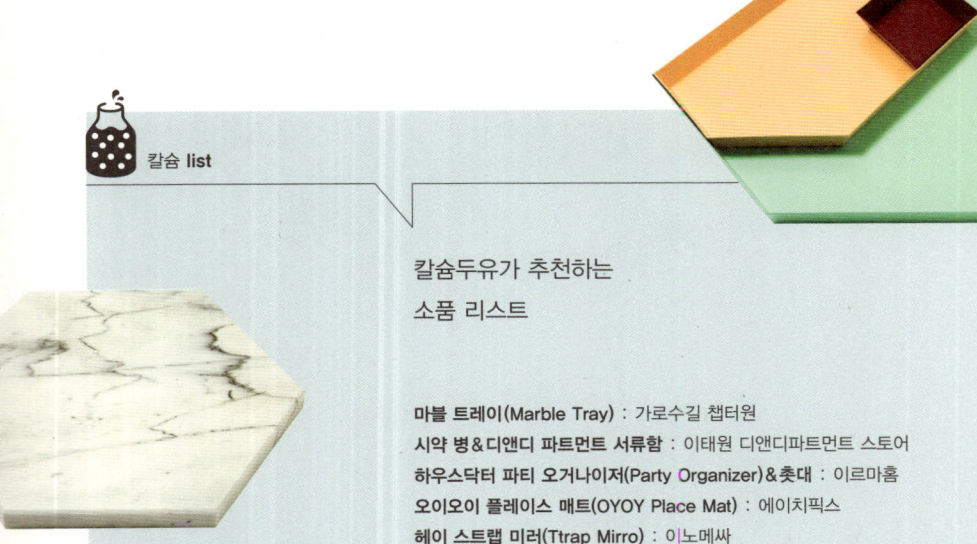

칼슘 list

칼슘두유가 추천하는
소품 리스트

마블 트레이(Marble Tray) : 가로수길 챕터원
시약 병&디앤디 파트먼트 서류함 : 이태원 디앤디파트먼트 스토어
하우스닥터 파티 오거나이저(Party Organizer)&촛대 : 이르마홈
오이오이 플레이스 매트(OYOY Place Mat) : 에이치픽스
헤이 스트랩 미러(Ttrap Mirro) : 이노메싸
헤이 칼레이도(Kaleido) : 루밍

 칼슘 list

간편하게 온라인 주문할 수 있는
감각파 소품 숍 BEST 5

사실, 북유럽을 여행하기 전까지는 인테리어에 관심이 없어 소품 숍을 찾아다니는 것이 익숙하지 않았다. 하지만 마음에 드는 브랜드가 생기고 나니 하나 하나 모아가는 즐거움이 크다. 아는 만큼 보인다는 말이 그대로 실감이 났다. 조금만 관심을 갖고 보면 트렌디하고 예쁜 디자인들이 마구 보이기 시작할 것이다. 또 북유럽에 국한하지 않아도 눈을 조금 넓히면 집과 어울리는 소품을 파는 매장을 찾을 수 있다. 최근 들어 내추럴한 킨포크 스타일이 뜨고 있다. 이러한 트렌드를 반영한 핫한 소품 숍도 함께 소개한다.

루밍 www.rooming.co.kr
스트링 포켓을 가장 먼저 한국에 들여온 곳. 육아 블로거를 중심으로 몇 년 전부터 인기를 얻었는데, 당시만 하더라도 '북유럽=고급' 소품의 이미지가 있어 접근하기 어렵다고 생각했지만, 최근에는 가격대도 많이 낮아졌고 대중화되어 많은 이들에게 사랑받는 숍이 되었다. 펌리빙, 헤이를 비롯한 귀여운 북유럽 소품을 주로 취급한다.

에이치픽스 www.hpix.co.kr
스칸디나비안 디자인센터에서는 찾을 수 없는 펌리빙 제품과 오이오이 제품을 구입하기 좋은 곳. 북유럽뿐 아니라 이탈리아 등 유럽 각지의 신진 디자인 프로덕트를 선보이기도 한다. 개성 넘치는 다양한 상품이 홈페이지에 무척 잘 정리되어 있다.

키티버니포니 www.kittybunnypony.com
북유럽 스타일을 어설프게 흉내 낸 패브릭 사이에서 감탄사를 외치게 하는 제품이 많은 곳. 처음부터 그랬지만 문을 연 후 몇 년이 지난 지금까지도 쇼핑욕을 자극하는 멋진 패브릭이 가득하다. 특히 쿠션은 개당 2만~3만원 선이라 거실의 분위기를 전환하고 싶을 때 세트로 구입해도 좋다. 상수동에 쇼룸도 오픈했으니 직접 보고 구입할 수도 있다.

챕터원 www.chapterone.kr
인스타그램에서 자주 보이는 마블 트레이를 사고 싶다면 이곳으로. 이 대리석 조각이 뭐라고, 싶겠지만 막상 집에 가져다놓으면 인테리어 효과가 만점이다. 무얼 올려놓아도 소위 '있어 보이는' 분위기를 연출해준다는 것이 마블 트레이의 가장 큰 장점. 앤디 워홀의 액자나 시크하게 드라이플라워를 꽂아놓을 수 있는 백도 예쁘고, 직수입한 향초는 가격대가 조금 높지만 한 번쯤 시도해볼 만하다. 북유럽과 킨포크 스타일의 내추럴한 느낌을 원한다면 챕터원으로 달려가보자.

디앤디파트먼트 스토어 d-seoul.mmmg.net
MMMG와 일본 디앤디파트먼트가 합작해 이태원에 쇼룸을 차렸다. 챕터원과 함께 SNS 사용자들 사이에서는 올해 가장 인기 있는 숍이 아닐까 싶다. 시약 병, 맥주잔과 같은 우리에게 친숙한 디자인에 세련된 감각을 더해 재해석한 상품이 주를 이루며, 독특한 쓰임새를 자랑하는 제품이 가득하다. 북유럽과 조금 거리가 있기는 하지만, "이거 어디서 샀어?"라는 말을 들을 수 있는 유니크한 소품이 필요하다면 디앤디파트먼트만 한 곳이 없다.

**이왕이면 다홍치마!
가전제품도 분위기에 맞춰보자!**

완벽하게 완성한 인테리어에 가전제품이 들어가면서 분위기를 깨는 일이 많다는 사실에 모두 공감할 것이다. 나는 가전제품이 집 안 분위기와 맞지 않는다면 들이지 않겠다는 나름의 철학을 가지고 있다. 이쯤 되면 집요함을 넘어 집착 수준이다. 작은 것 하나도 톤을 맞춰야 집 안 전체의 무드를 깨뜨리지 않는다는 법칙은 몇 번을 강조해도 모자라다. 먼저 많은 사람들에게 칭찬을 가장 많이 듣는 냉장고는 전면이 스틸인 것을 찾아다녔다. 용산전자상가에서 삼성 '지펠' 제품으로 80만 원대에 구입했다. "지펠에 이런 냉장고가 있었어?" 하고 묻는 사람이 많은데 가격을 들으면 또 한 번 놀란다. 요리를 거의 하지 않는 우리 부부에게 딱 적합한 냉장고였다. 다음은 토스터와 전기 포트다. 외할머니의 집들이 찬스로 구입한 이 세트는 '드롱기 아이코나' 제품이다. 크림과 브라운 컬러가 어우러진 제품으로 국내 매장에서는 세트에 40만 원 정도를 호가하지만, 독일 아마존에서 25만 원 선에서 직구로 구입했다. 자세한 방법은 네이버에서 '독일 아마존 직구'를 검색하면 친절하게 나오니 설명은 생략하겠다.

마지막으로 우리 부부의 최대의 야심작은 B&W 스피커다. 제네바 사운드나 뱅앤올룹슨의 일체형 스피커가 든 인기를 끌고 있지만 디자인보다는 사운드에 중점을 두고 하이파이 오디오를 찾았다. 그러던 차에 디자인과 사운드 모두 만족시키는 브랜드를 알게 되었다. 하이파이 오디오 입문자용으로 인기를 얻고 있는 영국 B&W의 CM5 모델이다. 월넛 우드를 베이스로 한 우리 집 인테리어와도 잘 어울리는 월넛 스피커에 노란색 서클이 포인트다. 귀뿐 아니라 눈까지 즐거워지는 이 스피커는 까사미아 AV장과 세트처럼 잘 어울린다. 양자동 AV홀릭에서 구입했다.

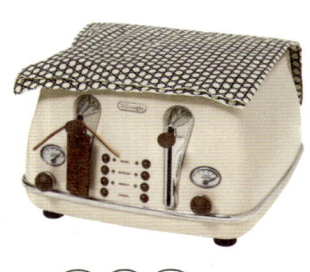

 칼슘 list

마트에서 고른 가격 대비 최고의
저렴이 인테리어 소품 리스트

비쌀수록 좋다는 만고의 진리는 나이를 먹으면서 절실히 느끼지만, 모든 제품을 비싸고 좋은 것으로 채울 수는 없다. 하이애나처럼 싸고 질 좋은 제품을 찾아 돌아다니다 보면 저렴이 화장품처럼 가성비 높은 인테리어 소품을 발견할 수 있다. 대형 마트라고 얕보지 말고 다이소라고 깔보지 말자. 우리에게 1만 원의 행복을 안겨줄 소품이 가득하니 말이다. 명동을 구경하는 날에, 혹은 홈플러스에서 장을 보는 길에 한 번쯤 들러 구경해보자.

철제 왜건과 슬리퍼-자연주의
파주 프리미엄 아웃렛에 쇼핑을 갈 때면 빼놓지 않고 들르는 자주 아웃렛. 이마트 자주 제품을 아웃렛가로 판매하니 그 가격은 눈이 휘둥그레질 정도다. 어느 날 내 눈에 들어온 것은 블랙 철제 왜건. 각종 욕실 소품을 수납하기 위한 제품인데, 슬리퍼 수납함으로 쓰면 안성맞춤이라는 생각이 들었다. 게다가 슬리퍼도 마침 세일을 하고 있었다. 개당 3000원이라는 놀라운 가격. 누구도 3000원짜리라고는 생각할 수 없을 정도로 색감이 세련되고 깔끔한 제품이었다.

그레이 수건-홈플러스
모던한 욕실 연출을 원한다면 아깝더라도 각종 행사나 모임에서 받은 기념 수건부터 치워야 한다. 수건은 돈 주고 사기 아깝다고 생각했지만, 수건 교체가 인테리어에 큰 효과를 준다는 사실을 새삼 깨달았다. 무늬 없는 그레이 컬러 수건을 구입하려고 보니, 가격이 만만치 않아 쌓아놓고 쓰기는 힘들 것 같았다. 이때 눈에 띈 것이 홈플러스의 수건이다. 홈플러스에서 영국 테스코(Tesco)의 몇몇 제품을 직수입하는데, 값이 싸고 질이 좋아 애용하는 편이다. 수건 역시 테스코 제품이다. 도톰함의 정도나 컬러까지 내가 찾던 딱 그 수건이었다.

손님용 침구 세트-올리비아데코
남편과 나 모두 고향이 지방이다 보니 양가 부모님이 주무시고 갈 때가 많다. 따라서 손님용 침구 세트는 필수였다. 침대를 하나 더 놓을 자리는 없고, 타일로 마감한 바닥은 딱딱하기에 도톰한 요 세트가 필요했다. 고전적인 스타일과 프로방스풍 꽃무늬 사이에서 '스칸디나비안 스타일 요와 담요'를 찾아냈다. 요 세트치고는 꽤 세련되었다. 실제로 친구들에게 이건 어디서 구매 대행했느냐는 질문을 받기도 했다. 요와 이불, 베개 커버까지 해서 8만 원대에 구입한 손님용 침구 세트는 국산이다. GS샵을 통해 구입했다.

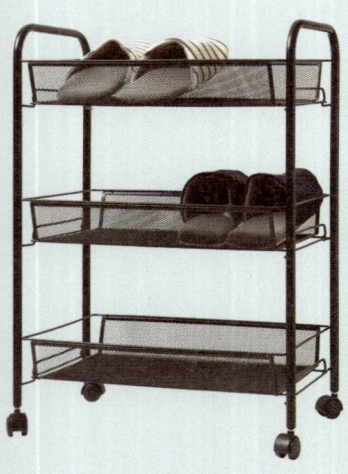

욕실 세트 - 모던하우스
프랑스에 프랑프랑이 있다면 한국에는 모던하우스가 있다. 프로방스풍에 가깝기는 하지만, 최근 들어 모던한 감성의 제품을 출시해 선택의 폭이 넓어졌다. 큰돈 지불하기는 아깝고, 그렇다고 아무거나 구입하기는 싫은 '욕실용품'이나 '싱크대용품'이 다양하니 찬찬히 둘러보자. 욕실에 펄리빙의 샤워 커튼을 걸어 놓으니 세숫대야며 바가지 같은 물건이 마음에 걸렸는데, 모던하우스에서 적당한 것을 찾아냈다. 그레이와 민트 스카이 색상을 조합한 제품으로 가격도 1만 원 이하로 부담 없었다. 이와 함께 손님을 위한 블랙 칫솔을 1만 원에 열 개 구입했다. 시크한 디자인 덕분에 인테리어 소품으로도 손색이 없다.

그레이 철제 쓰레기통 - 데일리까사미아
가구 전문 브랜드 까사미아의 서브 브랜드인 데일리까사미아 역시 모던하우스처럼 요긴한 생활용품으로 가득하다. 가격대는 조금 더 높지만 까사미아 아웃렛을 찾거나 할인 기간을 이용하면 가격 대비 질 좋은 물건을 구입할 수 있다. 자주 청소를 하지 않는 우리 부부에게는 용량이 큰 쓰레기통이 필요했는데, 어느 날 들른 가로수길 까사미아 매장에서 남편이 그레이 철제 쓰레기통을 발견했다. 심플하면서도 모던한 색이 우리 집 분위기와 잘 어우러져 아직까지도 잘 쓰고 있다.

타공판 - 문고리닷컴
어디에 설치하든 인테리어 효과가 어마어마한 타공판. 잡지나 유명 인테리어 블로그에서 많이 본 타공판은 구입처를 몰라 헤맸다. 서재 한쪽 면에 대형 타공판을 설치하고 싶어 을지로 철재상에 들러 알아보았지만 가정용 타공판을 제작하는 일은 쉽지 않았다. 그러던 어느 날 셀프 인테리어의 거성 사이트인 문고리닷컴에서 타공판을 출시했다는 반가운 정보를 입수했다. 580mmX1180mm(대) 5만 8000원, 580mmX580mm(소) 3만 8000원으로 가격도 저렴했다. 색상은 화이트, 블랙, 그레이로 심플하다. 더 넓은 사이즈를 원한다면 두 개를 이어 붙이면 된다. 소품을 걸 수 있는 철제 고리도 500~1000원대에 구입할 수 있다. 마그네틱으로 사진 등을 부착할 수 있어 소소한 인테리어 재미를 느낄 수 있는 소품이다.

PART 5

인생에 풍요를
가져다준
북유럽 집,

그 6개월간의
기록

상암동 아파트에 입주한 지 3개월 남짓.
남편이 카톡 대화명을 바꿨다.
'나는 매일 스칸디나비아 집으로 퇴근한다'.

오글거리는 이 허세 멘트는 뭐냐며 남편에게 핀잔을 줬지만 실은 이 대화명이 참 마음에 들었다. 정말로 상암동 집으로 이사한 후 매일 가슴이 설렌다. 코펜하겐을 여행하고 숙소로 돌아갈 때 느낀 낭만적이고 행복한 기분, 가볍고 경쾌한 발걸음을 매일 경험하며 지내고 있다. 이제는 야근 때문에 늦는 남편을 기다리며 혼자 김밥에 컵라면을 먹어도 전혀 초라하지 않다. 여행지에서는 사소한 경험도 즐겁고 새로운 것처럼, 이 집에는 그저 그런 흔한 일상도 특별한 순간이 된다. 단순히 숙식을 해결하는 집이 아닌, 취향을 담은 집에서 나는 완전히 새로운 일상을 보내게 되었다. 예쁘고 정돈된 집은 내 삶과 일상을 더 예쁘고 행복하게 만들어주었다.

12년간 서울에서 학창 시절을 보내고 직장 생활을 하는 내내 나는 늘 여유가 없었다. 시간도 없었지만 마음의 여유가 없었다는 표현이 더 정확할 것 같다. '라이프스타일'이나 '취향'이라는 단어는 잡지에나 나오는 것이고 내 생활과는 거리가 멀다고 생각했다. 온전히 내 취향으로 직접 꾸미고 매만진 이 집에서 나는 처음으로 나만의 라이프스타일이라고 부를 만한 몇 가지를 발견했다. 그중 한 가지는 이 집을 꾸미는 데 들인 노력처럼 다시 돌아오지 않을 매일의 시간 역시 가꾸고 매만지며 살고 싶다는 것이다. 삶의 철학이라고 하기에는 너무 거창하지만 집과 공간의 변화가 가져다준 생활의 변화를 절실히 실감하고 있다. 소박하고 평범한 일상이 선사하는 행복을 일깨워준 핸드메이드 북유럽 아파트와 함께한 풍요로운 일상을 공유해볼까 한다. 매일 저녁 스칸디나비아 집으로 퇴근한 6개월을 기록해보았다.

매일 저녁 북유럽으로
여행을 떠나다

    오피스텔에서 시작한 신혼 생활 2년 동안 남편과 나는 집에 앉아 있을 틈 없이 돌아다녔다. 집 밖을 나서면 재미있는 것으로 가득했다. 요리에 취미가 없다 보니 식사도 무조건 외식, 대화할 때는 무조건 호프집, 시간이 남으면 무조건 쇼핑, 남은 일이 있으면 무조건 카페였다. 어떤 이유를 대서라도 마냥 밖으로 돌아다녔다. 자연스레 우리 신혼집은 '아늑한 주거 공간'이라기보다는 '청소해야 할 것투성이인 귀찮고 따분한 공간'이 되었다. 돌이켜보면 집에 애정이 전혀 없었다. 그러다 보니 주말이면 외식이며 유흥으로 많은 돈이 새어 나갔다. 며칠간 휴가를 받으면 바로 여행을 떠났다. 2년간 쓴 여행 경비도 어마어마하다. 집에서 지루한 시간을 보내는 대신 밖에서 더 즐겁고 신나는 체험을 하기 위해 지불한 경비니 아깝지는 않다고 합리화했다.

    하지만 새로운 집에서 지내면서 우리 부부의 생활 패턴은 100% 바뀌었다. 틈만 나면 나가고 싶어 엉덩이를 들썩이던 역마살 부부가 집돌이, 집순이가 되었다. 지금도 역시 요리를 하지 않지만 배달 음식을 먹고, 봉지 커피를 타 먹으며 밖에 나가는 대신 노트북을 켜놓고 카페에 온 것처럼 각자 일을 한다. 만화책을 잔뜩 사서 하루 종일 빈둥거리며 읽어도 지루하지 않다. 좋아하는 라디오 채널을 틀어놓고 아무 생각 없이 거실 한가운데 누워 있어도 만족스럽다.

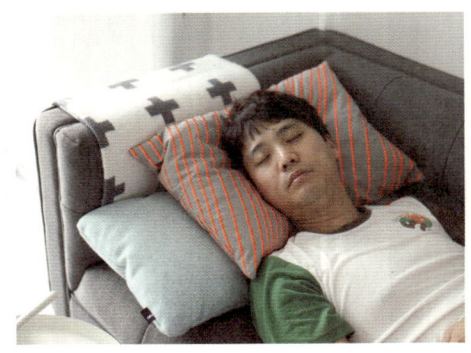

"오랜만에 쉬는 날인데 어디든 가볼까?" 하다가도 이내 집에 눌러앉는다. "이번 휴가 때는 휴양지에 가볼까?" 하다가도 "왜 비싼 돈 주고 호텔에 가? 여기가 호텔인데"라며 나르시시즘 가득한 대화를 나누기도 한다. 이렇게 집에서 자급자족하는 생활이 6개월 정도 이어지다 보니 예상치 못한 보너스가 생겼다. 생활비가 엄청나게 줄어든 것이다. 집은 우리에게 카페, 호텔, 술집, 영화관 등 매우 경제적이며 효율적인 다용도 공간이 되어주었다. 여행 욕구마저 사라지게 만든 매력적인 집에서 실내용 트레이닝복, 동네 마실용 외출복 몇 벌로 생활하고 있다. 그런데 그걸로 충분하다. 생각난 김에 우리 부부가 6개월간 비용을 어느 정도 절약했나 계산해보았다. 이 집에 10년간 산다고 치면, 인테리어에 쓴 돈을 고스란히 모을 수 있겠다며 둘이서 킥킥대기도 한다. 3000만 원. 월급쟁이들에게는 물론 아주 큰돈이다. 하지만 1년에 300만 원씩 10년간 쇼핑, 여행, 외식, 영화 등에 지출하는 비용을 절약한다면 불가능한 금액은 아니다. 10년 할부로 멋진 집을 꾸민 거라고 생각해보자. 발상을 조금만 전환한다면, 이러한 일상은 누구나 실현할 수 있다. 단순한 계산법으로는 가늠할 수 없는 행복감과 안정감은 3000만 원 이상의 가치로 다가온다는 것은 두말할 필요도 없다.

북유럽 사람들처럼
느리고 낭만적이게

　　　　　　북유럽 거리에서 가장 흔한 것은? 바로 자전거와 꽃이다. 이 둘은 나의 삶에 전혀 등장하지 않을 법한 아이템이었다. 숨 쉬는 것 빼고는 운동은 죽기보다 싫어했고, 꽃만큼 실용성 없는 것도 없다고 생각하는 태생적인 성격 탓이다. 하지만 이 집은 나와 우리 부부를 완전히 바꿔놓았다. 이사하고 처음 데이트하던 날, 우리는 집 근처 어느 작은 자전거 숍에서 선뜻 10만 원짜리 자전거를 한 대씩 구입했다. 집순이, 집돌이가 되니 자연스럽게 자동차보다는 자전거를 타고 느긋하게 동네를 산책하는 것이 주말 일과가 되었다. 자전거를 타고 바라보는 동네 풍경은 자동차를 타고 봤을 때의 그것과는 완전히 달랐다. 가장 편안한 옷을 입고 자전거를 탄 채 동네를 느릿하게 음미하고 나면, 몸은 건강하고 마음은 한결 부드러워진다. 느린 시선으로 길을 거닐다 보면 눈에 익은 동네 주민에게 친근하게 인사를 건네고 싶어지기도 한다.

　　　　　　문득 코펜하겐 거리가 생각났다. 자물쇠로 묶어놓은 자전거를 한 대도 찾아볼 수 없었다. 유모차가 달린 값비싼 자전거도 서로가 서로를 믿기에 자물쇠를 채울 필요가 없다고 했다. 태어나서 생을 마감할 때까지, 그들은 자전거를 타고 다니는 거리 정도에서 맺을 수 있는 인간관계를 소중히 생각한다. 이웃이 곧 친구이고, 친구가 전부 이웃인 셈이다. 겨우 자전거 한대 타고 다닌다고 상암동이 북유럽처럼 바뀔 리는 없겠지만, 자전거를 타고 느리게 달릴 때면 그들처럼 일상적이지만 작은 것을 소중히 여기고 감사히 살아야겠다고 생각하게 된다.

그렇게 우리는 자동차를 타고 백화점에 가는 대신 자전거를 타고 망원시장에 가서 채소며 과일을 산다. 같은 동네에 사는 선배 부부네 집이나 친구네 가게에 갈 때도 자전거를 애용한다. 아침형 인간인 남편은 몇 개월 만에 자전거 마니아가 되었다. 눈뜨기 싫은 일요일 오전, 옆을 보니 남편이 없었다. 그때 거실에서 부스럭거리는 소리가 들려 나가보니 땀을 잔뜩 흘리며 집으로 들어오는 남편의 모습이 보였다. "어디 갔다 왔어, 이 아침에?" 하고 물어보니 세수도 하지 않은 남편은 여유로운 표정으로 대답했다.

"자전거 타고 장 보고 왔지!"

그러고는 자랑스럽게 등을 돌려 배낭을 보여준다. 배낭에는 바게트 대신 파 줄기가 튀어나와 있었다. 이른 아침부터 웃음이 터졌다. 예전에는 생각지 못했던 즐거움, 우리 부부의 새로운 보금자리에서 자전거와 함께하는 생활이 가져다준 소소한 행복이다.

사치라고 생각했던 '꽃과 향'이 주는 즐거움도 깨닫게 되었다. 금요일 밤이나 토요일 오전이면 집에서 가까운 꽃 시장에 들른다. 시간이 되면 강남고속버스터미널에 있는 꽃 시장에 가기도 한다. 동네 꽃집에서는 6개월간 드나들다 보니 계절에 따라 판매하는 꽃의 종류가 달라진다는 사실을 알게 되었고, 다음 주에는 어떤 꽃이 나오냐며 상인들에게 물어볼 정도가 되었다. 이렇게 매주 다른 꽃을 신문지에 돌돌 말아 집에 오면 일주일간은 아름답고 향기 나는 집에서 지낼 수 있다.

서툰 솜씨지만 정성을 가득 담아 꽃꽂이를 하고 나면, 꼭 향초를 켠다. 20대 시절에 함께 살던 언니가 향초를 켜고 반신욕 하는 모습을 보며 유난을 떤다고 핀잔을 주었는데, 이제야 그때 언니의 심정을 이해하게 되었다. 향초를 켜는 순간 묘하게도 공간 가득 초현실적인 분위기가 넘친다. 호텔에서 지내는 시간이 특별한 느낌을 주는 건 푹신한 침구와 낮은 조도뿐 아니라, 공간에서 풍기는 향기 때문이라는 사실을 깨달았다. 내친김에 우리 집만의 향을 발견해보고 싶었다. 직접 향초를 만들어 조향하고 싶지만 손재주가 없는 나는 요즘 유행하는 다양한 브랜드의 향초를 사 모았다. 결국 정착한 브랜드는 조 말론 런던. 가격이 비싸지만 향의 농도가 시중 향초에 비해 진해 조금만 피워도 잔향이 강하다. 시크하면서도 세련되지만 어딘지 모르게 친근한 향인 '라임바질 앤 만다린'이 우리 집의 시그너처 향이다.

지친 퇴근길에 현관을 열면 우리를 가장 먼저 반겨주는 이 향기 덕분에 우리는 힐링을 얻는다. 거기에 꽃까지 더하면 왠지 가슴이 설레기도 한다. 향수에 꽃다발 선물이 가장 로맨틱하게 느껴지는 20대처럼 말이다. 집 안 곳곳 꽃병과 촛대를 인테리어 필수품으로 비치해놓는 북유럽 사람들은 꽃과 향이 주는 마법 같은 효과를 알고 있는 듯하다는 생각이 든다. 상상 이상으로 하루를 풍성하게 만들어주는 꽃과 향초 몇 개가 있다면 낭만적인 집을 만드는 것은 그리 어렵지 않다.

우리만의 스토리로
하나하나 채워나가는 집

집에 혼자 있을 때 가끔 소파에 누워 멍하니 천장을 바라본다. 집을 전부 뜯어 시멘트만 덩그러니 남았던 것이 고작 6개월 전이지만 아주 먼 옛날처럼 느껴지기도 한다. 저 노출 천장을 만들기 위해 얼마나 많은 시간을 투자하고 시행착오를 반복했는지. 너무 힘들어 눈물까지 펑펑 흘렸다. 소설에 등장하는 하찮은 조연 하나도 작가의 심혈을 기울인 창조의 고통 속에서 탄생하는 것처럼 우리 집 역시 타일 바닥의 줄눈이며 문고리 색, 커튼의 주름 하나까지도 내 고민을 피해 간 것은 없었다. 아주 거창하게 빗대본다면 우리 집은 한 편의 소설이고, 나는 작가였다. 허허벌판이나 다름없던 이 집의 모든 공간을 새롭게 구성하고 창조해냈으니 말이다. 작품이 작가를 대변하는 것처럼, 이 집은 나의 정체성을 보여주는 공간이다. 예술을 전공하지 않은 사람에게 '창조'의 영역을 맛보는 것은 매우 특별한 경험이다. 내가 창조해낸 작은 세계 속에서 살아간다는 것은 그래서 아주 특별한 에너지를 준다.

이 소설은 미완성이기도 하다. 약간은 허술하고, 약간은 이상한 점도 눈에 띈다. 하지만 괜찮다. 이 소설의 작가는 바로 나니까. 미완성이기 때문에 더 발전할 여지가 있는 집, 평생을 공들여 서서히 쓰는 소설처럼 천천히 이 집을 완성해나가기로 마음먹었다. 집이라는 소설 작품을 써낸 작가가 되니 하루하루가 매우 즐겁다. 소설을 더욱 풍요롭게 만들어줄 조연을 찾아 나서다 보면 마치 탐험하듯 흥미진진하기 때문이다. 소설을 탄탄하게 완성해줄 조연을 구하기 위해 옷을 사거나 맛있는 음식 먹는 데 투자하던 비용을 아껴 집을 꾸미는 데 투자하게 되었고, 꼭 갖고 싶은 소품 리스트도 한가득 생겼다.

남편과 나는 각자의 선물, 혹은 기념일을 위한 선물을 살 때 집을 채울 값진 소품을 사기로 했다. 유텐실로 수납장은 장바구니에 담았다가 빼기를 몇 번이나 반복하다가 결혼기념일 선물로 구입했다. 양가 부모님도 기념할 날이 생기면 자연스럽게 "집에 필요한 거 없어?"라고 물으신다. 그럼 기다렸다는 듯 마음속에 간직하고 있던 물건을 말한다. 시어머님은 생일 선물로 헤이의 거울을, 친정어머니는 스트링 포켓을 사주셨다.

물론 내가 인터넷에서 최저가를 골라 결제하고, 결제 창을 캡처해드리면 송금 해주신다. 배송을 받으면 인증샷과 함께 '저희 집 가보로 간직할게요!'라고 메시지를 보내는 것도 잊지 않는다. 앞으로 집에 오실 때마다 "저건 우리 며느리 서른두 번째 생일에 내가 선물해준 거야!" 하며 흐뭇해하실 테니 누이 좋고 매부 좋은 일이 아닐까?

'화장실 수리' 역시 올해의 생일 선물과 교환했다. 예산이 부족해 수리를 생략했던 화장실이 갈수록 눈엣가시가 되었기 때문이다. 을지로 가구 거리를 뒤져 장, 변기, 세면대 3종 세트를 고치는 데 철거비 포함 총 80만 원으로 견적을 받았다. 예상보다는 저렴했지만 선뜻 지불하기 힘든 비용이라 끙끙 앓았는데, 구실이 생겼다. 마침 남편과 나의 생일이 동시에 있는 7월이었던 것이다. 그래서 우리는 근사한 생일 저녁 2회와 꽃다발, 그리고 형식적인 선물 대신 화장실 수리를 선택하기로 했다. 급한 성격으로 둘째가라면 서러운 나는 벌써 내년 생일에는 무엇을 바꿀지 신나는 고민을 하고 있다. 아직은 완벽하지 않지만 서서히 업그레이드되는 우리 집. 그렇게 몇 번의 생일이 지나가면 또 다른 모습을 하고 있겠지? 우리 가족만의 즐거운 에피소드가 알알이 담긴 소품과 함께.

345

W LCOME

TO

THE CTY

OF

CH MPIONS

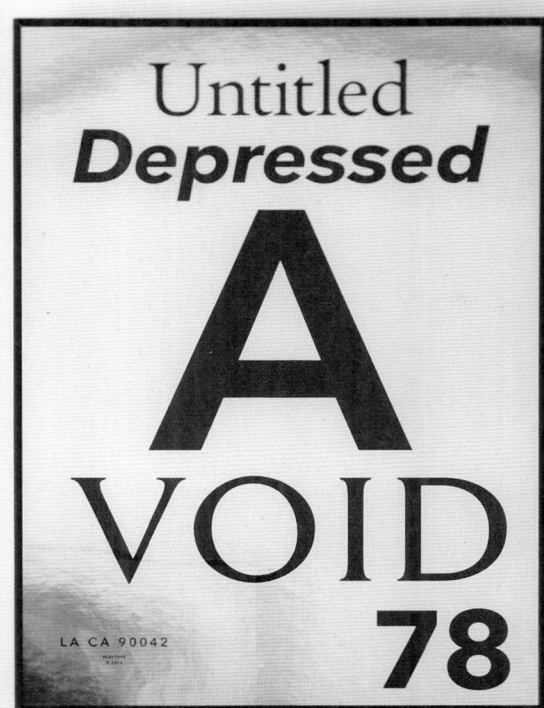

"소연 씨, 2박 3일 숙박권은
판매하지 않나요?"

코펜하겐에서 만난 크리스티안의 아파트를 보고 한눈에 반한 이유는 요즘의 트렌드가 북유럽풍 인테리어여서가 아니라 '세련된 아늑함' 때문이었다. 하지만 무엇보다 북유럽 아파트에 마음을 빼앗긴 것은 '편안함' 때문이었다. 컬러부터 디자인까지 공간에 머무는 사람이 편안하게 지낼 수 있는 요소로 채우기 위해 고심했다. 하지만 아이러니하게도 편안한 공간을 만들기 위해 형광등 없는 거실, 타일 바닥 같은 조금은 특별한 방식을 채택했다. 호기롭게 시작했지만, 공사를 하면 할수록 전전긍긍할 수밖에 없었다. '완성하고 나니 불편하기만 한 집이 되어버리면 어떡하지?' 하는 걱정에 잠을 설친 적도 많았다. 하지만 6개월이 지난 지금 불면의 날들이 헛되지 않았음을 실감하고 있다. 인테리어 센스는 둘째 치고 이 집에 들어오는 사람들이 입을 모아 "이 집 참 편하다!"라고 말한다.

형광등을 없앤 거실은 오히려 눈과 마음을 편안하게 만들어주고, 타일 바닥의 질감은 발에 착착 감겨 걷는 맛을 주며, 패브릭 소파 역시 축 늘어져 있기에 안성맞춤이라는 평가를 받는다. 처음 완성된 집에 들어오신 시아버님은 타일 바닥에 적잖이 놀라시며 어디에 앉아야 할지 몰라 당황하셨다. 하지만 다음 날 아침 베란다 다이닝 룸에서 아침을 함께 드시고는 리조트에 온 것 같다며 좋아하셨다. 무더운 여름 낮술을 하러 놀러 온 친구 남편은, 이 집만큼 잠이 잘 오는 데가 없다며

차가운 타일 바닥에 등을 대고 쿨쿨 잠을 자기도 했다. 멀리서 놀러 온 대구 친구들은 마치 이 집에 원래 살던 사람들처럼 편안하게 지내다 간다.

남편이 업무로 집에 들어오지 않는 금요일 밤, 밤샘 편집에 지친 여자 후배가 1박 2일로 우리 집에 놀러 와서는 잠이 들었다. 침까지 흘리며 깊은 잠에 빠진 그녀는 세상 태어나 이런 꿀잠은 처음이라며, 선배 집에 뭔가 이상한 장치가 있는 것 아니냐고 물었다. "북유럽인지 뭔지는 알 수 없지만, 그냥 이 집에 오면 편안해"라는 말을 들으면 그간의 고생을 보상받는 것 같다. 그동안 꿈도 못 꾸던 손님맞이는 우리를 더욱 여유로운 사람으로 만들어주었다. 게다가 내 손으로 직접 꾸민 내 집이라는 점은 지인들과 함께하는 시간을 더 즐겁고 편안하게 해주는 것 같다. 이 재미에 신이 나 손님맞이용 침구를 구입하기도 하고, 손님들이 쓸 수 있는 칫솔을 한가득 구비해놓기도 한다.

하지만 아직도 긴장되는 손님은 바로 '아기 손님'이다. 아이가 방문하는 날은 타일 바닥에 혹여 다칠세라 집에 있는 요를 모두 깔아두었다. 첫 아기 손님인 시아는 신이 나서 집 안 곳곳을 굴러다녔고, 두 번째 아기 손님인 호균이는 넘어질 듯 아장아장거리며 나의 애간장을 녹였다. 그런데 아기 엄마들은 오히려 쿨했다.

"그렇게 걱정 안 해도 괜찮아요. 그런데 아기들이 이 집을 너무 재미있어하네요? 아기들도 예쁜 집을 알아보나 봐. 소연 씨! 이 집 숙박권 팔면 안 돼요? 2박 3일 상암동 북유럽 아파트 숙박 패키지, 조식은 불포함. 어때요?"

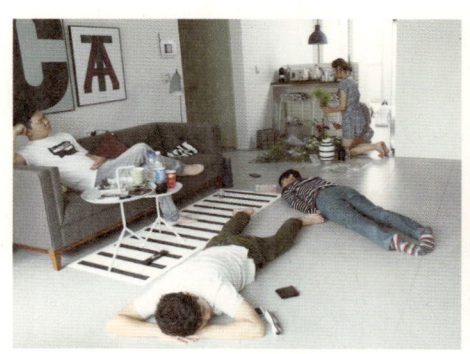

집이 변화하면서 바뀐 우리의 삶,
그리고 친구들의 삶

이사를 끝낸 3월, 모두 남자였던 우리 부서 사람들은 집들이를 앞두고 '단체 멘탈 붕괴'에 빠졌다. 그들은 북유럽 스타일로 꾸민 집에 어울리는 선물이 무엇인지를 두고 설전을 펼쳤다. 급기야 집들이 전날은 회의실에서 긴급 회의를 했지만 아쉽게도 북유럽 스타일 인테리어의 실체에 대해 아는 부서원이 아무도 없었다는 사실을 나중에야 듣게 되었다. 결국 몇 차례의 회의 끝에 결정된 아이템은 '라텍스 베개'였다. 인테리어에 보탬이 되지 못한다면 인테리어를 파괴하는 아이템을 사주자는 파격을 선택했단다.

그랬던 부서원들이 6개월이 지난 지금은 밥을 먹으러 식당에 가면 나에게 먼저 묻는다. "저게 노출 천장이지?", "폴딩 도어를 저렇게 높이 설치하려면 돈이 많이 들었을 텐데! 그렇지?", "역시 상업 시설이라 벽지가 아닌 페인트를 칠한 거지?" 어떤 날은 부서원들끼리 토론을 한다. "이 테이블은 북유럽풍인 것 같은데?", "아니야. 이건 빈티지에 더 가깝지." 남자들끼리 인테리어에 대해 쑥덕쑥덕하는 모습을 보면 괜히 웃음이 난다. 그중에서도 인테리어나 여행에는 전혀 관심이 없던 남자 후배는 이번 휴가 콘셉트를 '북유럽 인테리어 기행'으로 잡았다. 태어나서 처음 가보는 유럽이지만, 선배네 보니 뭔지 몰라도 좋은 경험일 듯하다며 북유럽행 비행기에 몸을 실었다.

인테리어에 본능적으로 관심이 많은 여자 친구들의 삶에도 작은 변화가 생겼다. 결혼을 앞두고 화장실과 폴딩 도어 설치 견적만으로도 1000만 원이라며 울상 짓던 동기 언니는 나의 개척기를 그대로 본떠 2000만 원에 멋진 신혼집을 꾸몄다. 이사를 앞둔 친구며 선후배들은 카톡을 보내온다. 헤링본이냐 타일이냐, 지금껏 단 한 번도 해본 적 없던 고민에 빠져 있다는 고백이다. 농담으로 인테리어 상담은 번호표를 뽑고 물으라 얘기하곤 하는데, 사실 이런 주변 사람들의 즐거운 변화가 무척 뿌듯하고 기분 좋다. 집과 공간이 가져온 이 풍요로운 변화를 주변 사람들과 함께 나누고 싶기 때문이다.

이러한 작은 변화 중 정점에는 두 친구가 있다. 이번 리모델링으로 나의 죽마고우 두 명의 삶이 완전히 달라졌다. 그 둘은 10년 가까이 이어온 직업을 버렸다. 다름 아닌 상암동 북유럽 아파트 때문에 말이다. 6개월 만에 일어났다고는 믿기 힘든 드라마 같은 일이 벌어졌다. 추진력으로라면 내게 뒤지지 않는 친구들이기에 가능했다. 앞서 말한 이르마홈을 창업한 고향 친구 김보영이 첫 번째고, 대학 친구 원부연이 그 두 번째 주인공이다.

원부연은 잘나가는 광고 회사 AE였다. 술을 몹시 사랑하던 그녀는 늘 입버릇처럼 "나 술집(호프집,이자카야도 아닌 정확하게 술집이라고 표현했다) 차리고 싶어"라고 말했다. 우리는 늘 "너 그러다 시집 못 간다. 시집가고 얘기해"라며 그녀를 말리곤 했다. 그러던 그녀가 결혼을 하더니 기다렸다는 듯이 "이제 유부녀가 됐으니 정말 술집 차리면 어떨까?"라고 했다. 예전이라면 도시락 싸 들고 말렸겠지만 이제 나도 두려운 것이 없었다. 해보라는 나의 부추김에 그녀는 한 가지 요청을 했다.

"그럼 인테리어는 너희 집하고 똑같이 해줘! 이 집에 오면 정말 술맛이 나거든!"

그렇게 원부연은 상암동에 평생의 소원인, 자기 이름을 딴 술집을 창업했다. 이름하여 '원 없이 부어라' 원부술집. 내가 지어준 이름이기도 하다. 빛의 속도로 가게를 계약한 그녀는 내가 한 그대로 리모델링을 시작했다. 철거 업체 사장님, 목수 팀장님을 비롯해 폴딩 도어 사장님까지. 우리 집 드림 팀이 다시 뭉쳤다. 콘셉트를 '북유럽 스타일 술집'으로 잡은 후 나는 가이드라인을 주었고, 원부연은 세부적인 디테일을 결정한 다음 공사를 총괄했다. 나는 마치 D선배처럼 원부연의 인테리어 멘토로 활동했다. 그녀 역시 공사를 진행하면서 내가 느낀 '멘탈 붕괴'의 순간을 여러 번 경험했지만 가게가 완성되는 과정을 지켜보며 나처럼 '뿌듯함'을 느꼈다. 그 모습을 보고 있자니 감회가 새로웠고, 그녀의 새로운 시작에 나의 개척이 자그마한 도움이 되었다는 사실에 기분이 좋았다. 그렇게 완성된 원부술집은 상암동의 명물이 되었다.

칼숨 interview

원부술집 대표
원부연

나와 20대 주거 불안을 함께 경험했던 영원한 룸메이트 원부연. 늘 옆에서 셀프 인테리어를 응원해준 친구이면서 칼숨두유 블로그의 팬이자 내가 몸소 배운 리모델링과 인테리어 노하우를 가장 먼저 성공적으로 적용한 사람이 바로 그녀다. 칼숨두유의 아파트 셀프 인테리어 개척을 상업 공간 셀프 인테리어로 확장한 원부연 대표에게 미니 인터뷰를 요청했다.

Q 칼숨두유의 리모델링 개척기를 지켜본 소감이 궁금하다.

윤소(애칭이다)는 몇 달만 머물 남의 집에서도 이것저것 꾸미는 것을 참 좋아했다. 특히 늘 '새로운 것'에 관심이 많았다. 그 당시 낯설던 북유럽 브랜드들은 윤소에겐 늘 새로운 탐구 대상이었던 것 같다. 리모델링 개척기를 멋지게 완성한 원동력은 그녀의 트레이드마크인 추진력이라고 생각한다. 사실 북유럽 인테리어를 한국형 아파트에 접목하겠다는 결심을 들었을 때, 드 한 차례 윤소에게 닥칠 '즐거운 시련'을 예상했다. 하지만 그녀라면 자기만의 방식대로, 누구도 생각하지 못할 창의적인 발상으로 지금의 집을 완성할 거라 믿어 의심치 않았다. 윤소의 블로그가 업데이트되기만을 기다리며 친구로서, 팬으로서 늘 응원했다. 드디어 북유럽 아파트를 그대로 옮겨놓은 듯한 윤소만의 새로운 보금자리 완성되었다. 동시에 우리들의 아지트가 탄생한 순간이기도 했다.

Q 셀프 인테리어로 북유럽 스타일 술집을 창업한 과정이 궁금하다. 비용은 얼마나 들었나?

솔직히 나는 북유럽에 가본 적은 없다. 다만 평소 디자인 분야에 관심이 있었던 터라 북유럽을 비롯한 유럽의 다양한 인테리어는 부러움의 대상이었다. 평소 특기인 요리 솜씨를 발휘해 술집을 운영하기로 결심한 후, 윤소네 집을 방문했다. 그때 '아, 이런 곳에서 소주든 맥주든 편하게 마실 수 있는 술집이 있다면 얼마나 좋을까?' 하는 생각이 들었다.
우선 인테리어에 소요된 총비용은 1400만 원 정도다. 가구에 욕심을 내다 보니 애초 예상했던 견적보다는 20% 정도 초과되었다. 직접 인테리어를 하다 보면 욕심나는 부분이 생기기 마련이기에 최초 예상 금액에서 15~20% 정도의 예산을 미리 잡아두는 것이 좋다. 그럼에도 결국 예산이라는 것이 정해져 있기에 선택과 집중이 필요하다. 상업 공간이라는 특성상 눈에 보이는 인테리어에 예산을 더 투자한 대신, 주방 시설비와 기타 비용을 최대한 절약해 전체 예산을 맞췄다. 또 셀프 인테리어는 각 분야 작업자와 일대일로 진행해야 하기 때문에 하나의 작업이 끝날 때마다 마감 상태를 꼼꼼하게 챙겨야 한다. 항상 현장에서 전문가에게 끊임없이 질문하는 것이 좋다.

Q 셀프 리모델링에 도전하고 싶은 사람들에게 조언을 한다면?

셀프 리모델링의 가장 큰 장점은 내가 원하는 공간을 마음대로 꾸밀 수 있다는 것이다. 물론 비전문가의 시행착오도, 허점도 감내해야 하지만 완성되었을 때 느끼는 성취감은 이루 말할 수 없이 크다. 또 내가 만든 공간에 지인을 초대한다는 것, 그들에게 나의 경험을 공유하고 공간에 대한 이야기를 나눌 수 있다는 것 역시 감동을 준다.

셀프 리모델링에 도전하고 싶은 사람들에게 조언을 한다면 더도 말고 덜도 말고 딱 두 가지를 이야기하고 싶다. 도전 정신과 집중력. 사실 요즘 멋진 인테리어는 잡지에서든 블로그에서든 어디서나 쉽게 검색할 수 있다. 하지만 이를 직접 해보겠다는 '결심'을 하는 것은 쉽지 않은 일이다. 그런 의미에서 칼슘두유의 개척기는 나도 해볼 수 있겠다는 결심의 동기를 마련해주었다. 수천 가지 인테리어 정보를 걸러줄 친절한 조언자가 있다는 사실만으로도 용기를 얻을 수 있었다.

물론 실제로 경험한 것은 더 힘들었다. 인테리어 감각이 있다는 것과 그것을 구현해 낸다는 것은 천지 차이라는 것도 알게 되었다. 하지만 시행착오를 겪고 공부하며 원하던 인테리어를 완성했을 때 말로 표현할 수 없는 기쁨을 경험했다. 처음에는 비용을 최대한 아껴보자는 목적이 컸지만, 지금은 하나의 공간을 스스로 완성해내기까지 보고 배운 것이 너무나 많기에 정말 '값진 경험'을 했다고 생각한다. 손님들은 "이런 술집은 처음이다"라는 이야기를 종종 한다. 찾아온 사람들도 내가 꾸민 공간을 좋아해주고 즐거워하는 모습을 볼 때 도전하길 참 잘했다고 느낀다.

모두의 사랑으로 거듭난
상암살롱

누군가가 이 집에서 가장 마음에 드는 공간이 어딘지 묻는다면 두말할 것 없이 다이닝 룸을 꼽을 것이다. 앞에서 누차 설명했듯 유흥이 가능한 다이닝 룸을 집의 중심에 배치하는 것이 가장 큰 계획이었다. 폴딩 도어도, 8인용 식탁도, 가벽 설치도 모두 다이닝 룸을 위한 장치다. 일렬로 배열한 조명까지 더해 그럴듯하게 완성한 베란다 다이닝 룸은 우리 집에서 가장 활용도 높은 공간으로 자리매김했다.

주말 점심, 노트북과 책을 잔뜩 쌓아놓고 창밖 경치를 구경하며 책을 읽기도 하고, 평일 저녁에는 혼자 앉아 식사를 하기도 한다. 이 책의 대부분도 바로 이 다이닝 룸에서 썼다. 이렇게 개인 점유율로도 1위지만, 단체 점유율로는 독보적인 1위를 기록하고 있다. 집에 온 손님들이 가장 마음에 들어 하는 공간이기 때문. 커튼을 치고 따스한 햇살이 내리쬐는 이 공간에 앉아 수다를 떨다 보면 어느새 시간이 훌쩍 간다. 짧은 점심시간에 회사 동료들과 후다닥 집으로 달려와 즉석 점심을 먹는 것도 짜릿한 재미다. 짜장면을 시켜 먹는 한 시간도 안 되는 시간이지만 베란다 다이닝 룸이 선사하는 아늑하고 따스한 에너지에 잔뜩 힐링을 하고 간다.

이 공간의 진가는 밤에 드러난다. 좁은 오피스텔에서는 할 수 없어 무조건 미뤄온 집들이를 모두 다이닝 룸에서 치렀다. 밖이 어둑어둑해질 무렵 조명만 켜고 오순도순 앉아서 마시는 술맛은 단연코 최고였다. 모든 경계를 푼 주인 부부와 자신의 집처럼 편안하게 느끼는 손님이 다이닝 룸에서 만나면 그 어떤 이야기든 술술 나온다. 공간이 선사하는 특별함 때문에 무엇을 먹었는지는 그리 중요하지 않다. 주종도 상관없다. 와인을 마셔도 좋고, 소주를 마셔도 좋다. 음악을 듣다가 흥이 나면 거실을 스테이지 삼아 몸을 흔들고, 피곤하면 소파에 누워 자면 된다. 밤이 깊어지면 불을 다 끄고 향초 몇 개만 켜놓고 가만히 속 깊은 이야기를 한다. 그러다 보면 새벽 3~4시는 기본이다. 우리 집은 손님들에게 '시간과 공간을 초월한 상암살롱'이라는 별명을 얻었다. 어떤 날은 집주인인 내가 백기를 들고 대충 치우고 가라며 먼저 들어가 잘 때도 있다. 백이면 백 집주인이 자든 말든 상관하지 않고 하던 대화를 이어간다. 손님맞이로 피곤한 몸에 눈꺼풀은 감기지만, 그 순간은 충만한 행복을 느낀다. 우리 집에 놀러 온 사람들이 행복해하기 때문이다.

이들이 뿜어내는 행복한 에너지를 간직하고 싶었다. 재미 삼아 소파에 앉아 "다 같이 스마일 샷을 찍어봅시다!"라고 외쳤는데, 한두 번 거듭하다 보니 어느덧 우리 집 술자리 마지막을 장식하는 의식이 되었다. 처음부터 끝까지 나의 극성스러운 성격을 받아주는 남편은 술자리가 마무리될 때쯤이면 기념사진을 촬영하자며 유도한다. 처음에는 오글거린다며 피하던 손님들도 결과물을 보고는 꽤 만족스러워한다.

새벽 3시까지 깊은 대화를 나눈 사람들이 가식적인 미소를 지을 리 없다. 꾸밈없이 서로를 믿는 마음에서 나오는 끈끈하면서도 즐거운 에너지. 정말 좋다. 행복하다. 술 한잔 걸쳐 감성 지수가 치솟으면 그런 에너지를 교류하는 공간이 우리 집이라는 사실에 조금 울컥해지기도 한다. 지금 이 순간을 그대로 남기고 싶어 더 열심히 사진을 찍는다. 그리고 생각한다. 내가 직접 고친 나만의 이야기가 있는 집, 그리고 그 이야기를 더욱 풍성하게 해주는 좋은 사람들. 그것 이외에 인생에 무엇이 더 필요할까.

스무 살,

신촌의 작은 하숙집에서 꿈꾸던 행복한 집은 이런 모습이었을 것이다.

이상적인 집을 완성하는 데 12년이 걸렸다.

오래도록 마음에 품고 간절히 바랐던 집이기에

지금 이 순간이 더욱 소중하다.

그러기에 나는 오늘도

행복하게, 신나게, 흥겹게,

매일 저녁 우리만의 아늑한 집,

스칸디나비아 집으로 퇴근한다.

칼슘 interview

'바쁜 남편'의 대명사
칼슘두유의 남편 손창우

칼슘두유의 셀프 인테리어 개척기를 가장 생생하게 지켜본 사람. 극성스러운 아내의 의견을 적극 존중하는 너그러운 남편이기도, 가장 바쁜 시기에 남미로 출장을 가버린 나쁜 남편이기도 하다. 처음에는 "북유럽 인테리어가 뭔가요?"를 입에 달고 다녔지만 이제는 '북유럽 아파트 해설사'가 되어 손님들에게 우리 집에 관해 일일이 첨삭 지도를 해 줄 정도로 인테리어 전문가가 되었다. 다 된 밥에 숟가락 하나 얹은 것 같아 얄밉다가도 가만 생각해보면 나의 온갖 짜증을 묵묵히 받아준 남편이 없었다면 고군분투 인테리어 개척기는 완성하지 못했을 것이라 생각하니 무척 고마워진다. 북유럽 아파트에서 단연코 점유율이 가장 높은 남편 손창우 씨와의 인터뷰.

Q 칼슘두유의 리모델링 개척기를 가까이에서 지켜본 사람으로서 소감 한마디 부탁한다.

혼자 리모델링에 도전하겠다는 아내의 결심을 들었을 때 '미쳤어? 이런 게 바로 사서 고생이지'라는 생각이 들었다. 물론 평화로운 결혼 생활을 위해 그런 생각을 차마 입 밖에 낼 수 없었다. 대신 "그래, 자기가 진정 원한다면 나도 도와줄 테니 해보자"라고 말했다. 하지만 사실 일주일도 못 가 포기할 거라고 예상했다. 나는 야근을 자주 해 전혀 도와줄 수 없었기 때문에 아내가 금세 두 손 두 발 다 들 것이라 믿어 의심치 않았다. 하지만 아내는 도와주지 않는 나를 혼내거나 탓할 시간조차 없는 듯했다. 생소한 인테리어 용어를 공부하면서 주경야독으로 리모델링을 밀어붙였다. 대부분의 일을 혼자 처리하느라 고군분투하면서 정말 많은 스트레스를 받았는데도 다음 날이면 언제 그랬냐는 듯 다시 그 일을 시작했다. 말 그대로 폭주 기관차였다. 결국 그녀는 혼자 끝이 보이지 않을 것만 같은 긴 터널을 뚫고 나왔다. 내 자랑스러운 아내, 칼슘두유의 개척기를 지켜보면서 다시 생각했다. 불광불급. 즉 미치지 않으면 미칠 수 없다. 그리고 '사서 고생'이라는 말은 내가 직접 사서(선택해서) 하는 고생이기 때문에 훨씬 큰 열정을 쏟을 수 있다는 것을 실감했다.

Q 셀프 리모델링을 준비하는 아내를 둔 남편에게 조언을 한다면?

아내를 존중해야 한다. 무조건 아내를 믿어줘야 한다. 몸으로 도와줄 수 없다면 계속 용기를 북돋아주고 열정을 유지할 수 있게 도와준다. 그리고 무엇보다 중요한 것 하나! 도와주지 못한다면 그냥 조용히 응원하라는 것이다. 하지만 그 전에 확인해야 할 전제 조건이 있다. 바로 아내의 열정을 확인하라는 것이다. 그렇지 않으면 목공사 혹은 바닥 공사 언저리에서 아내가 포기한 일을 몽땅 도맡아야 할지도 모른다. 열정의 정도를 판단하는 기준은 다음과 같다. 처음 아내가 셀프 리모델링에 도전하겠다고 한다면 그냥 못 들은 척한다. 그러다가 입버릇처럼 반복한다면 아내의 눈을 똑바로 보고 그 말이 진심인지 정확히 파악한다.

Q 새로운 집에서 생활해본 소감은 어떤가?
어릴 적 내가 꿈에 그리던 신혼집은 매일 저녁 보글보글 찌개 끓는 냄새와 밥 짓는 냄새가 진동하는 집이었다. 하지만 지금 내가 사는 우리 집은 바이킹의 후손, 소위 요즘 유행한다는 북유럽 스타일로 채워져 있다. 부부는 닮아간다고 했던가. 처음엔 관심도 없던 북유럽 인테리어에 대해 어깨 너머로 공부하면서 나에게도 취향과 안목이라는 게 생겨났다. 워낙 아는 게 없는 탓에 비교해볼 스타일도 없다. 그냥 북유럽 스타일이 제일 멋져 보이기 시작했다. 그리고 아내는 내가 그렇게 머릿속에 그리던 멋진 북유럽 스타일을 우리 집에 그대로 옮겨놓았다. 집에 놀러 온 사람들은 인테리어를 구상할 때 전문가의 도움을 전혀 받지 않았다는 사실에 놀란다. 베란다에 놓은 커다란 테이블에 앉아 술을 마시며 이야기를 나누다 보면 편안하고 멋진 분위기에 또 한 번 놀란다. 사람 좋아하는 내가 집에서 이렇게 편하고 즐겁게 술을 마시며 이야기할 수 있다는 게 가장 좋다. 때로는 카페 같기도 하고, 때로는 와인 바 같기도 한 집. 이런 모습을 갖춘 집이라면 찌개 끓는 냄새도 전혀 부럽지 않다. 북유럽 아파트에도 음식은 언제나 배달되니까.

Epilogue

 **칼슘두유의
블로그**

　　　　　PC 통신이 전국을 강타했던 시절, 고등학생이었던 필자가 가장 좋아했던 음료는
'칼슘두유'였다. 화학 원소 기호인 칼슘과 음료인 두유의 조합이라니. 당시로서는 찾아보기
힘든 낯선 단어의 조합이 꽤 신선하게 다가왔던 것 같다. 3대 PC 통신(천리안, 하이텔, 나
우누리) 시대의 후발주자로 묘하게 마이너 문화를 형성하고 있던 유니텔에 폭 빠져 젊음
의 패기를 불태우던 나는 닉네임을 '칼슘듀유'로 정했다. 지적 허영이 충만하던 고등학
교 1학년 때 칼슘두유라는 이름으로 힙합 음악동호회에서 열심히 활동을 했다. 그
때는 몰랐다. 그로부터 15년 후 이 필명으로 책을 내게 될 줄은.
　　　　　자연스레 잊혔던 칼슘두유라는 이름은 서른 살 결혼을 앞두고 내
삶에 다시 등장했다. '스드메'를 비롯 신혼여행 정보를 독파하기 위해서였다.
하나에 꽂히면 집요하게 파고드는 성격 탓에 폭풍 검색질을 시작했다. 그
러다 문득 결혼 준비의 삽질 과정을 기록에 남긴다면 같은 경험을 하는
전국의 예비 신부에게 도움이 되지 않을까 하는 생각이 들었다. 기억
속에서 잠자고 있던 칼슘두유를 15년 만에 끄집어내고 '칼슘가득
쏘이밀크'라는 다소 오글거리는 부제도 지었다. 굳이 갖다 붙이
면 뼈가 튼튼해지는 칼슘이 들어 있는 두유처럼, 유익한 정보
만으로 꽉 찬 블로그를 만들어보자는 취지였다. 하지만 그
때도 역시 몰랐다. 이 필명을 가지고 '인테리어' 책을 내게
될 줄은. 이럴 줄 알았으면 닉네임을 더 고상하게 지을
걸 그랬나 싶지만. 어쩔 수 없다. 이미 늦었다.

이중생활

칼슘두유로서의 삶은 생각보다 즐거웠다. 공상을 좋아하고 글쓰기를 즐겨 하는 적성과 딱 맞아떨어졌다. 웨딩에서 시작했지만, 신혼여행, 신혼집 꾸미기까지, 최소한의 비용으로 센스를 충족시킬 수 있는 방법을 연재했다. 여간해선 찾을 수 없는 정보까지 구겨 넣은 '깨알 포스팅' 덕에 블로그는 큰 인기를 얻었다. 특히 미국의 크루즈 여행 사이트를 직접 찾아내 800만 원 상당의 지중해 크루즈 여행을 1인당 300만 원으로 다녀온 신혼여행기는 큰 화제를 모았다. 무모한 삽질 검색의 결과로 이룬 나의 체험기를 보고 많은 이들이 호응해주었다. 난생처음 크루즈 여행기를 잡지에 기고하는 기회도 누렸다. 하지만 바쁜 회사 생활 덕에 7개월간의 열혈 블로거 생활도 잠시 휴지기에 들어갔다.

야학 선생님

집을 직접 뜯어고치겠다고 결심한 후 블로그를 다시 시작했다. 인터넷에는 수많은 정보가 넘쳤지만 쓸 만한 정보는 없었다. 인테리어 분야 파워 블로그는 물론 당시 인기가 있다는 인테리어 단행본도 대부분 구입했지만 정작 나에게 필요한 정보는 없었다. 그렇다면 내가 직접 필요한 정보를 기록해볼까, 하는 오지랖이 스멀스멀 올라오기 시작했다. 맨땅에 헤딩하는 나의 집 고치기는 도전이라기보다는 '개척'에 가까웠다. '셀프 인테리어 개척기'라는 제목을 짓고 포스팅을 시작했다. 이번 포스팅에는 결혼 준비 때와는 비교할 수 없을 만큼 많은 사람들이 응원을 보냈다. 인테리어 분야의 전문가가 아니라면 접근할 수 없다고 여겨졌던 정보를 가감 없이 공유하는 나에게 이웃들은 '야학 선생님'이라는 별명을 지어주었다. 나 역시 정보 수집 과정에서 고민이 있거나, 결정 장애의 늪에 빠졌을 때 이웃들에게 조언을 구했다. 슬럼프에 빠졌을 때는 좌절하지 말고 힘내라는 따스한 격려에 큰 위로를 받기도 했다. 그렇게 블로그 이웃들과 나는 낮에는 일하고 밤에는 인테리어를 공부하는 야학 선생님과 학생이 되어 즐거운 개척 생활을 함께 진행했다. 한 번도 본 적 없는 사람들이 서로의 인생에 이렇게 좋은 영향을 미칠 수 있다는 사실에 새삼 감사했다.

출판 제의

이 무렵 출판사 몇 군데에서 전화가 오기 시작했다. 전공자도 아닌 내가 책을 써봤자 우스워지지 않을까 생각했다. 업무와 전혀 관련 없는 책을 출판한다는 것 자체가 나에게는 큰 부담이었다. 한편으로는 아직 연재가 끝나지 않은 포스팅에 출판 제의가 들어오는 것이 신기하기도 했다. 여행책을 내보고 싶다고 막연하게 생각 해보긴 했지만, 인테리어 책이라니. 몇 번을 고사하다가, 결심했다. 그래, 인생 뭐 있어! 난 도전을 좋아하는 여자니깐! 책 또한 개척한다는 생각으로 한번 시작해보자! 그리고 이왕 시작한 거 제대로 해야 되지 않겠어?

블로그 포스팅의 한계는 분명 있었다. 분량의 제약으로 미처 담아내지 못한 정보를 더 상세하게 기록하기 위해 노력했다. 친한 친구가 "우리집도 고치고 싶은데, 어떻게 해야 할까?"라고 물었을 때 "이 책에 다 있어"라고 건네도 미안하지 않을 만큼 쫀쫀하고 유익한 책을 만들고 싶었다. 그래서 내가 경험하고 찾아낸 모든 것을 담아내기 위해 노력했다. 블로그 이웃들이 '칼슘두유님이 현실에서 제 친구였으면 좋겠어요'라는 말을 종종 들었는데 이 책이 셀프 인테리어를 격려하고 응원하는 친구 같은 존재가 되었으면 한다. 이런 책이 있었다면 나도 그 많은 삽질을 하지 않았을 테니까.

 **셀프 인테리어는
내 의견을 끝까지 관철하는 과정**

직접 리모델링하겠다는 결심을 밝히자 주위 사람들은 크게 두 가지 반응을 보였다. "나중에 집값에 반영도 안 되는데 고쳐서 뭘 해!", "애 낳으면 다 소용없어."

가족과 친구, 친한 지인들의 반대에 맞서서 애써 설득하고 나니 또 다른 난관에 부딪혔다. 인테리어 관련 업체나 공사 관계자들을 이해시켜야 했다. 어쩜 하나같이 안 된다는 것투성이인지. 집을 고치는 것만큼 고정관념이 강한 분야도 없다는 것을 새삼 느꼈다. 이러한 상황에서 내 의지를 끝까지 밀고 나가는 것이 쉬운 일은 아니었다.

하지만 이 집은 그 누구도 아닌 '내'가 살 집이라는 사실을 떠올렸다. 남들이 하지 말라는 것에 겁먹기 시작하면 그저 그런 남들과 똑같은 집에 살게 된다. 수백 번의 '하지 마'와 '안 돼'에 부딪혔지만, 내 주장을 꾸준히 밀고 나갔다. 신기하게도 내 맘대로 만든 내 집은 생각만큼 멋졌고, 편했다. 주변사람들의 이야기를 하나하나 다 듣다 보면 배는 산으로 간다. 우리 집을 고치는 데 가장 중요한 것은 그곳에 살 주인인 나 자신의 의견이라는 사실을 기억했으면 한다.

❋ **셀프 리모델링을
쉽게 결심하지 못하는 이들에게**

　　잡지 속 멋진 집을 보면 "그래서 대체 얼마가 들었다는 거야?" 하는 소리가 절로 나온다. 시중에 나와 있는 어떤 책도 우리가 진짜 알고 싶은 정보를 제공해주진 않는다. 직접 업자를 찾아가고, 현직 인테리어 디자이너에게 묻기를 반복하면서 금액을 산출해보면 평당 300만 원, 그러니까 정말 1억이 든다는 사실에 좌절하게 된다. 남들과 조금 다른 집에서 살기 위해 가장 필요한 것은 역시 '돈'이다.

　　셀프 인테리어에 눈을 돌리는 이유는 아마 모두 같을 것이다. 나만의 개성을 살려 멋지게 집을 고치고 싶지만 비용을 최소화하고 싶다는 것. 직접 집을 고치는 과정에서 돈이나 감각이 부족해도 용기를 가지고 시작한다면 누구나 도전해볼 만한 가치가 충분한 일이라 확신하게 되었다. 나는 이 책이 프라다 시즌 북에서 안목을 기르고, 자라에서 반의 반값으로 옷을 사 입는 현명한 소비를 인테리어에 접목할 수 있다는 본보기를 보여주었으면 좋겠다고 생각한다. 예산이 부족하다면 바닥이나 타일 공사처럼 필요한 부분만 취사 선택하면 된다. 전셋집이라면 PART 5의 셀프 홈 스타일링 부분만 참고해도 좋다. 부족한 예산으로도 취향을 발현하는 방법에 대해 알차게 담으려고 노력했다.

　　많은 사람들이 마음에 품고만 있던 셀프 리모델링을 직접 실행하고자 결심하는 계기가 되길 바란다. 나 역시 스스로 집을 고치기로 마음먹는 데 12년이 걸렸다. 하지만 막상 시작하고 나니 준비 기간은 100일, 실행 기간은 단 2주에 불과했다. 각자에게 맞게 책정한 예산과 시간을 활용해 나만의 셀프 리모델링 개척기를 새로 써 내려가며 개성 있는 집을 소유하는 크나큰 기쁨을 함께 느꼈으면 좋겠다.

 감사합니다

　　함께 집을 가꾸어갈 남편. 집을 고치면서 가장 고생한 엄마, 늘 든든한 지원군 아빠. 며느리가 무엇을 하든 무조건 응원해주시는 시부모님. 자랑스러운 동생 윤소진을 비롯한 누구보다 끈끈한 우리 '모계사회' 식구들.

　　인생의 나침반 박선희 선배. 외로운 신촌을 채워준 PPS 다섯 친구. 가장 가까이서 응원해준 보영, 혜연, 승준을 비롯한 오랜 지인들. 인테리어 멘토 김동언 대표님. 저의 엉뚱한 취미를 즐거이 지켜봐주신 MBC 선후배분들. 그리고 상암살롱을 따스하게 채워준 100여 명의 방문객에게 감사한 마음을 전하고 싶습니다.

neighborhood's say...

막장 드라마 뺨치게 중독적인,
다음 편을 손꼽아 기다리게 만든 개척기.
당신을 인테리어계의
오타쿠로 임명!
_히힛

구조가 똑같은 아파트에 산다고
방법이 없는 건 아니다.
그녀와 함께 '아파트 해부학'을 공부하고 나니
인테리어에 대한 고정관념을 완전히 깰 수 있었다.
_바닐라스카이

칼슘두유님의 상암살롱을 구경하다
'수원살롱'을 완성했다.
도전 정신을 불러일으키는 그녀의 블로그는
내 소극적인 성격까지 리모델링하게 해주었다!
_두스맘

칼슘두유님의 블로그를 본 후
과감하고 주체적으로 인테리어 공사를 할
용기를 얻어 천장을 뜯은 1인.
인테리어 시공자조차 말렸지만 도전을 감행했고,
지금은 아주 만족스럽다.
_김민경

인테리어에 무지한 보통 사람들도
칼슘두유님의 안내라면
잡지에 등장하는 집을 만들 수 있다!
중요한 건 최소 예산이라는 점!
우리 같은 서민에게 이보다 더
기쁜 소식이 있을까?
_행복한육아

칼슘두유님의 블로그와 인스타그램을 정독하고 18년 된 구식 아파트에 살기로 결정했다. 오래된 집에 입주할 수 있는 용기를 주어 고맙습니다!
_미세스송

현직 인테리어 디자이너인 나도 칼슘두유님의 감각과 센스에 감탄에 그녀의 블로그를 정독했다. 우리 사무실 사람들도 그녀의 팬이다. 마치 광개토대왕처럼 셀프 리모델링을 개척하고 실현해낸 그녀의 용기에 큰 박수를 보낸다.
_민짱

셀프 리모델링에 대한 그녀의 집착 덕분에 우리는 컴퓨터 앞에 편안히 앉아 고급 정보를 얻을 수 있었다.
_앨

어떤 예능보다 흥미진진하고, 어떤 리얼 버라이어티보다 스펙터클한 셀프 인테리어계의 무한도전!
_소심한일상

내게 인테리어란 칼슘두유님을 알기 전과 후로 나뉜다. 그녀 덕분에 용기를 얻어 그냥저냥 살던 내 집을 진짜 나만의 공간으로 바꾸고 있다.
_스케치

셀프 인테리어를 계획하는 신혼부부의 필독서! 개인적으로는 큰돈 들여 맡긴 신혼집 인테리어에 실망한 쓰라린 경험으로 혼자만 몰래 보고 참고하고 싶어지는 책. 덕분에 다음번 집에 대한 희망을 갖게 되었다.
_령령

한국의 북유럽 스타일 인테리어는 항상 무언가 아쉬웠다. 그런데 칼슘두유님의 셀프 리모델링 개척기는 이탈리아에 사는 나에게도 많은 도움이 되었다. 유럽 우리 집보다 더 유럽 같은 인테리어에 놀랐다.
_로마언니

INTERIOR ONE BOOK

1판 1쇄 발행 2015년 4월 5일
1판 23쇄 발행 2023년 5월 22일

지은이 윤소연
펴낸이 이영혜
펴낸곳 ㈜디자인하우스

편집장 김선영
홍보마케팅 박화인
영업 문상식, 소은주
제작 정현석, 민나영
미디어사업부문장 김은령

기획진행 성정아
사진 이우경, 김동호
교정교열 이정현

출판등록 1977년 8월 19일 제2-208호
주소 서울시 중구 동호로 272
대표전화 02-2275-6151
영업부직통 02-2263-6900
홈페이지 designhouse.co.kr
인스타그램 instagram.com/dh_book

© 2015, 윤소연
ISBN 978-89-7041-659-5 13590

· 책값은 뒤표지에 있습니다.
· 이 책 내용의 일부 또는 전부를 재사용하려면 반드시 ㈜디자인하우스의 동의를 얻어야 합니다.
· 잘못 만들어진 책은 구입하신 서점에서 교환해 드립니다.